Ernst Gaupp

Primordial-Cranium und Kieferbogen von Rana fusca

Ernst Gaupp

Primordial-Cranium und Kieferbogen von Rana fusca

ISBN/EAN: 9783743314702

Hergestellt in Europa, USA, Kanada, Australien, Japan

Cover: Foto ©berggeist007 / pixelio.de

Manufactured and distributed by brebook publishing software
(www.brebook.com)

Ernst Gaupp

Primordial-Cranium und Kieferbogen von Rana fusca

Primordial-Cranium und Kieferbogen

von Rana fusca.

Eine entwicklungsgeschichtliche und vergleichend-anatomische Untersuchung,

behufs seiner

Habilitation als Privatdocent

der

hohen medicinischen Facultät der Kgl. Universität zu Breslau

vorgelegt und

Donnerstag, den 5. Januar 1893, Nachmittags 4 Uhr

im Musiksaal der Kgl. Universität

öffentlich vertheidigt

von

Dr. Ernst Gaupp.

——•——

Opponenten:

Dr. A. Tietze, Assistenzarzt der Kgl. chirurgischen Klinik.
Dr. H. Dehner, Assistent am Kgl. anatomischen Institut.

Die zu dieser Arbeit gehörigen Tafeln finden sich in den „Morpholog. Arbeiten", herausgegeben von G. Schwalbe. II. Bd. 2. Heft.

Thesen.

1. Die Trabeculae cranii sind nur die zuerst verknorpelnden Parthieen des Primordial-Schädels, haben aber keine besondere Bedeutung als „Bildungsstätten" für irgend welche anderen Theile desselben.
2. Bei den Bewegungen des menschlichen Schultergürtels fungirt die Articulatio acromio-clavicularis als ein sehr freies Gelenk.

Herrn Professor Dr. **C. Hasse**

Geh. Medicinalrath

in Dankbarkeit und Verehrung.

Beiträge zur Morphologie des Schädels.
I.: Primordial - Cranium und Kieferbogen von Rana fusca.

Von

Dr. E. Gaupp.

Assistent am Kgl. anatomischen Institut zu Breslau.

(Aus dem anatomischen Institut zu Breslau.)

Mit 2 Textabbildungen.

Einleitung.

Die vorliegende Abhandlung bildet das erste Glied einer in Aus-
sicht genommenen Reihe von Arbeiten, die den Knorpelschädel der
Wirbelthiere zum Gegenstande der Untersuchung haben sollen. Die
bisherigen Bearbeitungen dieses Kapitels gestatten noch nicht einmal
einen genügenden Ueberblick über die Art der Umwandlungen, die der
Knorpelschädel phylogenetisch durchmacht, geschweige denn einen
Einblick in die Bedingungen, die dabei wirksam sind. Und doch —
schon in der blossen Erkenntniss, dass der aus vielen Einzel-Stücken
bestehende knöcherne Schädel auch der höheren Wirbelthiere ontogenetisch einen Vorläufer habe, der eine Zeit lang ein continuirliches
knorpliges Ganze bilde, wie auch die Phylogenie den Schädel auf der
niedrigsten Stufe, wo man von einem solchen wirklich reden kann, als
continuirliches Knorpelcranium zeigt, — lag auch die Forderung be-
gründet, dass die Morphologie des Schädels zunächst eine Morphologie
des Knorpelcraniums sein müsse.

Merkwürdigerweise hat GEGENBAUR's Epoche machendes Werk
über den Selachier-Schädel nach dieser Richtung hin die Forschung
nicht in gleicher Weise beeinflusst, wie dies hinsichtlich allgemeiner
Fragen über die Zusammensetzung und die Bedeutung des Kopfes der
Fall gewesen ist. Jener Forderung ist bisher keineswegs genügt; bei
den Untersuchungen, die sich mit den Schädeln der über den Selachiern
stehenden Thiergruppen beschäftigten, drängten sich fast immer die
secundären Gebilde, die Knochen, derart in den Vordergrund, dass sie
ganz ausschliesslich oder doch hauptsächlich Berücksichtigung fanden.
Offenbar ist das aber wieder noch ein ganz besonderes Problem: festzustellen, welche Momente zusammenwirken, um den continuirlichen
Knorpelschädel in eine Anzahl knöcherner Territorien zu zerlegen,
ursprünglich getrennt Angelegtes hierdurch vereinigend, ursprünglich
Zusammengehöriges trennend, und welche andrerseits das Auftreten
ganz neuer, dem Knorpelschädel gänzlich fremder, Knochentheile nothwendig machten.

Es ist hier nicht meine Absicht, einen Ueberblick über die Ar-

beiten der Forscher zu geben, denen wir wichtige Kenntnisse inbetreff des
ganzen Primordialcraniums oder besonderer Theile desselben, sei es bei
einzelnen Formen, sei es bei ganzen Ordnungen einzelner Klassen, — wie
WIEDERSHEIM über die Urodelen, SAGEMEHL über die Teleostier — verdanken. Nur auf einen Forscher, dessen Name wohl auf dem Gebiete der
Schädelforschung immer unter den ersten genannt werden wird, sei besonders hingewiesen: W. K. PARKER. Man könnte angesichts der ausserordentlich zahl- und umfangreichen Arbeiten PARKER's meinen, dass
sich kaum noch etwas Neues über den Schädel sagen liesse. Allein es
sind mehrere Punkte, die den praktischen Werth dieser Arbeiten be-
einträchtigen. Einmal ist es die schon häufig hervorgehobene Unzu-
länglichkeit der Methode — der Lupen-Untersuchung —, die selbst
bei einer so bewunderungswürdigen Sorgfalt und Geschicklichkeit wie
der PARKER's oft im Stiche lassen musste, so dass die Resultate
PARKER's doch immer erst der Prüfung mittelst besserer Methoden
bedürfen. Dann aber kann man sich häufig genug bei PARKER's
Schilderungen des Gedankens nicht erwehren, dass dem Autor der
stricte Begriff der „Homologie“ nicht ganz klar geworden ist. Es
werden häufig mit demselben Namen Gebilde belegt, die höchstens ganz
äusserliche Aehnlichkeiten aufweisen, analoge Bildungen darstellen,
aber nicht homologe. So ist auch eine Verwerthung der PARKER'schen
Angaben in vergleichender Hinsicht nur mit Vorsicht möglich. Ferner
sind gerade bei PARKER in der Schilderung knöcherne und knorplige
Schädeltheile derart mit einander verquickt, dass es oft sehr schwer
hält, eine klare Anschauung des jeweiligen Zustandes jeder dieser
beiden Bestandtheile zu erlangen. Der allgemeineren Kenntniss und
Verwendung der PARKER'schen Originalarbeiten dürfte aber schliesslich auch das nicht günstig gewesen sein, dass PARKER selbst mit
BETTANY später die Hauptresultate einer Anzahl von Arbeiten in der
„Morphology of the Skull“ zusammengefasst hat. Nun sind aber
gerade mehrere sehr wichtige Arbeiten erst nach der Morph. of the
Skull vollendet, also in letzterer noch nicht aufgeführt. — gleichwohl
mag aber auch ihnen das Vorhandensein einer bequemeren, zudem in
Uebersetzung erschienenen Zusammenfassung verhängnissvoll geworden
sein. Wenigstens begegnet man Anführungen dieser Arbeiten kaum
jemals in der Literatur. So wird eine Neubearbeitung des Schädels
nicht nur die Irrthümer PARKER's zu berichtigen, sondern auch dem
Namen des englischen Forschers einen Theil der ihm gebührenden
Verdienste erst zu retten haben.

Eine solche Neubearbeitung des Knorpelschädels, unter vorläufiger
Vernachlässigung der Knochen, erschien demnach bei einer Einsicht
in die vorhandene Literatur als lohnend und geradezu nothwendig.
Sie wäre leichter und systematischer vielleicht mit den Cyclostomen
oder doch mit den Fischen begonnen worden; rein äusserliche Gründe

zwangen mich, zunächst das Anuren-Cranium zum Gegenstand der genaueren Untersuchung zu machen. Freilich erschwert bei den Anuren das lange Larvenleben, das viele specielle larvale Einrichtungen nöthig macht, die Untersuchung recht erheblich, doch habe ich keine Veranlassung, dies als ein besonderes Missgeschick zu beklagen, wie es PARKER thut, der ebenfalls mit dem Frosch-Schädel angefangen hatte (33 p. 601). Durch seine und anderer Forscher Arbeiten bereits auf eine breitere und festere Basis für die Deutung der beobachteten Thatsachen gestellt, erkannte ich immer mehr im Anuren-Cranium ein ausserordentlich günstiges Object, das uns in vieler Hinsicht die Vermittelung zwischen den Cranien der Fische und der höheren Formen bietet, und dem gegenüber z. B. das der Urodelen, die ja in mancher Hinsicht tiefer stehen, einen durchaus reducirten Zustand darstellt. Dass eine neue Bearbeitung des Gegenstandes, wenn sie fruchtbringend sein sollte, die Entwicklung der einzelnen Theile ins Auge zu fassen hatte, lag auf der Hand, und damit war für mich der einzuschlagende Weg vorgezeichnet. Späteren Arbeiten wird es vorbehalten bleiben, das, was ich nur an einer Form, die mir am leichtesten und in grösster Menge zugänglich war, ausführen konnte, auf andere auszudehnen.

Ausser den eigentlich „cranialen" Theilen habe ich gleichzeitig schon die Elemente des Kieferbogens mit in den Bereich der Untersuchung gezogen; ihre Beziehungen zu dem Schädel sind ja auch so innige, dass man sie kaum von ihm trennen kann. Dagegen muss ich mir die Bearbeitung des Kiemenskeletes auf später versparen.

Der bisherige Mangel eines eingehenden Vergleiches zwischen den verschiedenen Formen der Gestaltung und Ausbildung, die der Knorpelschädel in der Thierreihe darbietet, spricht sich auch deutlich genug in dem Fehlen einer einheitlichen, nur auf die Knorpeltheile bezüglichen, Nomenclatur aus. Schon HERTWIG (24 p. 7 Anm.) macht auf das Unzweckmässige einer Nomenclatur aufmerksam, die einzelne Partien des continuirlichen Knorpelcraniums mit dem Namen eines, bei höheren Thierformen die Stelle des Knorpels einnehmenden, Knochens belegt, und stellt die natürliche Reihenfolge der Betrachtung, die die höhere Form aus der niederen zu erklären und zu verstehen strebt, auch für das Cranium als dringendes Postulat hin. Speciell mit Bezug auf die Amphibien sagt er: „Eine richtige Beurtheilung des Primordialcraniums der Amphibien wird erst dann möglich sein, wenn man dasselbe für sich als ein abgeschlossenes Ganze betrachtet und ohne Rücksicht auf die ihm secundär aufgelagerten Deckknochen dasselbe in seinen einzelnen Theilen von den Zuständen niederer Thiere, namentlich den Knorpelcranien der Selachier, abzuleiten und zu erklären sucht. Eine eigene Benennung der Theile wird sich dann von selbst als nothwendig erweisen."

Mit der hier als nothwendig erkannten Schaffung einer besonderen, nur den Knorpelschädel betreffenden N o m e n c l a t u r habe ich versucht, einen Anfang zu machen; völlig befriedigen wird eine solche freilich erst dann, wenn man im Stande ist, sie den bei allen Thierklassen als constant erkannten Beziehungen der einzelnen Theile anzupassen. Im übrigen habe ich der von Hertwig gestellten Forderung in der vorliegenden Arbeit erst sehr unvollkommen Genüge leisten können. Es fehlte mir für den Augenblick noch das Material, um den Vergleich mit dem Selachier-Cranium als mit einem aus eigener Anschauung genauer gekannten Objecte durchzuführen. Zudem ist das, was bisher über die Entwicklung des Selachier-Schädels bekannt ist, noch recht unvollständig und daher vorerst noch durch erneute Untersuchungen zu ergänzen. Aus demselben Grunde musste auch vorläufig die sehr nothwendige Prüfung der seinerzeit von Huxley (27) aufgestellten Vergleiche des Anurenschädels mit dem der Cyclostomen unterbleiben. Dagegen hielt ich mich für berechtigt, schon hier und da Vergleiche mit dem Reptilien-Cranium vorweg zu nehmen, für das sich, da mir bereits eine grössere Anzahl Serien der verschiedenen Entwicklungsstadien zur Verfügung standen, die Folgerungen mit grösserer Bestimmtheit ergaben. Wenn trotz des bedeutenden Umfanges der Arbeit die Ausbeute in vergleichend-anatomischer Hinsicht nur gering ist, so darf ich wohl die Schwierigkeiten, welche die Entwicklung des Anurenschädels darbietet, andrerseits den bisherigen, doch noch recht wenig geordneten Zustand der Lehre vom Knorpelschädel für mich als Entschuldigungsgründe anführen.

Dem Verhalten des K o p f n e r v e n s y s t e m s ist in der Arbeit ein Raum eingeräumt worden, der vielleicht fast zu gross erscheint, wenn man bedenkt, dass es sich doch im vorliegenden Falle nur um einen Appendix handelte. Aber ich musste zwei Forderungen gerecht werden, einmal die sehr bedeutenden Umwandlungen im Verlaufe der Nerven während des Larvenlebens und nach der Metamorphose hervorzuheben und möglichst auf die Umbildung des Schädels zurückzuführen, andrerseits die vergleichend-anatomische Seite nicht ganz zu vergessen. Es handelt sich für mich dabei nicht um die Vorgänge der ersten Entwicklung, weder der Nerven selbst noch der von ihnen versorgten Theile, sondern um das Verhältniss des Nerven zu seiner Umgebung, um seine, wenn ich so sagen darf, mehr topographisch-anatomischen Beziehungen. Eine derartig vergleichende Anatomie der Kopfnerven — die nicht nur zootomische Ergebnisse, sondern auch Erklärungen, wirkliche Vergleiche liefert — ist bis zum Augenblicke noch kaum angebahnt; sie kann nur geschaffen werden im unmittelbaren Anschluss an die vergleichende Anatomie des Schädels. Es ist mir im Laufe der Bearbeitung des Stoffes immer klarer zum Bewusstsein gekommen, dass viele Lagebeziehungen der Nerven zu anderen Gebilden, nament-

lich des Schädels, als constante Grössen aufzufassen sind, und dass
viele Punkte im Verhalten der Nerven, die bis jetzt zwar als „merk-
würdig", „auffallend" bekannt waren, deren Deutung aber auch nicht
einmal versucht war, sich erklären lassen — so weit man natürlich
von Erklären reden kann — dass Vieles, was als regellos, fast als
launenhaft erscheint, sich als gesetzmässig, als bedingt erkennen lässt,
und zwar bedingt zumeist durch die Besonderheiten des Schädelbaues.
Ich verweise z. B. auf das in der Arbeit besprochene Verhalten des
III. Trigeminus-Astes zum MECKEL'schen Knorpel, auf das Verhalten
des Facialis zur Ohrkapsel u. a. Was ich in dieser Hinsicht schon
anführen konnte, ist zwar noch nicht viel, ich hoffe es aber bei
späteren Arbeiten allmählich immer weiter vermehren zu können.

Methode.

Was nun die specielle Methodik betrifft, so bestimmte sich diese
nach dem Zwecke der Arbeit. Dieser war aber lediglich, die Gestalt-
verhältnisse des Primordialcranium und seiner Theile auf den verschiedenen Stadien, also auch die Art ihrer Bildung, möglichst genau
zu erforschen. Es kam mir demnach hier nicht auf histologische
Untersuchungen an, vielmehr standen für mich die mehr grob anatomischen Verhältnisse im Vordergrunde des Interesses.[1]
    Zu ihrer Feststellung wurden eine grosse Anzahl von Köpfen
von Rana fusca aus allen Stadien der Larvenentwicklung bis zum
jugendlichen Frosch von 4.5 cm Länge in Serienschnitte zerlegt. Als
Färbungsmethode erwies sich mir für die meist mit Chrom- oder
Chromessig-Säure vorbehandelten Objekte am besten Doppelfärbung
mit Hämotoxylin und Orange G. Ersteres — ich habe sowohl
KLEINENBERG'sches wie DELAFIELD'sches mit ziemlich gleichem Erfolge verwandt — wurde theils zum Durchfärben, theils zur Färbung
auf dem Objectträger benutzt. Der Färbung mit Hämotoxylin folgte
die mit Orange G. nach. Letzteren Farbstoff verwenden wir seit einiger
Zeit in saurer ($^1/_4$ $^0/_0$ Salzsäure) alkoholischer Lösung und haben
gefunden, dass dann die Färbung sehr schnell und prompt von statten
geht. (Ich setze dem angesäuerten 70 $^0/_0$ igen Alkohol eine geringe

---

[1] Doch möchte ich dabei auf die Fülle von interessantem Untersuchungsstoff
hinweisen, der auch in histologischer Hinsicht im Froschschädel liegt und bisher nur
unvollkommen ausgebeutet wurde. In der Metamorphose gehen eine Menge Theile,
Knorpel, Muskeln, Nerven in kurzer Zeit zu Grunde und andere bilden sich statt
ihrer neu. Degenerations-, Atrophie-Processe und daneben solche der Hypertrophie,
der gänzlichen Neubildung spielen sich an fast allen Geweben innerhalb kurzer Zeit-
räume ab, und ihre Untersuchung dürfte noch über viele Fragen interessante Auskunft geben.

Quantität einer concentrirten wässerigen Orange-Lösung zu — in der Mischung bleiben die Objectträger c. eine Minute.) Gerade für meine Zwecke war diese Methode vorzüglich geeignet, da fast alle Gewebe ausser dem Knorpel in der sauren Orange-Lösung ihre blaue Färbung mit einer gelben vertauschen und man dann nur den Knorpel schön violett gefärbt behält.[1]) Es handelt sich übrigens bei der Nachfärbung nicht um ein „Umfärben", wenn ich so sagen darf, sondern um ein „Ueberfärben", d. h. das Hämatoxylin wird nicht etwa ausgezogen, um dem Orange Platz zu machen, sondern das Orange verdeckt jenes nur. Den Beweis dafür sehe ich darin, dass man an Präparaten, die durch zu langes Verweilen in dem sauren Orange ihre Hämotoxylin - Färbung fast ganz verloren haben, diese wieder hervorrufen kann, wenn man die Objectträger in Alkohol bringt, dem eine Spur Ammoniak oder auch nur kohlensaurer Kalk zugesetzt ist. (Auch Brunnenwasser thut dieselben Dienste.) Das Orange wird dabei ausgezogen und die Hämatoxylin - Färbung kommt wieder zum Vorschein — ein Beweis, dass sie nicht zerstört, sondern nur verdeckt war.

Zur besseren Veranschaulichung der Umwandlungen, die das Primordialcranium erleidet, wurden eine Anzahl Modelle nach der Born'schen Platten-Modellir-Methode hergestellt, und zwar theils vom ganzen Cranium, theils nur von einzelnen Abschnitten desselben behufs Feststellung der Entwicklung einzelner Theile. Gerade bei der Entwicklung mancher Abschnitte des Schädels, wie z. B. des so sehr complicirten Nasengerüstes, würde es gar nicht möglich sein, auf anderem Wege zur klaren Anschauung der Verhältnisse zu gelangen. Wurde ja auch gerade hierfür das Verfahren einst geschaffen! Im übrigen aber hiesse es wohl Eulen nach Athen tragen, wollte ich über den Werth einer jetzt so vielfach geübten Methode noch weitere Worte verlieren.

Von ganzen Cranien wurden vier modellirt, die ich als Grundlage für die im ersten Theil gegebene „Stadienbeschreibung" benutzte. Dass mit diesen „Stadien" keine natürliche Eintheilung der Entwicklungsgeschichte des Froschschädels statuirt werden sollte, ist wohl selbstverständlich; — nur für die Betrachtung wollte ich durch Herausgreifen jener „Stadien" einige Ruhepausen künstlich schaffen, und damit den Ueberblick über die ganze Entwicklung erleichtern.

---

[1]) Auch die Nerven und Ganglien werden dabei sehr deutlich, ganz besonders an Objecten, die nur mit Alkohol fixirt waren.

Literatur.

Da ich den einzelnen Abschnitten des zweiten Theiles meiner Arbeit specielle Literatur-Angaben vorausgeschickt habe, so will ich mich hier auf wenige Bemerkungen beschränken.

Abgesehen von älteren, nur unvollkommnen Darstellungen — so finden sich z. B. bei CUVIER (9.) Abbildungen des Kaulquappen-schädels — sowie manchen zerstreuten Angaben, wie die über die Ohr-Columella bei RATHKE (37.), ist wohl die erste eingehende Schilderung des Anuren-Craniums und seiner Umwandlung aus dem Kaulquappenschädel die von DUGÈS 1835 (10.). Sie ist, abgesehen davon, dass sie eine vortreffliche Darstellung nicht nur des Schädels und seiner Umwandlungen, sondern auch der Muskeln giebt, auch noch darum wichtig, weil in ihr wohl zuerst die Unterscheidung zwischen den aus dem Knorpel und den „im Perichondrium" entstehenden Knochen scharf ausgesprochen und die allgemeinere Verbreitung eines Primordialschädels in Erwägung gezogen wird. In dieser Hinsicht ist ihr schon von KÖLLIKER (30.) die gebührende bedeutende Stelle zugewiesen werden. Auf die Abhandlung von DUGÈS folgt 1838 die „Vergleichende Entwicklungsgeschichte des Kopfes der nackten Amphibien etc." von REICHERT (39.), die gerade in Bezug auf die Entwicklung des Frosch-Craniums in vielen Punkten hinter der von DUGÈS gegebenen Darstellung zurückbleibt.

Erst im Jahre 1871 wird der Anurenschädel einer erneuten ge-nauen Bearbeitung, von den frühsten Entwicklungsstadien bis zu dem ausgebildeten Zustand, unterzogen durch W. K. PARKER (32.), und diese erste Veröffentlichung PARKER's ist es, die wenigstens zum grössten Theil die Grundlage für das betreffende Kapitel in der „Morphology of the Skull" und damit der am meisten verbreiteten Schilderung ab-gegeben hat. Trotz der zahlreichen irrthümlichen Deutungen und oft falschen Darstellungen wird man doch, wenn man bedenkt, dass PARKER nur mit der Lupe gearbeitet hat, auch dieser seiner ersten Arbeit ihre grosse Bedeutung nicht absprechen können.

Von den in ihr untergelaufenen Irrthümern hat übrigens PARKER in seiner zweiten Arbeit über den Batrachierschädel von 1876 (33.) einige verbessert — seiner eigenen Aussage nach hauptsächlich in Folge von Hinweisen HUXLEY's — und so ist auch in die Morphology of the Skull eine danach modificirte Fassung aufgenommen.

In der soeben erwähnten zweiten Batrachier-Arbeit von 1876, sowie in einer dritten von 1881 (34.), hat dann PARKER noch den Schädel von Bufo, Dactylethra, Pseudis und einer grossen Menge anderer Anuren beschrieben und abgebildet. Ich habe diese sehr um-fangreichen Arbeiten hin und wieder berücksichtigt; eine ganz eingehende Besprechung der Besonderheiten, die nach ihnen bei den verschiedenen Anuren im Schädelbau vorhanden sind, behalte ich mir vor, bis mir wenigstns einiges Vergleichsmaterial zur Verfügung steht.

Seit Parker ist eine zusammenhängende Schilderung des gesammten Anuren-Schädels nur noch von Götte (21.) 1875 gegeben worden. Götte kennt auffallender Weise die Parker'sche erste Publication vom Jahre 1871 nicht und schafft sich daher eine eigene Nomenclatur, in der es nicht immer leicht ist, sich zurecht zu finden. Die durchaus subjective, schwer verständliche, Darstellung Götte's hat es wohl bewirkt, dass die Resultate so gut wie gar nicht allgemeiner bekannt geworden sind. Ich habe die wichtigsten Abweichungen unserer Darstellungen in meiner Arbeit hervorgehoben.

Die genauesten Angaben in betreff der ersten Anlage des Cranium und des Visceralskeletes verdanken wir schliesslich Ph. Störr (50.). Die grosse Bedeutung, die seinen beiden Abhandlungen über das Amphibien-Cranium in der Entwicklung der Lehre vom Aufbau des Schädels zukommt, ist zu bekannt, als dass ich nöthig hätte, besonders darauf einzugehen. Für meine eigene Arbeit habe ich überall das Endstadium der Störr'schen Untersuchung zum Ausgang gewählt und schliesse auch in der Darstellung unmittelbar an dasselbe an.

Theil I.

Stadien-Beschreibung.

Erstes Stadium.

Ganze Länge 14 mm, Körperlänge 6 mm. Die äusseren Kiemen sind beiderseits überwachsen. (Fig. 1—10.)

Dieses Stadium, das ich zum Ausgangspunkte meiner Untersuchungen gemacht habe, schliesst sich unmittelbar an das an, bis zu dem Störr die Entwicklung des Anurenschädels verfolgt hat und das in Fig. 18 der Störr'schen Arbeit nach einem Modell zur Darstellung gebracht ist. —

Die Hauptveränderung, die das Primordialcranium gegenüber dem von Störr dargestellten erkennen lässt, ist das Vorhandensein einer allerdings noch recht unvollkommenen knorpligen Ohrkapsel.

Basalplatte, Occipital-Region.

Mit der Betrachtung der hinteren Region des Schädels beginnend finden wir hier die Basalplatte (Fig. 1 Pl. bas.), in ihrer ganzen Länge durch die Chorda in zwei symmetrische Hälften getheilt. Sie endet vorn mit einem nasalwärts nur wenig concaven freien Rande, während im Anschlusse an ihre Seitentheile die beiden Trabekel sich nach vorne fortsetzen. Der Vorderrand der Basalplatte entspricht der vorderen Begrenzungsfläche der Ohrkapsel; vom Gehirn liegt der Platte noch ungefähr die hintere Hälfte des Mittelhirnes auf. Die Spitze der Chorda reicht bis dicht an den Vorderrand der Platte heran, nur ein ganz kleines Stück ist dorsal bereits von Knorpel überwachsen, sonst liegt die ganze Chorda auch dorsal — wie ventral — frei zu Tage.

Eine Trennung der Basalplatte in einzelne Abschnitte, wie sie von STÖHR als „vordere" und „hintere Parachordalia" beschrieben werden, ist auf diesem Stadium nicht mehr möglich, doch muss betont werden, dass nur im vordersten und hintersten Abschnitte die Stärke der Basalplatte gleich oder doch fast gleich der Höhe der Chorda ist (Fig. 1, 2, 4); entsprechend dem mittleren Drittel ist die Platte nicht nur absolut niedriger, sondern sitzt auch mehr dem unteren seitlichen Umfange der Chorda an, so dass dorsal ein bedeutenderer Antheil der Chorda freiliegt als ventral (Fig. 3). Dieser mittlere Abschnitt, einem Theile des „mesotischen Knorpels" STÖHR's entsprechend, liegt ungefähr zwischen den beiden Stellen, an denen die Ohrkapsel bereits mit der Basalplatte verbunden ist, geht aber allmählich in den vorderen und hinteren Abschnitt über. —

Besondere Beachtung verdient das Verhalten der seitlichen Theile der Basalplatte. Wie weiter unten noch genauer auszuführen sein wird, ist sie auf diesem Stadium an zwei Stellen mit der Ohrkapsel verwachsen. Diese Stellen bezeichne ich als „Commissura basi-capsularis ant. et post." (Fig. 1 Com. b—c. a. und p.). Zwischen ihnen schiebt sich die Basalplatte ziemlich weit nach aussen vor, so dass sie nicht nur das Ganglion acusticum, sondern auch noch den medialen Abschnitt des Sacculus stützt. Sowohl an der Stelle der vorderen wie der hinteren basi-capsulären Verbindung bemerkt man eine ganz schwache Erhebung auf der Basalplatte, die ersten Andeutungen einer medialen Ohrkapselwand. Diese geben somit genau die Grenze zwischen Gehirn- und Labyrinth-Raum an, und aus ihrer Lage ist leicht zu ersehen, dass ein nicht unbeträchtliches Stück des Ohrkapselbodens bereits jetzt durch Knorpel gebildet wird, der der Basalplatte angehört.

Hinter der hinteren basi-capsulären Verbindung verschmälert sich die Basalplatte und hört dann ziemlich plötzlich auf. Ihr lateraler Rand erreicht hier die hintere Ohrkapsel-Kuppel nicht. Auf Horizontalschnitten zeigt sich der hintere Rand jeder Basalplattenhälfte leicht nach hinten convex: es reicht also der Knorpel dicht neben der Chorda etwas weniger weit nach hinten als in den mehr lateralen Partieen. Im Anschluss an den hinteren Rand erstreckt sich ein Zug verdichteten Gewebes in einem nach aussen und etwas nach hinten convexen Bogen hinter der Glossopharyngeus-Vagus-Gruppe in die Höhe, — die Anlage des Occipitalbogens. Ebenso allmählich wie in die bindegewebe Anlage des Occipitalbogens geht der Knorpel der Basalplatte aber auch caudalwärts über in das die Chorda umhüllende skeletogene Gewebe. Die Bogenanlage des ersten Wirbels ist noch nicht scharf gesondert erkennbar.

Labyrinth-Region.

Die Ohrkapsel, zu deren Betrachtung ich mich jetzt wende, ist auf diesem Stadium noch recht primitiv. Damit hängt zusammen der noch sehr einfache Zustand des häutigen Labyrinthes, von dessen Ausbildung die der Knorpelkapsel zum grossen Theile abhängig ist. Es dürfte sich daher empfehlen, zunächst einen Blick auf jenes zu werfen.

Nur die drei Bogengänge sind bereits alle auf diesem Stadium von dem Hauptraume des häutigen Labyrinthes abgetrennt, und zwar durch Septa, von denen die am vorderen und hinteren Bogengange noch schmal sind, während das am äusseren schon durch beträchtliche Vermehrung des perilymphatischen Gallertgewebes merklich verbreitert ist (Fig. 3).

Utriculus und Sacculus sind dagegen noch nicht von einander getrennt, sondern bilden zusammen noch einen grossen gemeinsamen Raum (Cavum utriculosacculare, Fig. 3 Cav. u. s.), in den oben (späterer Sinus superior) die ampullenlosen Enden des vorderen und hinteren Bogenganges, hinten aussen das ampullenlose Ende des äusseren und hinten unten das Ampullen tragende Ende des hinteren Bogenganges einmünden, während eine vordere, mit besonderer Macula acustica versehene Fortsetzung (später als Recessus utriculi schärfer gesondert) die ampullären Enden des äusseren und vorderen Bogenganges aufnimmt. An den Ampullen sind die Cristae acusticae gut ausgebildet.

Die Wand des grossen Utriculo-Sacculus-Raumes buchtet sich nur erst am hinteren inneren Umfange in Form eines flachen Blindsackes aus, der sich später zur Lagena und Pars basilaris differencirt. Eine grosse Macula acustica liegt am inneren unteren Umfange des Utriculo-Sacculus-Raumes; auch die eben erwähnte Ausbuchtung trägt hohes Epithel.

Der Ductus endolymphaticus mündet an der medialen Seite des Cavum utriculo-sacculare. Der Gang selbst steigt neben der medialen Wand des oberen Abschnittes dieses gemeinsamen Raumes auf und erweitert sich bald zum Saccus endolymphaticus (Fig. 4, sa. endol.), der jetzt noch neben dem später zum Sinus superior werdenden Abschnitt liegt.

Das perilymphatische Gewebe, das die Grundlage für die später sehr bedeutenden perilymphatischen Räume abgiebt, ist zur Zeit erst sehr spärlich vorhanden.

Der Parallelismus zwischen der Ausbildung der Knorpelkapsel und der ihres Contentums zeigt sich nun darin, dass das, was von der Ohrkapsel bisher vorhanden ist, sich an den Wänden der bereits differencirten häutigen Bogengänge (aussen, vorn, hinten) findet, während ventral, wo sowohl das häutige Labyrinth sich noch im Zustande unvollkommener Entwicklung befindet, als auch das perilymphatische Gewebe einen sehr viel geringeren Raum als später beansprucht, erst durch die lateral vorgeschobenen Theile der Basalplatte eine gewisse Stütze geboten wird, medial und dorsal dagegen knorpelige Kapselwände überhaupt noch nicht bestehen.

Die bisher vorhandene periotische Kapsel beschränkt sich demnach auf den Canal. ext. sowie kleine Abschnitte des Can. ant. und post., und bildet im Ganzen eine längliche, ziemlich tiefe Schale, die nach innen offen, nach vorn, aussen und hinten geschlossen und zudem in toto nach aussen convex gekrümmt ist (Fig. 1). Ihr unterer innerer Rand ist an zwei Stellen mit der Basalplatte verbunden: „vordere und hintere basicapsuläre Verbindung". Dadurch dass die Kapsel sich über diese beiden Stellen hinaus nach vorn und hinten kuppelartig vorschiebt, ist die Eintheilung in eine „vordere" und „hintere Kuppel" (Fig. 1 cu. a. und cu. p.). sowie einen diese beiden verbindenden mittleren Abschnitt gegeben, der im Wesentlichen dem äusseren Umfange des äusseren Bogenganges angepasst ist. Dicht vor der vorderen basicapsulären Verbindung verläuft der R. hyomandibularis des Facialis-Ganglions nach aussen.

Da eine mediale Ohrkapselwand noch nicht existirt, so bildet am Knorpelschädel das Gehirn-Cavum mit den beiderseitigen Labyrinth-Cavis einen grossen gemeinsamen Raum, der jederseits nur von der erwähnten Knorpelschale begrenzt wird. Die Grenze zwischen beiden Räumen ist jedoch bereits durch die ebenfalls schon erwähnten Erhebungen der Basalplatte angedeutet.

Das speciellere Verhalten der Knorpelkapsel zu ihrem Inhalte stellt sich folgendermassen: Der obere, innere, freie Rand der äusseren Schale ist leicht verdickt und bezeichnet im mittleren Abschnitt ziemlich genau die Grenze zwischen äusserem häutigen Bogengang und dem medial von ihm gelegenen, aber mit seinem später zum Sinus sup. werdenden Abschnitte dorsal höher hinaufreichenden Utriculo-Sacculus-Raum. Vorn erstreckt sich der Knorpel auch nach innen oben auf den oberen äusseren Umfang des vorderen Bogenganges und geht hier über in den Knorpel der vorderen Kuppel. Der vordere Bogengang erhält dadurch eine kurze Strecke weit einen allerdings dünnen, oberen, knorpligen Ueberzug.

Ventralwärts ist die Ausdehnung der äusseren Knorpelschale nach innen ziemlich genau auf den unteren Umfang des äusseren Bogenganges beschränkt, der freie mediale Rand bildet die äussere Grenze des unten zu erwähnenden „primären Foramen ovale" (Fig. 1, F. ov. pr.).

Ziemlich genau ventralwärts von diesem unteren inneren Rande verläuft die Aortenwurzel (Aorta dorsalis, Ao. d. der Figg. 2—5), nach aussen von ihr liegt das langgestreckte Ganglion des Glossopharyngeus (Gg. IX) und lateral von diesem die Vena jugularis (V. jug.).

Im Bereich der **vorderen Kuppel** liegen die ampullären Enden des vorderen und äusseren Bogenganges nebst dem dieselben aufnehmenden vordersten Abschnitte des Recessus utriculi. Sie ist noch sehr flach und zudem unvollständig. Ihre vordere Begrenzungsfläche ist gut verknorpelt, medial aber ist nur im oberen Abschnitt (am medialen Umfange des vorderen Bogenganges) Knorpel vorhanden, während darunter, wo die mediale Wand des Recessus utriculi dem vereinigten Trigemino-Facialis-Ganglion eng anliegt, die Knorpelbildung noch gehemmt erscheint und das trennende periotische Gewebe erst den Charakter der „Anlage" (cf. Stöhr) hat. Ausser diesem medialen Defect der vorderen Kuppel findet sich noch eine zweite mit jenem zusammenhängende Lücke, die in Form einer Spalte von innen her in den Boden der Kuppel einschneidet. Sie entspricht der Anlagerungsstelle der Vena jugularis interna und ist auch auf späteren Stadien, wo im übrigen die Knorpelbildung schon viel weiter gediehen ist, hin und wieder noch nachzuweisen. Schliesslich findet sich jetzt noch constant eine Lücke an der Decke, da wo dieser die Ampulle des vorderen Bogenganges anliegt (Fig. 1*).

Die mediale Wand der sehr flachen vorderen Kuppel schneidet im unteren Abschnitt sehr bald ab, und nur an der Verbindungsstelle mit der Basalplatte schiebt sich die schon mehrfach erwähnte niedrige Erhebung der Basalplatte zwischen das Trigemino-Facialis-Ganglion und die Wand des Recessus utriculi.

Der von mir als „**hintere Kuppel**" bezeichnete Abschnitt der Ohrkapsel enthält in der Ausdehnung, in der er augenblicklich besteht, noch den hintersten Abschnitt der später zur Pars basilaris und Lagena werdenden Sacculus-Ausbuchtung, und dazu den grösseren Theil des hinteren, absteigend nach vorn umbiegenden Bogenganges mit seiner Ampulle. Die niedrige Erhebung auf der Basalplatte, die im hinteren Abschnitt die Grenze zwischen Schädel- und Labyrinth-Cavum andeutet, befindet sich etwas vor der eigentlichen Verbindungsstelle der periotischen Kapsel mit der Basalplatte, und zwar medial von der Macula sacculi.

Am äusseren Umfange der hinteren Kuppel zeigt sich noch ein besonderer hinterster Abschnitt deutlich abgesetzt; in ihn tritt nur der hintere Bogengang ein, nicht aber der äussere, der schon vorher nach innen vorn umbiegt, um sich in den gemeinsamen Utriculo-Sacculus-Raum zu öffnen. Dieser hinterste Abschnitt der Ohrkapsel ist es auch, der später noch, wenn die Verschmelzung der Basalplatte mit der Ohrkapsel nach hinten hin fortgeschritten ist, frei bleibt (vgl. nächstes Stadium).

Es ist also bemerkenswerth, dass nur die Bogengänge eigene knorpelige Wandungen besitzen, während die medial und ventral gelegenen Theile, also vor Allem der Utriculo-Sacculus-Raum mit seinen functionell wichtigen Theilen von der Basalplatte eine — wenn auch unvollkommene — Stütze erhalten. Von dieser werden das Ganglion acusticum sowie die Macula sacculi getragen.

Durch den freien lateralen Rand der Basalplatte, den medialventralen Rand der Schaale am äusseren Bogengange und die beiden basicapsulären Verbindungen wird eine grosse am Boden der Ohrkapsel gelegene Lücke begrenzt, die ich als „primäres Foramen ovale" bezeichne. Sie besitzt jetzt noch eine sehr bedeutende Ausdehnung, namentlich nach vorne hin, wo noch der grössere hintere Abschnitt des Recessus utriculi mit der Macula rec. in ihren Bereich fällt. Hinten reicht das Foramen, auf das häutige Labyrinth bezogen, bis zur Gegend der vorhin erwähnten blinden Sacculus-Ausstülpung, aus der später die Lagena und Pars basilaris hervorgehen. Die

geringe Höhen-Entwicklung der ganzen Ohrkapsel bringt es mit sich,
dass das For. ovale jetzt noch fast in einer Flucht mit der Basalplatte und dem untern Umfange des äussern Bogenganges liegt. Seine
Ausdehnung in transversaler Richtung ist auch noch beträchtlicher
als später. Geschlossen ist es zur Zeit durch einen kernreichen
Gewebszug, der als unmittelbare Fortsetzung des Basalplatten-Knorpels
erscheint und aussen in den Knorpel am äusseren Bogengange übergeht. Nur in den mittleren Partien, wo sich später das „secundäre
Foramen ovale" erhält, ist das Gewebe nicht in den Knorpel der
äusseren Schale selbst, sondern in deren äusseres (unteres) Perichondrium zu verfolgen (vergl. Figg. 4 mit 5).

Von den verschiedenen Theilen des häutigen Labyrinthes liegt der
Sacculus mit seinen Theilen diesem Verschlussgewebe unmittelbar auf;
der hintere Abschnitt des Recessus utriculi, der auch noch in seinem
Bereich liegt, ist dagegen von ihm durch Gefässe und Nerven beträchtlich abgedrängt (Figg. 3 und 4).

Was der Ohrkapsel dieses Stadiums das charakteristische Gepräge
verleiht, ist neben ihrer Unvollständigkeit das Prävaliren des äusseren
Bogenganges, der fast die ganze Höhe der noch sehr niedrigen Kapsel
einnimmt. Er tritt im Laufe der Entwicklung immer mehr gegen die
medialen Theile, die eine bedeutende Höhen-Entwicklung erfahren,
zurück. —

Eine Decke besteht zur Zeit in der Labyrinthregion noch nicht.

Orbital-Region.

In der gesammten Orbital-Region ist weder von einem
Boden, noch von einer Decke die Rede. Es kommen nur in Betracht
die Trabekel, die hinten mit den Seitentheilen der Basalplatte,
vorn mit der „vorderen Trabecularplatte" zusammenhängen.
Mit diesem Namen belege ich die horizontale Platte, die sonst auch
als „Internasal", „Ethmoidal" oder „Ethmo-Vomerin"-Platte bezeichnet wird. Da ich den Namen „Ethmoidalplatte" für eine spätere
Bildung benutze, und der Ausdruck „Internasalplatte" den Verhältnissen zu wenig entspricht, so wähle ich den oben angegebenen
(Pl. trab. ant. in den Figg.). Das, was STÖHR als „Trabecularplatte"
behandelt hat, würde dann das Epitheton „hintere" erhalten müssen.

Durch die Trabekel, die Basal- und die vordere Trabecularplatte
wird ein grosses den Boden der Orbitalregion einnehmendes Fenster,
die „basi-craniale Fontanelle" (PARKER) (Fig. 1 Fen. b.-cr.) begrenzt.
Sie ist von rechteckiger Form, die längste Seite des Rechteckes liegt
in der Richtung der Schädelaxe. Nach vorn reicht ihre Ausdehnung
bis über die Frontalebene durch den Hinterrand der „quadrato-crani-

alen Commissur" (p. 22) hinaus. Sie ist durch einen häutigen Boden, der sich zwischen beiden Trabekeln ausspannt, geschlossen. Die Trabekel sind in ihrem grösseren vorderen Abschnitte dreikantige Knorpelleisten, deren eine Kante direct nach oben gewendet ist. Weiter hinten runden sich die Kanten ab und beim Uebergange in die Basalplatte besitzt der Trabekelquerschnitt die Form eines stehenden Ovales. Dicht vor der Ohrkapsel ist jedem Trabekel der Proc. ascendens des Quadratums verbunden (Fig. 1 pr. asc.); von der Verbindungsstelle aus erhebt sich eine in sagittaler Richtung ganz schmale Leiste bis zum oberen seitlichen Rande des Schädelcavums: die erste Anlage einer knorpligen Schädelseitenwand. Unmittelbar vor derselben verlässt der N. oculomotorius, über den Trabekel laufend, den Schädelraum.

Eine zweite Andeutung einer höheren knorpeligen Seitenbegrenzung des Schädelcavums findet sich im vordersten Theile der Orbitalregion entsprechend der Stelle, wo sich die Commissura quadrato-cranialis ant. des Quadratums mit dem Trabekel verbindet. Auch hier ist die obere Kante des Trabekels etwas höher erhoben. Zwischen diesen beiden Stellen ist die Seitenbegrenzung des Cavum cranii nur häutig; nur der unterste Theil desselben erhält einen niedrigen lateralen Abschluss durch die innere nach unten innen abfallende Fläche des Trabekels. Durch häutig begrenzte Foramina passiren der N. opticus, oculomotorius und trochlearis.

Die „vordere Trabecularplatte" ist zum grössten Theil noch vom Gehirn bedeckt, zwischen dessen beide Hälften sich ein auf ihr sich erhebender, niedriger, sagittal verlaufender Wulst eindrängt. Der vorderste Theil der Platte ist nur bedeckt mit indifferentem Schleimgewebe und schiebt sich zwischen die beiden Choanen vor (Fig. 6). Die Ausdehnung des Planum trabeculare ant. in naso-caudaler Richtung ist nicht bedeutend.

Ethmoidal-Region.

Die hauptsächlichsten Skelettheile der Ethmoidalgegend bilden die Cornua trabecularum. Es sind flache, von der vorderen Trabecularplatte aus nach vorn abwärts divergirende und zugleich vorn verbreiterte Platten, die wie abgeschnitten endigen. Ein eigentliches Nasenskelet existirt noch nicht.

Am vordersten Abschnitt ändert sich der Querschnitt des Trabekelhorns etwas. War er in seiner grössten Ausdehnung (cf. Figg. 8 und 9) ein sehr langes plattes Oval, so erscheint er ganz vorn — und ebenso die Stutzfläche jedes Trabekelhornes — dreiseitig (cf. Fig. 10), so dass die eine kürzeste Seite die unterste ist und fast horizontal läuft, die beiden andern längeren nach oben innen convergiren. Die äussere ist demnach die längste. Mit der unteren horizontalen Kante der Abstutzungsfläche ist der Oberlippenknorpel gelenkig verbunden. Beide Trabekelhörner sind dorsal von indifferentem Gewebe bedeckt, das sich nach oben durch ein zahlreiche Pigmentzellen führendes Band: Lig. intertrabeculare sup. (L. i. tr. s.), wie es von Born genannt wurde, abgrenzt. Dieses Band geht lateral auf den oberen Umfang der beiden häutigen Nasensäcke über, die zur Zeit noch durchaus seitlich von den Trabekelhörnern liegen.

Ein zweites Band, das der Pigmentzellen entbehrt, verbindet als Lig. intertrabeculare inf. (L. i. tr. inf.) die Innenränder beider Trabekelhörner. Es ist dicht vor der vorderen Trabecularplatte kaum angedeutet und wird erst weiter vorn kräftig.

Der vordere Umfang des ganzen Nasensackes fällt ziemlich genau in einen Querschnitt mit dem hinteren Ende des Oberlippenknorpels. d. h. das vordere Drittel des Trabekelhornes ragt völlig frei vor den Bereich des Nasensackes vor und steht zu diesem in keiner Beziehung mehr. In diesem vorderen Drittel liegt daher der Pigmentzellenzug des Lig. intertrabeculare sup. unmittelbar dem kräftigen fibrösen Lig. intertrab. inf. auf (Figg. 6—9).

Der Zustand des häutigen Nasensackes auf diesem Stadium mag durch die Figg. 6—9 erläutert werden. Die Choanen, jederseits lateral von der vorderen Trabecularplatte gelegen, communiciren weit mit der Mundhöhle (Fig. 6) und erzeugen dadurch, dass ihre medialen Lippen sich sehr bedeutend nach innen verschieben, eine mediale Gaumenschleimhautrinne unterhalb der vorderen Trabecularplatte. Diese Rinne verstreicht nach vorn und hinten allmählich.

Das hohe Riechepithel erstreckt sich am medialen Umfange des Nasensackes bis herab zur Mundhöhle (Fig. 6). Das ganze häutige Naseurohr selbst ist noch sehr einfach und liegt seitlich von dem Trabecularhorn. Nur vorn in der Gegend der äusseren Apertur ist bereits eine medial und aufwärts gerichtete Ausstülpung vorhanden, die dem Trabecularhorn unmittelbar aufliegt. während der Hauptraum nach aussen abweicht. Jener mediale Blindsack ist die erste Anlage des späteren „unteren" Blindsackes. Ueber seinen oberen inneren Umfang verläuft der R. nasalis des Trigeminus (ist in den Figg. mit V, 1 bezeichnet). Der untere Blindsack erstreckt sich am weitesten nach vorn und zwar, wie schon bemerkt, bis zu einer durch das hintere Ende des Oberlippenknorpels gelegten Querebene.

Schliesslich gehören zur Ethmoidal-Region noch die sogenannten „Oberlippen-Knorpel", Theile des larvalen Kauapparates, die mit der Metamorphose ihre Bedeutung und ihre Existenz einbüssen. Der ganze larvale Kauapparat besteht bekanntlich aus zwei Oberlippenknorpeln und zwei Unterlippenknorpeln; die ersteren haben gemeinsame Anlage mit den Trabekelhörnern. die unteren eine solche mit dem Meckel'schen Knorpel (Stöhr). Dass beide Knorpelpaare scharfe Hornplatten. die Hornkiefer, tragen, ist bekannt und existirt darüber eine bedeutende Literatur. die erst kürzlich wieder zusammengestellt wurde (Héron-Royer et Ch. v. Bambecke: La vestibule de la bouche chez les têtards des batraciens anoures d'Europe etc. Arch. de Biologie T. IX. 1889).

Auf diesem Stadium findet man Folgendes:

Die Oberlippenknorpel (C. lab. sup.) stellen in der Fläche gebogene breite Platten dar, deren lateraler und hinterer schmälerer Theil fast sagittal steht, während der mediale und breitere schaufelförmige Theil frontal gestellt ist. Die beiderseitigen berühren sich in der Mittellinie noch nicht, sondern sind durch einen beträchtlichen Zwischenraum von einander getrennt. Da, wo der sagittal gestellte Theil in die frontale Platte umbiegt, ist eine Stelle seines oberen Randes mit dem Unterrande des Trabekelhornes (cf. p. 20) gelenkig verbunden (Fig. 10). Der hintere, sagittal gestellte Antheil bildet einen Hebelarm, an dem die Muskeln angreifen. Der obere Hornkiefer ist erst sehr schwach und gering entwickelt. Die Hornbildung beschränkt sich vorläufig auf die seitlichen Partien, die mittleren zeigen erst ihren Beginn; es ist also der obere Hornkiefer ebenso wie seine Grundlage, der Oberlippenknorpel, noch in der Mitte unterbrochen.

Quadratum, Meckel'scher Knorpel, Unterlippen-Knorpel.

Es erübrigt noch, das Verhalten der den Kieferbogen angehörigen Skelettheile auf diesem Stadium zu betrachten.

Das Quadratum (Q) befindet sich noch fast genau in dem Zustande, wie auf dem von Stöhr beschriebenen und modellirten Stadium von 7 mm. Es stellt in seiner Hauptmasse ein plattes Knorpelband dar, das parallel dem Trabekel verläuft und vorn mit der Gelenkfläche für den Meckel'schen Knorpel endet. An zwei Stellen hängt es mit cranialen Knorpeltheilen continuirlich knorpelig zusammen:

1. vor der Ohrkapsel.

2. dicht hinter der vorderen Trabecularplatte.

Die erste Verbindung stellt der „Processus ascendens" (Pr. asc.) her. Ueber Namen und Homologie ist Theil II zu vergleichen. Er erstreckt sich in nur sehr wenig „aufsteigender" Richtung vom Innenrand des hinteren Quadratabschnittes nach innen zum Trabekel und ist mit der oberen Kante desselben verbunden. Dicht über seinem Ursprunge legt er sich mit einer Anschwellung dem vorderen unteren Umfange der Ohrkapsel an, von diesem nur durch einen spaltförmigen Zwischenraum getrennt. Hier drängt sich die Vena jugularis int., von innen kommend, nach aussen. [1]) Dass auf der Verbindungsstelle

---

[1]) Ihr hauptsächlichster, aus der Schädelhöhle kommender Zufluss steigt zwischen dem Trigemino-Facialis-Ganglion und der vorderen Ohrkapselkuppel herab, ein zweiter

zwischen Proc. ascendens und Trabekel die erste Anlage einer Schädelseitenwand auftritt. wurde schon oben bemerkt.

Die zweite Verbindung des Quadratums mit dem Trabekel besteht
hinter der vorderen Trabecularplatte. Sie wird hergestellt durch einen
starken und breiten Knorpelbalken, der an Stärke den Trabekel übertrifft. Ich bezeichne sie als „Commissura quadrato-cranialis
anterior" (Fig. 1 Com. q.-cr. a.). An der Stelle, wo sie sich mit dem
Quadratum verbindet, ist sie breiter als am Trabekel. Ungefähr von der
Mitte ihres Vorderrandes aus erstreckt sich ein Band, unmittelbar vor der
Choane verlaufend, nach vorn zur unteren äusseren Ecke des Trabekelhornes, dicht vor der vorderen Trabecularplatte. Ich will es als „Lig.
quadrato-ethmoidale" bezeichnen (Fig. 1 l. qu. ethm.). Genau entsprechend der Comm. quadrato-cranialis anterior erhebt sich der
äussere Rand der Quadratplatte zu einem mit breiter Basis aufsteigenden, nach oben sich verschmälernden platten Fortsatz, dem Proc.
orbitalis REICHERT's und PARKER's oder Proc. muscularis
(Pr. m.), wie ich ihn lieber nennen möchte. Er deckt die auf dem
Quadratum von hintenher zum MECKEL'schen Knorpel ziehenden Kaumuskeln („Temporalis" und „Pterygoideus") und bietet zugleich
mehreren Muskeln Ursprungsstellen dar: von seiner Innenfläche entspringt mit zwei Portionen der sogenannte „Masseter", von der
Aussenfläche der „Depressor cartilaginis hyoideae" und der „Depressor
mandibulae". Die Unterfläche des Quadratums besitzt in derselben
Gegend eine knopfförmige Fläche zur Verbindung mit dem Kerato-
Hyale. Das hintere Ende des Quadratums weist noch keine besonderen Eigenthümlichkeiten auf; das platte Knorpelband ragt etwas
über die Ursprungsstelle des Proc. ascendens nach hinten und endet
mit scharfem abgerundeten Rande. Eine Befestigung an der Ohrkapsel
ist noch nicht vorhanden. —

Der Körper des Quadratum, der Proc. ascendens und die Commissura quadrato-cranialis anterior werden bekanntlich zusammen als
Subocularbogen bezeichnet. sie umschliessen mit dem Trabekel zusammen das unter dem Auge gelegene „suboculare Fenster". Dieses
ist verschlossen durch eine Membran, die sich zwischen Quadratum
und Trabekel ausspannt, sie mag: „Membrana subocularis" genannt
werden. Vorn findet sie ihre Anheftung an der Commissura des
Quadratums, hinten folgt sie dem M. ptergygoideus, dessen Unterfläche
sie anliegt. Dieser reicht mit seinem Anfangstheil unterhalb des Proc.
ascendens Quadrati nach hinten in die Gegend des vorderen „basi-
capsulären Verbindung". Hier wird die ihn ventral bedeckende

---

kommt mit dem N. orbito-nasalis aus der Orbita; dazu kommt ein dritter, der sich
ihr erst lateral verbindet und auf dem Quadratum. resp. dem dasselbe deckenden
„M. temporalis" verläuft.

Membran undeutlich. Wie die Membrana subocularis vom „M. ptergygoideus" bedeckt ist, so zieht auf dem Quadratum selbst der „M.
temporalis" nach vorn. Beide Muskeln sind von einer kräftigen Fascie
bedeckt, die sich seitlich am äusseren Rande des Quadratum, medial
am Trabekel befestigt und sich auch nach vorn hin in den vom Proc.
muscularis aussen begrenzten Raum fortsetzt, den die Muskeln passiren.
Sie ist hier zwischen dem Rande des Fortsatzes und der Vereinigungs-
stelle von Trabekel und Commissura quadrato-cranialis ausgespannt.
Im hinteren Abschnitte der Orbita wird sie undeutlicher. Auf diesem
Muskelpolster nun, oberhalb der bedeckenden Fascie, ruht der Augapfel mit seinen eigenen Muskeln. Ebenso liegt über der Fascie der
R. maxillaris des Trigeminus, der erst weiter vorn in der Orbita in
seinen Ober- und Unterkiefer-Ast zerfällt. Der R. orbito-nasalis zieht
unter dem Proc. ascendens nach vorn, der dem Facialis angehörige
R. hyo-mandibularis liegt der Ventralfläche des Quadratum bis fast
zur Verbindungsstelle mit dem Hyoid an.

Vor der Verbindung mit der Commissura quadrato-cranialis ant.
setzt sich das Quadratum noch eine kurze Strecke weit fort, und ist
vorn mit dem MECKEL'schen Knorpel verbunden. Dieses vordere Stück
— Pars articularis (Fig. 1 P. art.) — ist, wie das ganze Quadratum
überhaupt, in dorso-ventraler Richtung abgeplattet und nach vorn abwärts geneigt. Vorn ist es quer abgeschnitten, und zugleich so gedreht,
dass die Stutzfläche etwas von aussen oben nach innen unten steht.
Diese Stutzfläche ist in ihrem medialen Abschnitt verbreitert und
mehr plan, in ihrem lateralen leicht cylindrisch gekrümmt. Der
laterale Theil springt etwas weiter nach vorn vor, der mediale tritt
mehr zurück.

Ungefähr in der Mitte ihrer Länge ist sie mit dem MECKEL'schen
Knorpel verbunden (vergl. auch Fig. 12 und 13 des zweiten Stadiums).
Der MECKEL'sche Knorpel besitzt auf diesem Stadium entsprechend
der weit vorgeschobenen Situation des Quadrat-Gelenkkopfes eine nur
sehr geringe Länge und ist zudem transversal gestellt. Er ist
S-förmig gekrümmt, so dass in seinem lateralen Theile die Concavität,
in seinem medialen die Convexität der Krümmung nach abwärts sieht.
Ueber die Art seiner Verbindung mit dem Quadratum in's Klare zu
kommen, ist nicht ganz einfach. Doch ist, glaube ich, das Haupt-
gewicht darauf zu legen, dass er am hinteren unteren Umfange seiner
lateralen Hälfte durch eine Lage kernreichen Gewebes mit der medialen
Hälfte der Quadrat-Endfläche verbunden ist (Fig. 7). Danach würde
es sich also in der Hauptsache nur um eine Art Syndesmose handeln,
und die Bewegungsaxe muss durch diese Befestigung hindurchgehen.
Dafür spricht auch der Umstand, dass die von der Oberfläche des
Quadratums zu ihm tretenden Muskeln an seinem ganzen oberen und
vorderen Umfang angreifen, sie werden also, wie das auch schon

GÖTTE meinte, den MECKEL'schen Knorpel nach hinten umrollen, indem sie ihn heben.

Die Muskeln, die das Senken des MECKEL'schen Knorpels bewirken, greifen dagegen an dem lateralsten Ende des Knorpels an, das in Form eines kurzen Muskelfortsatzes nach hinten vorspringt. Bei der Wirkung dieser Muskeln dürfte nicht unwesentlich sein, dass der laterale Abschnitt der Endfläche des Quadratums einen cylindrischen Kopf darstellt, der in einer Rinne auf der Oberfläche des lateralen Theiles des MECKEL'schen Knorpels gleitet (Fig. 8).

Die beiden U n t e r l i p p e n k n o r p e l sind kurze, leicht gekrümmte Knorpelstücke, die zusammen die beiden Schenkel eines Hufeisens bilden. Die Ebene dieses Hufeisens steht frontal, die beiden Schenkel divergiren nach oben. Unten, entsprechend der Convexität des Hufeisens, sind beide Unterlippenknorpel mit einander durch eine von beiden deutlich abgesetzte, nicht sehr dicke Gewebsschicht verbunden. Dies Gewebe steht augenblicklich erst dicht vor der Verknorpelung; nach derselben stellt es ein dünnes hyalinknorpeliges unpaares Plättchen, ein Copulare zwischen beiden Unterlippenknorpeln dar (Fig. 9).

Mit dem MECKEL'schen Knorpel seiner Seite ist jeder Unterlippenknorpel verbunden durch eine dichtkernige Gewebslage mit leicht gefärbter Grundsubstanz; eine Gelenkspalte besteht n i c h t (Fig. 9).

Nerven.

Von diesen sollen nur die genauer besprochen werden, die in ihrem Verlaufe nähere Beziehungen zum Primordial-Cranium und dem Kieferbogen besitzen. Von einer eingehenderen Schilderung der Glossopharyngeus-Vagus-Gruppe, sowie des den Hypoglossus vertretenden II. Halsnerven glaubte ich vorläufig Abstand nehmen zu müssen. Sie werden bei einer späteren Bearbeitung des Kiemen-Skeletes behandelt werden.

Da eine Aenderung im Verlaufe der Nerven erst durch die Metamorphose herbeigeführt wird, so kann die für das vorliegende Stadium gegebene Beschreibung auch als in der Hauptsache für das nächstfolgende giltig angesehen werden; bei diesem werden dann nur kleine Zusätze zu machen sein.

I. N. olfactorius.

Die beiderseitigen Nn. olfactor. werden, der vorderen Trabecularplatte aufliegend, durch die Crista mediana derselben getrennt und treten lateralwärts über die Seitentheile der Platte (Fig. 6).

II. N. opticus.

Tritt weit vor dem kurzen hinteren Stück Schädelseitenwand aus dem Cavum cranii aus, dem Trabekel dicht aufliegend.

III. N. oculomotorius.

Verlässt die Schädelhöhle dicht vor dem hinteren Schädelseitenwand-Abschnitte, dem Trabekel aufliegend, und theilt sich sofort in den R. sup. und inf., die medial vom orbito-nasalis des V. auf- resp. absteigen.

IV. N. trochlearis.

Ist ungemein fein und daher sehr schwer zu erkennen. Er passirt durch ein Foramen in der häutigen Schädelseitenwand, oberhalb des hinteren Umfanges des N. opticus.

VI. N. abducens.

Er ist, wie später beim erwachsenen Thiere, so schon jetzt innig mit dem Trigeminus verbunden. Er tritt in den ventralen Umfang des Trigemino - Facialis - Ganglion ein, ist in diesem aber nicht mehr zu verfolgen. Der ihm entsprechende periphere Ast verläuft in der Scheide des R. orbito - nasalis unter dem Proc. ascendens Quadrati und löst sich, gleich nachdem jener unter dem Processus hervorgetreten ist, von ihm los, um in den Rectus externus einzutreten.

V. u. VII. Trigeminus und Facialis.

Die Verbindung, die zwischen beiden Nerven beim erwachsenen Frosche bekanntlich besteht, ist schon auf meinem jüngsten Stadium eine derartige, dass sich die gemeinsame Besprechung beider rechtfertigt.

Die Wurzeln der Nerven sind allerdings getrennt von einander. Die des Trigeminus entspringt aus den Seitentheilen der Med. obl. eine kurze Strecke vor der des Facialis, die zusammen mit der Acusticus-Wurzel die Medulla verlässt. Aus diesem hinteren dem VII. und VIII. angehörigen Wurzelcomplex entwickeln sich ausser den beiden Acusticus-Aesten noch z w e i Nerven, oder richtiger gesagt, zwei Ganglienzell - Züge, die über einander liegend an der dem Gehirn-Cavum zugekehrten häutigen Wand des Recessus labyrinthi nach vorn ziehen. Von diesen fasse ich den ventralen stärkeren als Stamm des Facialis auf, den dorsalen schwächeren bezeichne ich als Radix accessoria N. Trigemini (Fig. 4 R. a. V). Zwischen diese beiden legt sich die von ihrer Ursprungsstelle aus nach aussen absteigende eigentliche Trigeminus-Wurzel, so dass man vor dieser Stelle auf Frontalschnitten 3 nervöse Querschnitte an der medialen Begrenzungswand des Recessus utriculi trifft: einen kleinen gangliösen oberen (Rad. accessoria), einen mittleren fibrillären (Trig.) und einen unteren grösseren gangliösen (Stamm des Facialis) (Fig. 4). Diese drei bilden zusammen am vorderen inneren Ohrkapselumfang das grosse Ganglion, das sich mit seinem vordersten Zipfel, aus dem der N. maxillaris hervorgeht, bis auf den Proc. ascendens Quadrati herauf erstreckt. Noch im hinteren Abschnitte des Ganglion (das würde also von der Stelle an sein, wo auch der mittlere [Trig.-] Abschnitt Ganglienzellen zeigt) kann man nicht schwer die Zusammensetzung aus drei Theilen erkennen. Der unterste, der dem Facialis entspricht, zeichnet sich aus durch zahlreiche grosse und pigmentirte Zellen, ebenso der oberste kleinste; der mittlere dagegen zeigt hier kleinere, mit Hämatoxylin stark tingirte, aber nicht pigmentirte Zellen. Erst davor, wo es sich nur noch um eigentliches Trigeminus-Ganglion handelt, zeigen sich auch in diesem die grossen braun pigmentirten Zellen.

Die Aeste, die aus diesem Ganglien-Complex entstehen, sind:

  a) aus dem **o b e r s t e n** Abschnitte, der als „N e b e n g a n g l i o n" bezeichnet werden mag:

      ein Ast, den ich als R. cutaneus orbitalis bezeichnen will;

  b) aus dem **m i t t l e r e n** (Trigeminus-) Abschnitte:

    1. R. orbito-nasalis,

    2. R. maxillaris;

  c) aus dem **u n t e r s t e n** hinteren (Facialis-) Abschnitte:

    1. R. hyo-mandibularis,

    2. R. palatinus.

a) Der Ast des Nebenganglions (R. cutaneus orbitalis).

Aus dem oben beschriebenen Nebenganglion entsteht schon im hinteren Abschnitte des Gesammt-Ganglion ein Nerv, der sich von letzterem trennt und der vorderen Ohrkapselkuppel eng angeschmiegt nach vorn verläuft. Dicht vor der Ohrkapsel theilt er sich in seine beiden Aeste:

    1. R. orbitalis superior,

    2. R. orbitalis externus.

Ersterer wird über der Ohrkapsel und dem hinteren Theile der Orbita subcutan, und zieht von hier weiter nach vorn; der zweite verläuft erst nach hinten aussen, scheint mit einem Hautast des Maxillaris zu anastamosiren und wendet sich dann im Bogen nach vorn, um subcutan unter dem Auge nach vorn zu verlaufen. Der R. cutaneus orbitalis ist von GÖTTE (21 p. 672 als „vorderer Seitennerv" des

Kopfes beschrieben worden und ist, wie GÖTTE ebenfalls betont, für die Hautsinnesorgane des Kopfes bestimmt.

b) Die Aeste des Haupt-Ganglion des Trigeminus.

1. R. orbito-nasalis.

Der erste Trigeminus-Ast entspringt an der Unterfläche des vorderen Theiles des Ganglion und läuft unter dem Proc. ascendens des Quadratums nach vorn. Wie oben (p. 25) erwähnt, enthält er die Elemente des Abducens in sich und giebt dieselben, unter dem Proc. ascendens hervorgetreten, in den Rectus ext. ab. Er durchläuft frei die ganze Orbita, über den Opticus hinweg, liegt dabei in einiger Entfernung von der — häutigen — Schädelseitenwand, der er sich erst im vorderen Theil der Orbita mehr nähert. Ueber die obere Kante der Seitentheile der vorderen Trabecularplatte hinweg verlaufend, theilt er sich in zwei Aeste, von denen der äussere (R. externus narium), bei weitem feinere nach aussen vorn verläuft. Seine Endausbreitung konnte ich auf diesem Stadium nicht verfolgen.

Der mediale (N. septi narium) läuft gerade nach vorn über den Olfactorius (Fig. 6, 7), dann am oberen medialen Umfang des Nasensackes, von der Schleimhaut durch Gefässe und die Ausstrahlungen des Olfactorius getrennt. Dabei liegt er immer lateral und etwas oberhalb von der oberen Kante des Trabekelhornes (Fig 8, V, 1). Weiter vorn überschreitet er den oberen Umfang des unteren Blindsacks und erreicht die nach aussen abfallende Oberfläche des Trabecularhornes, längs der er, dem oberen Rande genähert, noch eine Strecke weit nach vorn verläuft, um sich dann in der Haut zu vertheilen.

Da wo er über den Rectus oculi ext. hinweg verläuft, enthält er Ganglienzellen aufgelagert, die sich eine Strecke weit nach vorn fortsetzen. Im übrigen konnte ich mich auf die genaueren Verhältnisse seiner Aeste, namentlich der Frontaläste, zunächst nicht einlassen, da dieselben hier noch sehr fein und mit den angewendeten Methoden nur sehr schwer sichtbar waren.

2. R. maxillaris.

Er entwickelt sich aus dem vordersten Zipfel des Trigemino-Facialis-Ganglions, der sich über den Bereich der Ohrkapsel heraus nach vorn und auf den medialen Theil des Proc. ascendens des Quadratums herauf schiebt. Der Nerv enthält an seinem Anfangstheil zahlreiche Ganglienzellen aufgelagert und läuft, der die Kaumuskeln deckenden Fascie aufliegend, eine kurze Strecke weit ungetheilt nach vorn. Von diesem Anfangsstück gehen einige unbedeutende

Aeste nach aufwärts zur Haut, sowie nach aussen. Einer der letzteren
scheint mit einem Aste des „Nebenganglions" zu anastomosiren.
Auch ein Muskelast entsteht noch aus dem ungetheilten R. maxillaris:
er dringt zwischen „M. pterygoideus" und „temporalis" nach abwärts und vertheilt sich an sie.

Noch im hinteren Abschnitte der Orbita zerfällt der Nerv in
seine zwei Haupt-Aeste: R. maxillaris superior und inferior.
Der Max. sup. liegt medial, auf dem „M. pterygoideus", der Max.
inf. lateral, auf dem „M. temporalis". Beide verlaufen unter dem
M. rectus extern. oculi weg.

α. R. maxillaris superior.

Er liegt unter dem inneren Umfange des Augapfels und bleibt
in seinem Verlaufe nach vorn über der Fascie der Kaumuskeln.
Auch vor dem Auge, im Bereiche des vom Proc. muscularis Quadrati
aussen, von der Commissura quadrato-cranialis ant. ventral begrenzten
Raumes behält er diese Lage zu der Fascie, die sich auch nach vorn
fortsetzt, bei, und wendet sich hier lateralwärts an die obere Kante
des Proc. muscularis. Medial von dieser zerfällt er in seine beiden
Endäste. Von diesen verläuft der stärkere laterale an der oberen
Kante des Proc. muscularis nach vorn bis zu dessen vorderem Rande,
und wendet sich dann nach abwärts, um unter Durchquerung des
subcutanen Schleimgewebes an der Seite der Schnauze nach vorn zur
Haut zu gelangen.

Der sehr viel feinere mediale ist der R. communic. c. N.
palatino. Es ist schwer, ihn auf so jungen Stadien genau bis zur
Verbindung mit dem Palatinus zu verfolgen, die dorsal vom Lig.
quadrato-ethmoidale, am Vorderrande der Commissura quadrato-
cranialis ant. stattfindet (dicht hinter der Choane). Der Ast verläuft
also von seiner Ursprungsstelle am Proc. muscularis nach innen vorn
und abwärts.

β. R. maxillaris inferior.

Er liegt über dem „M. temporalis" und durchdringt sehr bald
die diesen bedeckende Fascie, so dass er unmittelbar dem Muskel
aufliegt. Auch innerhalb des vom Proc. muscularis aussen begrenzten
Raumes liegt er zunächst noch auf dem genannten Muskel, biegt aber
dann zwischen diesem und der Innenfläche des Proc. muscularis nach
abwärts, durchsetzt dabei den von dieser Innenfläche entspringenden
„Masseter" und steigt vor dem lateralen Theil des MECKEL'schen
Knorpels herab, um sich dann sofort wieder nach hinten zurück zu
wenden. Er umschlingt also den MECKEL'schen Knorpel von vorn
her. Nach kurzem caudalwärts gerichtetem Laufe giebt er einen noch

weiter caudalwärts an der Ventralfläche des „M. submaxillaris“ verlaufenden und diesen versorgenden Ast ab, und biegt selbst medialwärts nach vorn hin um an die Unterfläche des Unterlippenknorpels. Seine letzte Verbreitung scheint in der Haut und Schleimhaut in dessen Umgebung sowie in den Muskeln der Unterlippenknorpel stattzufinden.

c) Die Aeste des Facialis-Abschnittes des Ganglions.

1. R. hyomandibularis.

Der Nerv entspringt aus dem hintersten äussersten Abschnitt des Facialis-Antheils des Ganglions, von dem aus eine Anzahl von Ganglienzellen sich eine Strecke weit auf ihn erstreckt. Er verläuft unter dem vordersten Ohrkapselabschnitt nach aussen, unten und vorn, dabei von dem Boden der vorderen Ohrkapselkuppel abgedrängt durch die Vena jug. int. (vergl. Fig. 19 des nächsten Stadiums). An die Unterfläche des Quadratums gelangt,[1] läuft er, derselben ungefähr in der Mitte anliegend, nach vorn, zwischen der Quadratplatte und der Schleimhaut des lateralen Abschnitts der Mundhöhlendecke. Von der Unterfläche des Quadratums entfernt er sich weiter vorn, eine etwas nach vorn aussen und abwärts gehende Richtung einnehmend, um an die Aussenseite der Quadrato-Hyoid-Verbindung zu gelangen. Von dieser durch den Ursprung eines Kopfes des „M. depressor maxillae“ abgedrängt und lateral selbst bedeckt vom „M. depressor hyoidis“ theilt er sich ungefähr in Niveau des Hyoidkopfes in seine Aeste, von denen, abgesehen von reinen Muskelästen, drei hauptsächliche zu unterscheiden sind: R. hyoideus, R. auricularis und R. mandibularis (R. gularis, auricularis, mentalis, Fischer). Von diesen dreien steigt der hinterste,

1. R. hyoideus, ventralwärts zwischen dem M. depressor hyoidis und dem Hyoid-Ursprung des depressor maxillae herab und wendet sich dann caudalwärts, zwischen der Ventralfläche des Kerato-Hyale und dem subcutanen an der Ventralseite des Kopfes gelegenen Lymphraume, weiterhin zwischen dem M. subhyoideus und jenem Lymphraume liegend. Letzteren M. versorgt er und durchdringt schliesslich, ungefähr in gleicher Frontalebene mit dem hinteren Ende des Hyoids, den subcutanen Lymphraum, um sich in der Haut dieser Gegend zu vertheilen.

[1] Hier muss auch die Verbindung mit dem R. comm. aus dem IX. erfolgen, doch ist es mir auf so jungen Stadien nicht möglich gewesen, dieselbe zweifellos zu erkennen. Zuerst sehe ich sie wirklich klar bei Larven von 21 mm.

2. R. auricularis. Dringt nasalwärts von dem R. hyoideus, zwischen dem Depressor Hyoidis und dem Hyoidkopfe des Depressor maxillae nach aussen zur Haut.

3. R. mandibularis. Stellt das eigentliche proximale End- stück des Nerven dar. Er verläuft noch eine Strecke weit zwischen dem Depressor hyoidis und dem lateralen Kopfe des Depressor maxillae nach vorn, und biegt dann dicht vor dem letztgenannten Muskelkopfe, der Ventralfläche des Quadratums hinter dem Quadrato- Mandibular-Gelenk eng anliegend, medialwärts zur Mundschleimhaut.

2. R. palatinus.

Aus dem ventralen Umfange der hinteren Abtheilung des Trige- mino-Facialis-Ganglions medial hervorgetreten, läuft der N. nach vorn, zuerst dorsal von der ungetheilten A. carotis int., dann medial von der A. palatina liegend und dabei ventral vom M. „pterygoideus". Weiterhin liegt er ventral und in nur geringer Entfernung von der unteren äusseren Trabekelkante, zugleich nahe über der Schleimhaut des Mundhöhlendaches, die von ihm versorgt wird; im vorderen Ab- schnitte der Orbita liegt er mehr an der Unterfläche des Trabekels und hier theilt er sich entsprechend dem Vorderrande der Commissura quadrato-cranialis ant. in seine beiden Endäste. Der stärkere mediale vertheilt sich an die Umgebung der Choane und ist, medial an dieser vorbeilaufend, noch eine Strecke weit nach vorn, ventral von der vorderen Trabecularplatte, zu verfolgen. Er versorgt noch die Schleimhaut dieser Gegend.

Der Verlauf des äusseren interessanteren Astes ist schwer fest- zustellen, da der N. ungemein fein ist. Unter Zuhülfenahme etwas älterer Stadien kann man mit Mühe erkennen, dass der N. an der Ventralfläche der Commissura quadrato-cranialis ant. hinter der Choane sich lateralwärts wendet, um am vorderen Rande der Commissur, dorsal vom Lig. quadrato-ethmoidale sich mit einem Aste des Maxillaris sup. zu verbinden (cf. p. 28).

VIII. Acusticus.

Aus den Seitentheilen des verlängerten Markes, ungefähr im Niveau des Bodens der Rautengrube, tritt eine Summe von Fasern aus, an denen eine besondere Gruppirung nicht zu unterscheiden ist, die aber zweifellos für den Facialis und Acusticus zu halten sind. Sie verlaufen in der Hauptsache ventral- und lateralwärts und der ganze dorso- ventral sehr stark ausgedehnte Querschnitt kommt dadurch an die mediale Wand des hinteren Sacculus-Abschnittes zu liegen, der noch keine knorpelige Abgrenzung gegen den Schädelraum besitzt, und noch einen grossen ungetheilten Raum darstellt (cf. p. 15).

Der gesammte Querschnitt lässt zahlreiche Ganglienzellen erkennen. Aus seinem unteren und lateralen Abschnitte entwickelt sich am weitesten caudalwärts der R. cochlearis (R. post. n. acust.), der in der Hauptsache nach hinten gerichtet zum häutigen Labyrinthe verläuft.

Vor dem Abgange der R. cochlearis nehmen die Ganglienzellen den Gesammtquerschnitt ein, von dem sich ein oberer Zipfel schärfer abtrennt.

An der Grenze von Recessus utriculi und Sacculus entsteht der N. vestibularis (R. ant. n. acust.), mit seiner Hauptmasse nach vorn verlaufend, aus dem lateralen Theile der Masse.

Der mediale Theil der gesammten Ganglienzellmasse erfährt durch den N. trigeminus eine Trennung in zwei Abschnitte, den oberen kleineren, der schon etwas weiter hinten sich schärfer abtrennte (Radix accessoria n. trig.), und einen grösseren unteren, den „Stamm des Facialis". Beide wurden oben schon beschrieben.

IX. u. X. Glossopharyngeus-Vagus-Gruppe.

Von dieser sollen, da sie zum Cranium selbst nur wenige Beziehungen hat, auch nur einige Daten angeführt werden. Schon jetzt und noch schärfer auf späteren Stadien — kann ich vier Wurzeln unterscheiden, die das gemeinsame Glossopharyngeus-Vagus-Ganglion bilden.

Die beiden vordersten entspringen dicht über einander, aber deutlich trennbar, die dorsale reicht etwas weiter nach vorn.

Die in einiger Entfernung dahinter entspringende dritte Wurzel ist die kräftigste, sie verlässt das Hirn in gleicher Höhe mit der vorderen ventralen und verläuft ziemlich genau nach aussen und abwärts.

Die vierte schliesslich entspringt schon im Gebiete des ersten Wirbels und verläuft daher bis zum Ganglion erst eine Strecke weit an der häutigen Anlage der Occipitalregion nach vorn.

Das gemeinsame Ganglion liegt dem unteren Umfange der hinteren Ohrkapselkuppel enge an, und reicht auch noch etwas in das Innere der Schädelhöhle hinein. Eine Trennung in einzelne Abschnitte war mir auf diesen jungen Stadien nicht möglich, gelingt aber, wie p. 49 erwähnt ist, später. Das Ganglion erstreckt sich unter der hinteren Ohrkapselkuppel nach aussen und lässt bald einige grössere Aeste aus sich hervortreten, die offenbar dem Vagus angehören, die ich aber nicht im Speciellen verfolgt habe. Gleichzeitig trennt sich, schon sehr weit hinten, der N. glosso-pharyngeus von dem gemeinsamen Ganglion los und verläuft selbständig unter dem äusseren Umfange der Ohrkapsel nach vorn. An seiner ventral-lateralen Seite wird er begleitet von einem vorgeschobenen Zipfel des Ganglions, der sich durch Abgabe weiterer lateral verlaufender (Kiemenbogen-) Aeste allmählich sehr reducirt und schliesslich erschöpft (Ggl. X). Die Topographie unterhalb des äusseren Umfanges der hinteren Ohrkapselkuppel ist folgende (Fig 2): Am meisten lateral liegt die Vena jugularis, medial davon dicht an der Ohrkapsel der N. glosso-pharyngeus, etwas ventral und lateral von ihm das Ganglion Vagi, medial von beiden Nerven die dorsale Aorta. Da wo die II. Kiemenvene in die Aortenwurzel mündet, erscheinen wieder in dem Glossopharyngeus-Querschnitte Ganglienzellen, die etwas weiter davor den ganzen Querschnitt einnehmen.

Dieses zweite (Glossopharyngeus-) Ganglion liegt jetzt zwischen den Einmündungsstellen der II. und I. Kiemenvene in die dorsale Aorta; nur wenig caudalwärts von der Einmündung der V. branch. I. gehen die Endäste aus ihm hervor.

Man kann an Zahl vier unterscheiden: zwei, von denen der eine nach aussen und abwärts, der vordere am medialen Thymus-Umfang nach innen und abwärts verläuft, haben hier kein besonderes Interesse; die beiden anderen sind 1. der R. communicans c. N. faciali und 2. der eigentliche Endast des Glossopharyngeus, der dem definitiven R. lingualis entspricht (Fig. 4. IX, 1 und 2). Das vorderste Ende des Glossopharyngeus-Ganglion liegt der Ohrkapsel schon nicht mehr eng an, sondern weicht nach aussen und abwärts ab; es folgt darin dem Hauptendast des Glossopharyngeus (R. lingualis), der sich an den lateralen Umfang der Thymus legt und an diesem nach vorn weiter verläuft. Die Thymus selbst reicht jetzt, lateral und ventral von der vorderen Ohrkapselkuppel liegend, bis nahe an den Hinterrand des Quadratums heran. Der Nerv liegt weiterhin dem Quadratum nicht unmittelbar an, sondern etwas weiter lateral, an der medialen Seite des Muskels, der vom Quadratum zum I. Keratobranchiale zieht, und begiebt sich dann an der Aussenseite des I. Keratobranchiale nach abwärts.

Directere Beziehungen zu Theilen des Craniums besitzt der R. communicans c. N. faciali. Dieser verläuft (vergl. Fig. 13 des nächsten Stadiums) von seiner Abgangsstelle an direct nach vorn, unterhalb des äusseren Bogenganges, aber ihm nicht mehr so eng anliegend wie vorher der Stamm, gelangt an den medialen oberen Umfang der Thymus und so an die Unterfläche des Quadratums, wo er sich mit dem R. hyomandibularis des Facialis verbindet. Bis zu dieser Verbindung habe ich, wie schon p. 29 bemerkt, den Nerven erst bei etwas älteren Stadien (21 mm) verfolgen können, wo er auch noch ausserordentlich fein ist. Die Aeste des aus der Verbindung hervorgehenden gemeinsamen Nerven sind oben beim Facialis geschildert. Den N. XI. sowie den bekanntlich durch den II. Spinalnerven repräsentirten Hypoglossus habe ich nicht mehr in den Kreis der Betrachtung gezogen.

Zweites Stadium.

Ganze Länge 29 mm. Körperlänge 11 mm. Schwanz 18 mm.
Hintere Extremitäten stummelförmig.
Figg. 12—19.

Das Primordial-Cranium dieses Stadiums zeigt durchweg eine grössere Festigkeit als das des vorhergehenden. Besonders die hinteren Partien haben wesentliche Fortbildungen erfahren, die Ohrkapseln sind fast vollständig verknorpelt, und hinter ihnen lässt sich jetzt noch eine besondere Occipitalregion unterscheiden. Die Ethmoidalgegend mit dem davor gelegenen Kauapparate weist dagegen fast gar keine Veränderung auf. Es ist überhaupt charakteristisch, dass die Bildung einer eigentlichen knorpeligen Nasenkapsel erst verhältnismässig spät beginnt, lange nachdem die Ohrkapsel schon ihre definitive Form erreicht hat.

Basalplatte und Occipital-Region.

Die Occipitalregion wird hergestellt durch zwei Bogen, die im Anschluss an den hintersten Abschnitt der Basalplatte bis zur halben Ohrkapselhöhe aufsteigen und das Nachhirn umfassen. (Fig. 14 arc. occ.) In ihrem untersten Abschnitte sind sie leicht nach hinten convex, doch ist ein eigentlicher Gelenkhöcker noch nicht vorhanden; eine Trennung ihres basalen Theiles von der gesammten Basalplatte ist nicht möglich. Ueber ihre Verbindung mit der Ohrkapsel ist weiter unten gehandelt. —

Die Convexität ihres untersten Abschnittes bedingt eine Divergenz der hinteren Ränder beider Basalplatten-Hälften, d. h. es entsteht an der hinteren Begrenzung der Basalplatte eine mittlere Einziehung, in deren Grunde der Chorda-Querschnitt liegt: „Incisura occipitalis". [1]

[1] NB. wenn man, um das Cranium von der Wirbelsäule isolirt zu erhalten,

Hinsichtlich der Verbindung der Occipitalregion mit dem ersten Wirbel ist Folgendes zu bemerken.

Der erste Wirbel (Fig. 14) besteht zu dieser Zeit aus zwei knorpeligen Bogen, die mit breiter Basis dem seitlichen Umfange der Chorda ansitzen (Arc. vert. I). Weder ventral noch dorsal von dieser sind die Bogen-Basen vereinigt, dagegen schieben sie sich an der Chorda sehr bedeutend nach vorn vor und bilden so gemeinsam mit dieser ein in die Incisura occipitalis hineinpassendes Tuberculum, das ich als „Tuberculum interglenoidale" bezeichne (Fig. 14, 15, 16 Tub. i. gl.), da es später, nach Bildung der beiden Gelenkflächen für die Occipital-Condylen, zwischen jenen beiden liegt. Aus ihm tritt die Chorda ohne Unterbrechung in die Schädelbasis ein. (Am Modell ist also eine künstliche Trennung vorgenommen.) Die Seitentheile dieses Tuberculum, also die vorgeschobenen Bogen-Basen, sind nur durch eine schmale Lage dichtkernigen Gewebes von den Hinterrändern beider Basalplatten-Hälften getrennt (Fig. 15 und 16); dieses Gewebe mag als „Occipito-Vertebral-Gewebe" („Intervertebro-Occipitalgewebe" STÖHR) bezeichnet werden. Um die Chorda, von der es natürlich auch durchsetzt wird, bildet es, wegen der hinteren Divergenz der Basalplattenhälften, einen schmalen Ring. Aussen reicht die Verbindung des Tub. interglenoidale mit der Basalplatte durch das Occipito-Vertebral-Gewebe bis zur Gegend des „Foramen perilymphaticum accessorium" (cf. p. 36).

Vorhin wurde erwähnt, dass die Occipitalbogen am seitlichen Umfange des Gehirn-Cavums aufsteigend sich mit der hinteren Ohrkapselkuppel jeder Seite in Verbindung setzen. Es ist jedoch nicht die Wand der Ohrkapsel selbst, an die sich der Occipitalbogen anlegt. Der hinterste Theil der Ohrkapsel weicht vielmehr lateralwärts zurück, so dass zwischen ihm und dem Occipitalbogen ein grösserer Zwischenraum besteht. Die Verbindung beider Theile kommt daher so zu Stande, dass an dem hintersten Ohrkapselabschnitte von halber Höhe aus ein leistenartiger Vorsprung sich entwickelt (Crista occipitalis lateralis) und mit dem obersten Ende des Occipitalbogens verschmilzt (Fig. 15 Cr. occ. lat.). So entsteht unterhalb dieser Crista ein im übrigen von der Ohrkapsel und dem Occipitalbogen begrenztes Foramen — Foramen jugulare (Fig. 14 F. jug.) — durch das die Vagus-Gruppe den Schädelraum verlässt (Fig. 15 und 16).

Gleich hier mag dann noch zugefügt werden, dass die Crista occipitalis sich an der medialen Wand der hinteren Ohrkapselkuppel als kammartige Leiste nach vorn aufsteigend fortsetzt und, so den oberen Rand der Ohrkapsel erreichend, in die Seitenpartien der

hier die Chorda durchschneidet. Thatsächlich tritt letztere auf diesem Stadium noch continuirlich aus dem ersten Wirbel in das Cranium ein. In Fig. 14 ist die Trennung ebenfalls eine künstliche.

später zu schildernden „synotischen Decke" übergeht (Fig. 12, 14,
17 Tect. synot.). Es kommen also die Occipitalbogen nicht etwa in
der dorsalen Mittellinie zur Vereinigung, sondern enden ihrerseits bereits in halber Höhe der Schädelhöhle, so dass die obere Hälfte der
Schädelseitenbegrenzung, sowie die Decke der Occipitalregion nur
häutig sind. Die „synotische Decke" reicht caudalwärts nur bis in die
Frontalebene des For. perilymphat. sup. (cf. p. 40).

Der Hinterrand der Basalplatte mit der Chorda, die Occipitalbogen und die beiden Cristae occipitales bilden zusammen die Begrenzung des Foramen occipitale, das eine ausgesprochene Herzform
(Einziehung an der Chorda) mit nach oben vorn gewendeter Spitze besitzt (Fig. 14).

Die Ausdehnung der Basalplatte im Verhältniss zum Gesammt-
schädel ist ziemlich dieselbe geblieben, auch ihre Beziehung zum Gehirn ist wenig verändert. Ihr Vorderrand entspricht ungefähr der Mitte
des Mittelhirns (Communication der Seitenventrikel mit dem Mittel-
ventrikel), stützt aber dabei schon den hintersten Abschnitt der (nach
hinten gerichteten) Hypophyse. Die Platte hat demnach hier einen
ganz geringen Zuwachs nach vorn erlangt. Die Dickenunterschiede
der einzelnen Abschnitte der Basalplatte sind verwischt, auch in dem
zwischen beiden Ohrkapseln gelegenen Theile nimmt der Basalplatten-
knorpel die ganze Höhe des seitlichen Chorda-Umfanges ein.

Die Chorda verschmälert sich innerhalb der Schädelbasis
gleichmässig, liegt in grösster Ausdehnung oben und unten frei
zwischen den beiden Hälften der Basalplatte und ist ungefähr bis zu
dem Vorderrande des For. acusticum nach vorn zu verfolgen. Vor
diesem ist die Basalplatte continuirlich, Schnittbilder ergeben aber
noch eine ganze Strecke weit die Zusammensetzung aus zwei seitlichen
Hälften; die Chorda ist zwar zu Grunde gegangen, aber die beiden
Hälften der Basalplatte werden, obwohl ventral wie dorsal vereinigt,
doch in der Mitte der Dicke eine Strecke weit noch durch einen
schmalen Spalt getrennt, in dem häufig braune Pigmentmassen lagern;
weiter vorn fehlt auch dieser Spalt, aber eine senkrechte dunkle Linie
lässt noch bis nahe an den Vorderrand der Basalplatte heran eine
früher vorhanden gewesene Trennung erkennen. Diese dunklere Linie
ist durch das enge Aneinanderlagern der beiden Hälften der Basalplatte
entstanden, deren mediale Knorpelkapseln sich aneinander gelegt haben.

Von der Gegend des vorderen Abschnittes des Acusticus-Foramen
an caudalwärts ist die Chorda wieder als solche erkennbar, von beiden Seiten
her comprimirt. Ihre vorderste Spitze ist auch ventral und dorsal – und
zwar ventral etwas weiter – von einer dünnen Knorpelschicht bedeckt,
während der grössere hintere Abschnitt der Schädelchorda auch jetzt noch
dorsal und ventral frei zu Tage liegt, nur bedeckt von den Scheiden und
schmalen Gewebszügen, die beide Basalplattenhälften miteinander ver-

binden. Namentlich dorsal ist diese verbindende Gewebsmasse im hintersten Basalplatten-Abschnitte sehr stark entwickelt — sie wird später hier zu Knorpel.

Seitlich setzt sich, von unten betrachtet, die Basalplatte jederseits continuirlich in den Boden der Ohrkapsel fort (Fig. 13); vom Schädelcavum aus betrachtet, reicht sie bis an die mediale Ohrkapselwand, in die sie unter abgerundetem rechten Winkel übergeht.

Hinter der hinteren primären basicapsulären Verbindungsstelle hat sich die Verbindung der Basalplatte mit dem unteren inneren Rande der jetzt völlig verknorpelten Ohrkapsel noch weiter caudalwärts fortgestzt. Dabei sind eine Anzahl Foramina neu gebildet: das aus der Schädelhöhle in die Ohrkapsel führende For. perilymphat. sup. (cf. p. 40), hinter dem erst die Ohrkapsel medialwärts völlig gegen die Schädelhöhle abgeschlossen ist und kuppelförmig nach aussen zurückweicht. (Es ist demnach die Ausdehnung der „hinteren Kuppel" jetzt geringer als vorher.) Der Raum zwischen dieser Kuppel, dem freien Rande der Basalplatte und dem Occipitalbogen ist aber nochmals durch eine Leiste, die die Basalplatte mit dem Kuppelboden verbindet, in zwei Theile getheilt, ein vorderes spaltförmiges Foramen zwischen Ohrkapsel, Basalplatte und der eben erwähnten Verbindung, und ein hinteres kreisrundes, das mehr nach hinten gerichtet ist und schon oben als „Foramen jugulare" (For. vagi) bezeichnet wurde. Das davor gelegene spaltförmige Foramen leitet einen Lymphgang (Duct. perilymph. anastomoticus) aus, resp. in den Schädel, und soll als „Foramen perilymphaticum accessorium" bezeichnet werden. (Fig. 13 F. jug., F. peril. acc., F. peril. inf.) Durch Schwund der trennenden Knorpelbrücke fliesst es später mit dem For. jugulare zusammen, und dann passirt durch den vordersten Abschnitt des letzteren der Ductus perilymphaticus anastomoticus, durch den hinteren die Glossoph.-Vagus-Gruppe.

Auf die perilymphatischen Räume komme ich beim Gehörorgan zurück.

Labyrinth-Region.

Bevor ich die nunmehr fast vollständig verknorpelte Ohrkapsel schildere, dürfte es sich empfehlen, erst wieder einen Blick auf den augenblicklichen Zustand des häutigen Labyrinthes zu werfen.

Genaueres über den Zustand des häutigen Labyrinthes und des Cavum perilymphaticum. Das häutige Labyrinth hat naturgemäss gegenüber dem vorigen Stadium bedeutende Fortschritte in seiner Ausbildung gemacht. Es sind sämmtliche Theile, die das definitive Labyrinth zeigt, angelegt; nur die Dimensionen weichen — besonders relativ — noch von denen des definitiven Zustandes bedeutend ab. Die drei Bogengänge liegen nunmehr in knorpeligen Canälen, sind also an ihren concaven Seiten weit von den Wandungen des Hauptraumes getrennt. Utriculus und Sacculus sind durch Falten, die von der medialen und lateralen Wand vorspringen und eine sehr weite Apertura utriculo-saccularis begrenzen, unvollkommen von einander geschieden (Fig. 18). Unter der medialen Falte mündet der Ductus endolymphaticus in den Sacculus. Der Utriculus lässt bereits seine einzelnen Abschnitte erkennen. Die vordere den Sin. sup. aufnehmende Abtheilung communicirt weit mit der hinteren Abtheilung, in die das hintere Ende des äusseren Bogenganges mündet. Die vordere Abtheilung setzt sich in den Recessus utriculi fort, der, wie bekannt, die Ampullen des äusseren und vorderen Bogenganges aufnimmt. Lagena, Pars basilaris und neglecta sind deutlich von einander und vom Sacculus abgesetzt (Fig. 17, 18).

Auch das Cavum perilymphaticum ist gut entwickelt, stellenweise allerdings besteht noch als Vorstadium ein perilymphatisches Schleimgewebe. Die Hauptausdehnung besitzt der perilymphatische Raum seitlich vom Sacculus, Utriculus und Sinus sup. im mittleren Abschnitt der Ohrkapsel (Fig. 17, Cav. peril.). Von ihm gehen aus:[1]

1. Der „Ductus perilymphaticus superior", der sich zwischen Pars neglecta und hinterem Abschnitt des Utriculus einerseits (oben) und Lagena, Pars basilaris und hinterem Sacculus-Abschnitt andererseits (unten) nach innen windet, um durch das unten zu beschreibende For. perilymph. sup. (For. rotundum) mit einem grossen im Schädelraum gelegenen Lymphraum zu communiciren.

2. Der „Ductus perilymphaticus inferior", der die Ohrkapsel durch das an ihrer Unterfläche im hintersten Abschnitte gelegene „For. perilymphat. inf." („Aquaeduct. cochleae") verlässt, sich neben dem Vagus-Ganglion zum Saccus perilymphaticus erweitert und durch einen „Canal. perilymph. anastomoticus" mit dem ersterwähnten Lymphraum im Schädel in Verbindung steht. Der Canalis perilymph. anastomoticus dringt in die Schädelhöhle durch das vorhin erwähnte Foramen peril. accessorium (Fig. 13 F. peril. acc.).

3. Ein besonderer Zipfel des perilymphatischen Raumes schiebt sich innen an dem das For. ovale verschliessenden Operculargewebe nach vorn; es ist das die erste Anlage des von Retzius zuerst beschriebenen Ductus fenestrae ovalis.

Die Ohrkapsel (Fig. 12—19) selbst ist jetzt allseitig bis auf einige Foramina knorpelig gebildet. Eine genaue, anschauliche Formbeschreibung zu geben, dürfte kaum gelingen; so begnüge ich mich damit, einige Hauptpunkte hervorzuheben.

Der Sagittaldurchmesser der Kapsel ist grösser als der transversale und vertikale; letzterer namentlich ist noch verhältnissmässig niedrig, so dass die Ebene des For. ovale immer noch schräg von oben aussen nach unten innen geneigt steht (Fig. 17). Bei Betrachtung von oben (Fig. 12) kann man den abgerundet vierseitigen Mitteltheil und die zwei vorn und hinten angesetzten abgerundet dreiseitigen Kuppeln unterscheiden. Wie aber schon oben bemerkt wurde, ist die Ausdehnung der hinteren Kuppel jetzt reducirt im Vergleich mit dem

---

[1] Die folgende Schilderung der perilymphatischen Gänge weicht in einigen Punkten von der durch HASSE (23) und RETZIUS (40) bekannten ab, deckt sich dagegen, wenigstens in der Hauptsache, mit der unlängst von VILLY (53) gegebenen.

früheren Stadium, dadurch dass die Verwachsung der Ohrkapsel mit der Basalplatte nach hinten ausgedehnter geworden ist.

Der frontale Durchschnitt der vorderen und hinteren Kuppel (Fig. 15, 16, 19) ist dreiseitig, derart, dass man eine mediale senkrechte, eine obere äussere und eine untere äussere Seite unterscheiden kann; auf dem Querschnitte des Mittelraumes (Fig. 17, 18) erscheint die untere äussere Seite in drei aufgelöst. Die gesammte Ohrkapsel (cf. Fig. 14) besitzt demnach eine einheitliche senkrecht stehende mediale Wand, die zum grössten Theile gleichzeitig das Gehirncavum seitwärts begrenzt, und eine ebenfalls einheitliche nach aussen abfallende Decke. Mittelst einer, die gesammte Ohrkapsel seitlich abschliessenden, stark abgerundeten Kante, die den äusseren Bogengang in ihrem Inneren umschliesst, geht die Decke über: an den beiden Kuppeln in die untere äussere Fläche derselben (Fig. 16 und 19) — am Mitteltheile in eine horizontale Fläche, den unteren Umfang des äusseren Bogenganges (Fig. 17). Im Mittelabschnitte der Ohrkapsel (Fig. 17, 18) ist an der Basis eine grössere Raumausdehnung für die Hauptabschnitte des häutigen Labyrinthes nöthig und daher ein lateralwärts ziemlich ausgedehnter Boden vorhanden, der, von unten betrachtet, die directe Fortsetzung der Basalplatte ist. Aussen endet er mit scharfem, freiem Rande, der unteren Begrenzung des Foramen ovale. Die Ebene dieses Foramen steht zu dem Boden der Ohrkapsel in einem nach innen offenen stumpfen Winkel: seine obere Begrenzung ist gegeben durch die schon erwähnte horizontale Fläche, den unteren Umfang des äusseren Bogenganges.

Von der Form des Grundrisses giebt ein Blick auf die Decke der Ohrkapsel (Fig. 12) eine genügende Vorstellung. Diese Decke hat in toto eine ungefähr vierseitige Form. Die grösste, mediale Seite ist stark nach innen convex gekrümmt und geht vorn und hinten mittelst eines abgerundeten spitzen Winkels in die vordere und hintere Seite über. Diese beiden convergiren sehr beträchtlich nach ausen hin und sind durch die äussere lateralwärts convexe Seite, die in Folge der Convergenz jener beiden sehr erheblich kürzer ist als die mediale, mit einander verbunden. Sowohl die vordere als die hintere Seite sind in der Mitte ihrer Länge etwas eingezogen, so dass hierdurch die Grenzen für die beiden Kuppeln gegenüber dem Mittelraume gegeben sind.

Vorn an der am meisten lateral vorspringenden Stelle der äusseren Kante (des äusseren Bogenganges) ist der Proc. oticus des Quadratums befestigt (Fig. 12, 13 Pr. ot.).

An der äusseren Gesammtform, sowie dem Relief, das die Oberfläche der Kapsel darbietet, lässt sich in der Hauptsache schon die Anordnung und Vertheilung des Inhalts erkennen, die daher hier gleich zur Sprache kommen mag.[1]

[1] Man vergleiche zur genaueren Orientirung die Abbildung bei Retzius Taf. XXXIV Fig. 3.

Eine längsgerichtete Depression verbindet (Fig. 12, linke Seite) die Einziehungsstellen der vorderen und hinteren Seite und grenzt dadurch nur noch deutlicher den äusseren Wulst, der den äusseren Bogengang beherbergt, vom medialen Abschnitt ab. Dieser übrig bleibende mediale Abschnitt ist — ebenfalls durch eine Depression — in 2 Theile getheilt: einen vorderen längeren, der nach aussen vorn verlaufend in die vordere Kuppel übergeht; dem vorderen Bogengang entsprechend; und einen kürzeren nach aussen hinten gerichteten, der sich in die hintere Kuppel fortsetzt: den hinteren Bogengang (Can. ant., post., ext. der Fig. 12).

Die mittlere Depression entspricht dem Sinus superior utriculi, in dem beide genannten Bogengänge zusammenkommen (Sin. sup.).

Die vordere Kuppel beherbergt die vordere und äussere Ampulle nebst dem vordersten Theil des beide aufnehmenden Recessus utriculi; die hintere dagegen jetzt nur den hintersten Abschnitt des hinteren Bogenganges. Sie setzt sich daher auch äusserlich schärfer als die vordere vom Mittelstück ab.

Die ventralen Theile dieses Mittelstückes der Ohrkapsel nehmen der Utriculus nebst seinen Fortsetzungen (der Sinus sup. reicht natürlich dorsal hoch hinauf), der Sacculus mit seinen Gebilden (Lagena, Pars basilaris, P. neglecta), sowie die grossen perilymphatischen Räume ein (Fig. 17, 18).

Der von der gesammten Ohrkapsel umschlossene Innenraum ist jedoch jetzt kein einheitlicher mehr, vielmehr sind in ihm durch drei Leisten oder unvollkommene Scheidewände ein Hauptraum, der sich in die beiden Kuppeln fortsetzt, sowie drei Nebenräume, die knorpeligen Bogengänge, gesondert.

Eine „Lamina verticalis" erstreckt sich von der Gegend der oben erwähnten Längsdepression im Innern herab, um unter abgerundetem rechten Winkel mit der Unterfläche des äusseren Bogenganges zusammenzustossen, sie trennt den Raum des äusseren Bogenganges vom Hauptraume ab (Fig. 17 Lam. vert.; in Fig. 11 ist sie ebenfalls, wenn auch von einem jüngeren Stadium, und daher noch sehr schmal, sichtbar. Auf dem augenblicklich vorliegenden Stadium ist sie bereits sagittal ausgedehnter). Um diese Leiste herum schlägt sich der äussere häutige Bogengang, um sich vor ihrem Vorderrande in die vordere Kuppel fortzusetzen. Hinten tritt er nicht in die hintere Kuppel ein, sondern wendet sich schon vor derselben nach einwärts.

Die Leisten für den vorderen und hinteren Bogengang verlaufen im wesentlichen horizontal von der medialen Wand der Ohrkapsel nach aussen herüber, ebenfalls zur Gegend der erwähnten Längsdepression. (In Fig. 18 ist die den vorderen Bogengang abtrennende Leiste getroffen; Lam. hor. ant.) Der mittlere, ebenfalls durch eine Depression äusserlich angedeutete Theil, in dem der Sinus superior liegt, communicirt breit mit dem Hauptraum.

In den Wandungen der Ohrkapsel finden sich jetzt eine Anzahl Foramina, die hier noch zu betrachten sind.

1. In der medialen, der Schädelhöhle zugekehrten Wand:

1. am weitesten vorn eine zwar constante aber bedeutungslose Spalte, die aus dem Schädelraum in den vorderen knorpeligen

Bogengang führt. Da sie nur eine Stelle bezeichnet, an der Knorpel verschiedenen Ausganges an einander stosser, so ist sie auf jüngeren Stadien deutlicher, auf älteren ganz verschwunden (cf. Fig. 11).

2. Dahinter und etwas tiefer liegt ungefähr in der Mitte der Länge des Hauptraumes das Foramen pro ductu endolymphatico.

3. Dicht unter demselben, in Folge seiner Grösse aber sehr viel weiter nach vorn reichend, zugleich dicht über dem Boden liegt das längliche Foramen acusticum. Durch dieses treten beide Theile des N. acusticus, der R. vestibularis und cochlearis, in die Ohrkapsel. Erst auf dem nächsten Stadium ist das einfache Foramen durch eine Knorpelbrücke in zwei getrennt.

4. Hinter dem For. acusticum, dicht über dem Boden, liegt eine grosse Communicationsöffnung zwischen Schädel- und Ohrkapselraum. Durch sie verlässt der Ductus perilymphaticus sup. die Ohrkapsel, um in die Schädelhöhle einzudringen. Das Foramen ist von Hasse als „Foramen rotundum" bezeichnet worden, doch möchte ich es vorläufig dahin gestellt sein lassen, ob es wirklich dem gleichnamigen Foramen bei den Säugern entspricht. Um nichts zu präjudiciren, dürfte die Bezeichnung: For. perilymphaticum superius, im Gegensatze zu dem gleich zu erwähnenden For. perilymph. inf., vorzuziehen sein. (Ueber die perilymphatischen Gänge ist bereits oben gehandelt.)

II. An der ventro-lateralen Fläche der Ohrkapsel liegen:

1. Das „For. pro aquaeductu cochleae" (Hasse).
2. Das „For. ovale".

1. Das „For. pro aquaeductu cochleae" oder das „For. perilymphaticum inferius", wie ich es lieber nennen möchte (Fig. 13 F. peril. inf.), liegt am Boden des hintersten Theiles des Hauptraumes, dicht vor und etwas lateral vom For. perilymphaticum accessorium (cf. p. 36). Es wird eingenommen vom Ductus perilymph. inf.

2. Das For. ovale hat nicht nur seine relative Grösse, sondern auch seine Lage verändert. Was die Veränderung der sagittalen Ausdehnung anlangt, so sollen die nachfolgenden Zahlen nur einen Anhalt geben. Es ist an meinem kleinen Modell die linke Ohrkapsel 4 cm lang, das primäre For. ovale 2 cm.; an dem grösseren (ebenfalls 50 mal vergrössert) die linke Ohrkapsel fast 8 cm, das For. ovale aber auch nur 2 cm lang. Auch der Breiten- resp. Höhendurchmesser des For ov. hat sich relativ verkleinert. Da das Foramen die Aus-

dehnung, die es augenblicklich besitzt, eine Zeit lang beibehält, so ist
es wohl berechtigt, jetzt von einem „secundären For. ovale" zu
reden. (Fig. 13 F. ov. sec.) Auf die mediale Ohrkapselwand bezogen,
fällt der vordere Rand des For. ovale zusammen mit dem vorderen
Rande des For. acusticum, der hintere Rand entspricht dem Vorderrande des „For. perilymph. sup." Da sich namentlich die basalen
Theile des häutigen Labyrinthes (Sacculus nebst Anhängen) bedeutend
entwickelt haben, so hat auch die entsprechende ventrale Partie der
Ohrkapsel an Höhe zugenommen, der äussere Bogengang liegt über
dem Niveau der Schädelbasis, und damit hat auch das For. ovale, das
seine Begrenzungen von dem freien Rande der Basalplatte, sowie von
dem inneren Rande der Unterfläche des äusseren Bogenganges erhält,
seine Lage geändert. Statt, wie vorher, fast in der Horizontalebene
der Schädelbasis, liegt es jetzt in einer schräg von aussen oben nach
innen unten gestellten Ebene (Fig. 17).

Das Foramen ist geschlossen durch einen kernreichen Gewebszug, Membrana opercularis (Fig. 17, 18, Mbr. op.). Dieses
Operculargewebe setzt sich im Hauptbereiche des For. oben an den
unteren Umfang des äusseren Bogenganges an und geht in das
Perichondrium desselben über; unten ist es nicht eigentlich an den
scharfen Rand der Basalplatte angeheftet, sondern geht in das
Perichondrium über, das die Dorsalfläche des Ohrkapselbodens bedeckt.
Es ist demnach die Ebene des Operculargewebes noch stärker geneigt,
als die des knorpelig umrandeten Foramen.

Die Verhältnisse des Ohrkapselinhaltes haben sich jetzt so gestaltet, dass zwar ein nicht unbeträchtlicher perilymphatischer Raum
aussen vom Utriculus und Sacculus entstanden ist und auch bis an
die äusseren oberen Partien des Operculargewebes heranreicht, doch
aber letzteres mit seinem medialen Abschnitt in grösster Ausdehnung
dem unteren äusseren Umfang des Sacculus (resp. des gemeinsamen
Utriculo-Saccular-Raumes) eng anliegt (Fig. 17). Nur ganz vorn und
hinten drängt der perilymphatische Raum die Theile des häutigen
Labyrinthes ganz von dem Operculargewebe ab [1]) (Fig. 18).

Die beiden Ohrkapseln sind nun auch dorsal mit einander knorpelig verbunden. Die Verbindung, die ich als „synotische Decke"
bezeichne (Fig. 12, 14, 17 Tect. synot.), beschränkt sich auf die dem
Sinus sup. entsprechende Strecke jeder Ohrkapsel, reicht also weder
vorn noch hinten bis zur Grenze der Ohrkapseln. Wie sie entstanden
und aufzufassen ist, darüber soll im zweiten Theile die Rede sein.

---

[1]) An der Unterfläche der Ohrkapsel findet man ausser dem For. pro aquaed.
cochleae und dem For. ovale bei Larven dieses Stadiums hin und wieder auch eine
Lücke im unteren äusseren Umfang der vorderen Kuppel, entsprechend der Stelle,
wo die Vena jugularis interna der Ohrkapsel anliegt (Fig. 19).

Der Vorderrand der synotischen Decke, die bis in die Gegend des
For. pro ductu endolymphatico reicht, lässt 3 knorpelige „Decken-
leisten" aus sich hervorgehen: eine mittlere und 2 Randspangen,
„Taenia tecti medialis" und „marginales" (Fig. 12): die mittlere mit
breiter Basis aus der synotischen Decke hervorgehende, endet stark
verschmälert in der Höhe des vorderen Ohrkapselumfanges; die beiden
Randspangen ziehen medial vom oberen Rande des vorderen Ohr-
kapselabschnittes nach vorn und sind verbunden mit der hier befindlichen Schädelseitenwand. Mit dem oberen Rande der Ohrkapsel sind
sie nur bindegewebig verbunden. Nicht so einfach ist das Verhalten
des hinteren Randes der synotischen Decke, das schon oben zur
Sprache kam. Sie setzt sich nämlich von der Gegend des For.
perilymph. sup. ab in Form einer Leiste auf den medialen Umfang der
hinteren Ohrkapselkuppel fort — „Crista occipitalis lateralis" wurde
sie oben genannt — und läuft hier in absteigender Richtung auf den
Occipitalbogen aus. Hier ist sie bedeutend verbreitert und erscheint
auf dem Querschnitt in Form einer Knorpelbrücke, die den medialen
Ohrkapselumfang mit dem Occipitalbogen verbindet (Fig. 15, 16).
Unter dieser Knorpelbrücke verlässt die Vagusgruppe das Schädelcavum.

Orbital-Region.

In der Orbital-Region (Fig. 12, 13) fällt als eine wesentliche Veränderung auf das Vorhandensein eines den vorderen Theil der Region
einnehmenden knorpeligen Bodens. Durch diesen ist die ursprünglich
sehr grosse basi-craniale Fontanelle von vorne her bedeutend einge-
schränkt und auf eine Hypophysen-Fontanelle reducirt. Auch der
Querdurchmesser der Fontanelle ist relativ kleiner geworden, dadurch,
dass sich an die Innenränder der Trabekel neuer Knorpel apponirt
hat. Eine Verkleinerung des Längsdurchmessers durch Zuwachs der
Basalplatte nach vorn scheint dagegen höchstens in sehr unbedeuten-
dem Maasse stattgefunden zu haben.

Der neugebildete Knorpel setzt sich durch seine Dünne deutlich
von den Trabekeln, sowie von der vorderen Trabecularplatte ab (Fig.
13); histologisch unterscheidet ihn das kleinzellige Gefüge des jungen
Knorpels von dem grosszelligen alten Knorpel der genannten Gebilde.

Durch die dünnen und noch sehr schmalen Knorpelleisten, die
den Innenrändern der Trabekel im Bereich der Fontanelle ansitzen,
sind jederseits zwei Gefässe, die auf dem früheren Stadium dicht neben
dem Innenrand des Trabekels in die, resp. aus der Schädelhöhle traten,
knorpelig umwandet worden, d. h. es haben sich jederseits zwei Foramina, ein vorderes und ein hinteres, gebildet (Fig. 12 und 13. Das
hintere For. ist linkerseits noch nicht ganz fertig). Diese beiden Fora-

mina bezeichnen demnach genau die ursprüngliche Lage des unteren inneren Trabekelrandes. Das hintere der beiden Foramina mag als „primäres Foramen caroticum" bezeichnet werden (F. car. prim.), das vordere als „Foramen craniopalatinum" (F. cran.-pal.).

Was die beiden Gefässe anbetrifft, so verhalten sich dieselben folgendermassen: Durch das hintere Foramen betritt die Art. carotis interna den Schädelraum. Die Stelle, wo die vorderste Kiemenvene (d. h. die des dritten Visceralbogens) sich mit der Aortenwurzel verbindet, liegt ventral vom Boden der vorderen Ohrkapselkuppel, ungefähr in der Gegend des Ansatzes des Proc. oticus quadrati, medial vom vordersten Thymus-Abschnitt (unmittelbar vor dem in Fig. 18 dargestellten Schnitt). Von dieser Stelle aus geht die A. carotis int. nach vorn, um unterhalb des M. „pterygoideus" (Fig. 19, A. car. int.), der den Winkel zwischen Proc. ascendens quadrati und Trabekel ausfüllt, zunächst die Art. palatina abzugeben, die in Begleitung des N. palatinus direct nach vorn verläuft. Die Carotis selbst wendet sich nach innen, um durch das primäre For. caroticum in die Schädelhöhle einzudringen. Ihr Verlauf innerhalb derselben ist jedoch nur kurz: sie steigt sofort an der Innenfläche des Trabekels in die Höhe, um sich unter dem Oculomotorius in zwei Hauptäste zu theilen: die Art. ophthalmica, die mit dem N. oculomotorius zusammen durch dessen Foramen in die Orbita dringt, und die eigentliche Carotis cerebralis, die einen R. ant. und einen R. post. zum Gehirn sendet. Vorher hat jedoch die Art. carotis int. schon gleich nach ihrem Eintritt in die Schädelhöhle einen schwachen Ast abgegeben, der am Schädelboden (intracraniell) nach vorn verläuft und durch das vordere der oben geschilderten Foramina, das als „For. cranio-palatinum" bezeichnet wurde, aus der Schädelhöhle wieder heraustritt, um am Gaumen weiter nach vorn zu verlaufen. Dieser R. palatinus scheint nur während des Larvenlebens vorhanden zu sein; nach der Metamorphose war er nicht mehr zu finden.

Die Art. carotis interna dringt also durch das primäre For. caroticum in die Schädelhöhle, giebt einen R. palatinus ab, der aus derselben durch das For. cranio-palatinum heraustritt, verläuft dann intracraniell zum For. oculomotorii und tritt durch dasselbe nach Abgabe ihrer Gehirnäste als A. ophthalmica in die Orbita.

Die vordere Trabecularplatte, von dem neu gebildeten Boden deutlich durch ihre Dicke und durch das histologische Verhalten des Knorpels abgesetzt, steigt beträchtlich nach vorn hin auf und lässt noch die früher schon vorhanden gewesene mediane Erhöhung erkennen. Auf dem vorderen Theile der Platte beginnt sich die „Ethmoidalplatte" zu bilden, d. h. der Abschluss des Schädelcavums gegen das präcerebral gelegene Cavum intertrabeculare. Jederseits neben der Mittellinie erhebt sich auf der vorderen Trabecularplatte ein Pfeiler, den ich mit Born als „Ethmoidal-Pfeiler" (Col. ethm. Fig. 12) bezeichne. Jeder dieser Pfeiler neigt sich mit seinem oberen Ende etwas nach aussen über den N. olfactorius, der lateral von ihm liegt, hinweg und ist mit dem am weitesten vorgeschobenen Theile der Schädelseitenwand zu einem jenen Nerven umgebenden Knorpelring verbunden. Der Raum zwischen beiden Ethmoidalpfeilern ist die „Fenestra ethmoidalis" („Ethmoidalschlitz" Born's), die nur von Schleimgewebe verschlossen ist (Fen. ethm. Fig. 12). Die Pfeiler neigen sich über ihr ein wenig entgegen, ohne zur gegenseitigen Berührung zu kommen.

An den zwei Stellen, wo das vorhergehende Stadium die ersten Anlagen einer knorpeligen Seitenwand erkennen liess, hat sich letztere nun bedeutend weiter gebildet. Die hintere dieser beiden Stellen ist die Gegend, wo sich der Proc. ascendens des Quadratums mit dem Trabekel verbindet. Wie das erste Stadium lehrte, findet diese Verbindung statt vor der Ohrkapsel und zwar mit der oberen Kante des Trabekels. Hier ist nun oberhalb dieser Kante eine allerdings erst nur mässig ausgedehnte Seitenwand entstanden, die unmittelbar über der Basis, also über der ursprünglichen Trabekelkante, von einem Foramen (F. oclm. Fig. 12) durchbohrt ist, durch das der N. oculomotorius den Schädelraum verlässt. Die knorpelige Seitenwand reicht in die Höhe bis zu der vorher geschilderten, von der synotischen Decke her kommenden, dorsalen Randspange (Taen. tect. marg.), mit der sie verbunden ist. Von dem oberen Abschnitt der Seitenwand schiebt sich der Knorpel etwas nach vorn vor, in Form einer sehr kurzen Randspange. Im vorderen Abschnitt der Orbital-Region findet sich wieder ein grösseres Stück Schädelseitenwand, gerade so weit nach hinten reichend, als die Ausdehnung der Commissura quadratocranialis ist. Vorn erstreckt es sich bis an den Olfactorius, neigt sich über diesen nach innen und fliesst jederseits mit einem der beiden bereits geschilderten Ethmoidal-Pfeiler zu einem Knorpelring um den Olfactorius zusammen. Eine Decke ist in der Orbitalregion noch nicht vorhanden.

Ethmoidal-Region.

Diese Region hat nur sehr geringe Veränderungen erfahren. Ein Nasenskelet existirt noch nicht und der Abschluss des Cavum cranii gegen den davor gelegenen intertrabecularen Raum hat eben erst begonnen (cf. p. 43). Die Olfactorii treten aber bereits durch knorpelig umrandete Foramina aus der Schädelhöhle heraus.

Die häutigen Nasensäcke liegen noch durchaus seitlich von den Trabekelhörnern, diese allerdings an Höhe überragend, doch so, dass zwischen beiden, d. h. in directer Verlängerung der Schädelhöhle, nur ein mit indifferentem Schleimgewebe gefüllter Raum liegt. Nur die Gl. nasalis inf., die bereits ziemlich kräftig entwickelt ist, schiebt sich etwas von aussen her auf die obere Trabekelkante hinauf nach innen, der untere Blindsack selbst, in den sie mündet, liegt dagegen nur der äusseren schräg lateralwärts abfallenden Trabekelfläche auf. Er ist derjenige Abschnitt des häutigen Nasensackes, der am weitesten nach vorn sich erstreckt, doch bleibt immer noch ein recht beträchtliches Stück des Trabekelhornes vor ihm frei. Die Trabekel verhalten sich wie vorher, ebenso das Lig. intertrabeculare sup. und inf. Das die Nasensäcke umgebende Gewebe hat sich etwas verdichtet; ich möchte diese die Anlage des Nasenskeletes darstellende Gewebsmasse als „perirhinisches Gewebe" bezeichnen.

Der Zustand des häutigen Nasensackes ist in der Hauptsache noch ebenso einfach wie vorher. Der Anfangstheil an der Apertura externa hat sich etwas schärfer als besonderes Eingangsrohr abgesetzt, in das sich das hohe Riechepithel nicht hinein erstreckt. Der untere Blindsack reicht weit nach vorn. Ein lateraler Blindsack existirt zur Zeit ebenso wenig wie eine Kieferhöhle; von Drüsen ist erst die Gl. nas. inf. vorhanden; Rachendrüse, Gl. nas. sup. und Gl. intermaxillaris fehlen noch durchaus.

Die weite Choane mündet dicht vor dem Vorderrande der Commissura quadrato-cranialis ant.

Die Oberlippenknorpel sind jetzt mit ihren vorderen medialen Theilen zu einer breiten mit unterem scharfen Rande versehenen Platte verschmolzen (Fig. 12, 13 C. lab. sup.).

Quadratum, Meckel'scher Knorpel, Unterlippen-Knorpel.

Das Quadratum lässt im Vergleich mit dem vorhergehenden Stadium nicht unwichtige Veränderungen erkennen. Im allgemeinen hat es allerdings noch seine frühere Form und Lage behalten; es stellt noch eine lange und ziemlich breite, mit ihren Flächen nach oben und unten schauende Knorpelplatte dar (Q), die in der Hauptsache parallel dem Trabekel hinzieht. Die beiden vorher erwähnten Verbindungen mit letzterem, die Commissura quadrato-cranialis ant. sowie der Processus ascendens sind noch vorhanden (Pr. asc. und Com. q.-cr. ant.) und bilden die vordere und hintere Begrenzung des subocularen Fensters. Eine bemerkenswerthe Erscheinung zeigt sich jedoch häufig schon auf diesem Stadium am Vorderrande der Commissura quadrato-cranialis ant. (Fig. 12 und 13 rechterseits; linkerseits erst in Form eines ganz niedrigen Höckers angedeutet). Das vorhin erwähnte Lig. quadrato ethmoidale ist im Anschluss an die Commissur des Quadratums eine Strecke weit verknorpelt, und so ist ein kurzer, seitlich abgeplatteter und frei endigender Fortsatz entstanden, die erste Andeutung des später so mächtigen Processus pterygoideus, vorläufig einen kurzen Proc. quadrato-ethmoidalis (Pr. q.-ethm.) darstellend. Er liegt am seitlichen Umfange der Mundhöhle unter der Schleimhaut und wird durch den vorderen Abschnitt des Lig. quadrato-ethmoidale, der sehr kräftig entwickelt ist, mit dem Trabekel verbunden. Durch den Fortsatz wird jetzt die Pars articularis des Quadratums deutlicher von dem dahinter gelegenen Hauptabschnitte getrennt, und mit Rücksicht auf die spätere

Umwandlung dürfte es nicht unzweckmässig sein, jetzt diesen hinteren Abschnitt mit PARKER als „Pars metapterygoidea" der „P. articularis" gegenüber zu stellen.

Der Proc. muscularis (Pr. m.) ist unverändert, die Hyoid-Verbindung (Fac. Hy.) findet sich noch an alter Stelle. Der Proc. ascendens (Pr. asc.) vor der Ohrkapsel zeigt nun noch deutlicher ein mediales mehr horizontal verlaufendes Stück von dem lateralen, aus dem Quadratum sich breit erhebenden, abgesetzt. Die Knickungsstelle, die schon auf dem ersten Stadium in Form einer Verdickung angedeutet war. ist vom vordersten Abschnitte der Ohrkapsel überwölbt und von ihr nur durch eine schmale Spalte, die von der Vena jugul. int. eingenommen wird, getrennt; der Knorpel ist hier von vorn etwas gehöhlt, gewissermassen durch die vorrückende Ohrkapsel mit seinem oberen Rande nach vorn umgebogen. Eine neue Bildung repräsentirt der Proc. oticus (Pr. ot.), ein kurzer drehrunder Knorpelstiel, der am hintersten äusseren Umfang der Quadrat-Platte entspringt und sich mit der am weitesten nach vorn aussen vorragenden Stelle des äusseren Bogenganges verbindet. —

Durch die vordere Ohrkapselkuppel, den Proc. ascendens. das Stück Schädelseitenwand. das sich auf seiner Verbindungsstelle mit dem Trabekel erhebt, und die laterale dorsale Randspange wird eine grosse Oeffnung begrenzt, die in ihrem unteren Abschnitt vom Ganglion des Trigeminus und Facialis eingenommen wird (Fig. 12, F. Trig.).

Von den MECKEL'schen und den beiden Unterlippen-Knorpeln ist nichts Neues zu berichten (Fig. 12, 13. C. M., C. lab. inf.).

Nerven.

I. N. olfactorius.

Derselbe passirt jetzt durch ein Foramen, dessen unterer Umfang von der vorderen Trabecularplatte, dessen medialer von dem „Ethmoidalpfeiler" und dessen lateraler von dem vordersten Rande der Schädelseitenwand gebildet wird (Fig. 12 F. olf.).

II. N. opticus.

Betritt noch durch die häutige Schädelseitenwand über dem Trabekel die Orbita.

III. N. oculomotorius.

Dieser hat jetzt ein knorpelig umrandetes Foramen (Fig. 12 F. oclm.) erhalten. Den unteren Umfang desselben bildet der obere Rand

des Trabekels, die hintere Begrenzung ist gegeben durch das schon
vorher vorhanden gewesene Stück knorpeliger Schädelseitenwand vor
der Ohrkapsel, die obere und vordere Begrenzung sind neugebildet.
Durch das For. oculomot. tritt mit dem Nerv zusammen die Art.
carot. int. als Ophthalmica in die Augenhöhle.

IV. N. trochlearis.

Verhält sich noch genau so, wie auf dem vorhergehenden Stadium.

VI. N. abducens.

Auch über diesen ist nichts Neues zu berichten.

V. u. VII. Trigeminus und Facialis.

Die allgemeinen Verlaufsverhältnisse sind dieselben, wie auf dem
vorhergehenden Stadium, und nur wenige Punkte müssen hervorgehoben
werden.

Sowohl der Stamm des Facialis wie die „Radix accessoria" sind
jetzt nicht mehr wie vorher Ganglienzellzüge, sondern wirklich Nerven
und rein fibrillär, und man trifft demnach vom vorderen Umfange des
For. acusticum an, wo sich der Trigeminus zwischen beide legt, drei
fibrilläre Querschnitte über einander. Wie vorher, so zeigen aber auch
jetzt noch der Facialis und die Rad. access. die am weitesten caudalwärts sich erstreckenden Ganglienzellen (Fig. 12) und auch nachdem
die des Trigeminus im Schnitte erschienen sind, ist der untere (Facialis-)
Abschnitt durch seine grossen und stark pigmentirten Zellen zu unterscheiden. Auch das „Nebenganglion" ist gut von der Hauptmasse zu
trennen. Das gesammte Ganglion liegt mit seiner grössten Masse
zwischen der vordersten Ohrkapselkuppel, dem Proc. ascendens quadrati und der Basalplatte nebst dem Anfangstheil des Trabekels. Es
schiebt sich noch sehr weit auf den Proc. ascendens hinauf nach
vorne.

Ueber den Verlauf der Aeste des „Nebenganglion" und des
Trigeminus-Abschnittes ist etwas Neues nicht zu berichten; dass
die Nerven jetzt kräftiger und daher ihr vorher manchmal nur schwer
erkennbarer Verlauf (so z. B. der des R. communicans n. maxill. sup.
c. n. palatino) jetzt deutlicher ist, ist selbstverständlich. Die Theilung
des R. maxillaris in seine beiden Aeste erfolgt erst vor dem N. opticus. Unter den Frontalästen des Orbito-nasalis, deren es mehrere giebt, geht einer eine deutliche Anastomose mit dem Trochlearis,
dem er lateral anliegt, ein.

Der R. hyomandibularis (Fig. 12, 19, VII, 1) enthält noch
an seinem Anfangstheile viele Ganglienzellen. Seine Anastomose mit

dem R. communicans n. glossopharyngei (Fig. 12. 19. IX. 1 (co)) an
der Unterfläche des hintersten Quadrat-Abschnittes ist jetzt deutlich,
auch seine Lagebeziehung zur Tuba Eustachii (diese liegt medial von
ihm an der Unterfläche des Quadratums) fällt jetzt mehr auf als vorher,
wo die Tube noch ungemein fein war. Ueber die Vertheilung seiner
Aeste ist nichts Neues zu berichten.

Den R. palatinus (Fig. 12. 19 VII, 2) fand ich an einer besonders gut gefärbten Serie mit zwei Wurzeln entspringend. Die accessorische kleinere trat hinter der Hauptwurzel aus, durchsetzte den M.
„pterygoideus" (M. pteryg.) und umgriff die Art. palatina mit zwei
Aesten dorsal und ventral. Die beiden Aeste vereinigten sich dann
mit der medial gelegenen Hauptwurzel zum Stamme des N. palatinus.
Obwohl ich dieses Verhalten nicht mit Sicherheit an anderen gleich-
altrigen Serien fand, so möchte ich es doch für die Regel halten, da
es auch bei älteren Larven und bei Thieren nach der Metamorphose
zu beobachten ist.

Der R. communicans n. maxill. sup. c. n. palatino verläuft jetzt
dorsal von dem kurzen Proc. quadrato-ethmoidalis, der sich in das
Lig. quadrato-ethmoidale hinein gebildet hat.

VIII. Acusticus.

Larven dieses Stadiums und nur wenig ältere lassen schon leichter
erkennen, dass die aus den Seitentheilen der Med. obl. kommenden
Nervenfasern sich zu zwei Gruppen vertheilen, so, dass die dorsal entspringenden sofort die Richtung nach aussen unten einschlagen, über
die ventral entspringenden hinweg verlaufen, um zum Acusticus zu
werden, während die ventral entspringenden nach vorn umbiegen, medial vom Acusticus verlaufen und als Facialis und Radix accessoria
zum gemeinsamen Trigemino-Facialis-Ganglion ziehen. Ihr specielles
Verhalten ist oben erwähnt, hier erübrigt noch einiges über die Aeste
des Acusticus zu bemerken (Fig. 17, 18).

Die Fasern der Acusticus-Wurzel laufen, wie erwähnt, über die
des Facialis hinweg nach aussen, und gelangen, zahlreiche Ganglienzellen aufnehmend, zum Foramen acusticum der Ohrkapsel. Dies
Foramen ist durch eine bindegewebige Brücke in eine hintere und
vordere Hälfte getheilt. Die Ganglienzellen erstrecken sich sowohl
durch das hintere Foramen mit dem N. cochlearis eine Strecke weit
in die Ohrkapsel hinein, als durch das vordere For. mit dem N. vestibularis. Man kann zwei Arten von Zellen unterscheiden: 1. mässig
pigmentirte grössere, die mehr am oberen Umfang des R. cochl. und
vest. liegen und spärlich sind, und 2. nicht pigmentirte, mehr am un-

teren Umfang der Nerven gelegene. Die Richtung des R. cochl. geht nach hinten, die des R. vestibularis nach vorn.

IX u. X. Glossopharyngeus-Vagus-Gruppe.

Die Wurzelverhältnisse sind dieselben wie bisher. Auffallend ist mir, dass die vordere dorsale Wurzel sehr blass, die darunter gelegene ventrale Wurzel dagegen, ebenso wie die dritte und vierte Wurzel, durch grösseren Kernreichthum dunkler ist. Die dorsale blasse verläuft dicht unter dem Anfangstheil der Crista occipitalis lateralis nach aussen, liegt dabei über dem Ganglion und, wie es scheint, ohne Antheilnahme an demselben. Vielmehr nimmt sie, unter der Crista aussen hervorgetreten, selbst grosse pigmentirte Ganglienzellen in sich auf, die sich von den darunter gelegenen kleinen und pigmentlosen Zellen des Hauptganglion deutlich absetzen. Man kann also auch hier bei der Vagus-Gruppe, wie beim Trigeminus, vorübergehend ein „Nebenganglion" unterscheiden. Aus diesem Nebenganglion geht ein R. cutaneus hervor, der lateralwärts aufsteigt, um dann rückwärts gewendet subcutan sehr weit nach hinten zu verlaufen (wahrscheinlich Seitennerv). Das Hauptganglion schiebt sich eine kurze Strecke weit in die Schädelhöhle vor, liegt aber zum grössten Theile hinter der Ohrkapsel, deren hinterer Kuppel ventral angeschmiegt. Aus der Schädelhöhle heraus tritt es jetzt durch ein allseitig knorplig umwandetes For. jugulare, das durch Verbindung des Occipitalbogens mit der Crista . occipitalis an der hinteren Ohrkapselkuppel entstanden ist. Beide Nerven liegen enger aneinander als vorher, der Glossopharyngeus, wesentlich aus Fasern bestehend, dicht an der Ohrkapsel, der Vagus, der mehr einen langgestreckten Ganglienzellzug darstellt, lateral und etwas ventral davon. Noch im Bereich des hintersten Ohrkapsel-Abschnittes lässt der Vagus aus einer besonderen gangliösen Anschwellung seine Aeste entstehen, von denen nur einer, mit Ganglienzellen reichlich versehener, den Glossopharyngeus noch ein Stück weiter begleitet, immer ventral und lateral von jenem liegend.

Der Glossopharyngeus verläuft rein fibrillär unterhalb des äusseren Bogenganges bis zum hinteren Umfang des Foramen ovale; hier nimmt er auch Ganglienzellen in sich auf, und es bildet sich das „zweite Glossopharyngeus-Ganglion" (Fig. 13 Ggl. IX), das langgestreckt aussen vom oberen Rande des Foramen ovale unter dem durch den äusseren Bogengang erzeugten Vorsprung liegt.

Die Aeste desselben haben denselben Verlauf, wie auf dem vorhergehenden Stadium. Die Anastomose des R. communicans mit dem N. hyomandibularis an der Unterfläche des Quadratums ist jetzt deutlich (Fig. 12, 19 IX, 1 und 2).

4

Drittes Stadium.

Rana fusca gegen das Ende der Metamorphose. Ganze Länge 29 mm; Körper 13 mm, Schwanz 16 mm, also schon beträchlich reducirt. 4 Extremitäten.

Fig. 25—37.

Das Primordial-Cranium zeigt jetzt Veränderungen hauptsächlich in der Ethmoidal- und Orbital-Region. Der larvale Kauapparat ist verschwunden, der definitive Kieferapparat in Ausbildung. Occipital- und Labyrinth-Region sind wenig verändert.

Basalplatte und Occipital-Region.

Beginnen wir die Betrachtung wieder mit dem hinteren Schädel-Abschnitt, so finden wir hier die Basalplatte etwas nach vorn vergrössert. Sie reicht jetzt bis in die Gegend des primären Foramen caroticum, das früher ein ganzes Stück vor ihrem Vorderrande lag. Auf das Gehirn bezogen erstreckt sie sich jetzt bis unter den vorderen Theil der Hypophyse, d. h. die Stelle, wo der Hohlraum derselben mit dem Zwischenhirn communicirt. Demnach liegt jetzt nur noch der vorderste Abschnitt der Hypophyse in der vom Parasphenoid unten verschlossenen basi-cranialen Fontanelle.

Die Chorda hat ihre frühere Ausdehnung ziemlich beibehalten, d. h. sie ist ungefähr bis zur Mitte der Basalplatte verfolgbar (Fig. 26), doch lässt sich auch in der davor gelegenen Region — auf die Ohrkapsel bezogen bis vor die Gegend des vorderen Acusticusloches — ihre frühere Lage noch an einem schmalen senkrecht gestellten Spalt erkennen, der beide Basalplatten-Hälften trennt. In der Haupt-Ausdehnung der Chorda ist der Querschnitt derselben rechteckig, mit grösserem Quer- und geringerem Höhen-Durchmesser, über die Oberfläche der Basalplatte ragt sie nicht mehr hervor (Fig. 34). Die beiden Hälften der letzteren liegen nur dem seitlichen Chorda-Umfang an, sind aber weder ventral noch dorsal von ihr knorpelig verbunden. Eine beginnende Auflösung des Knorpels, über die im zweiten Theile noch näher zu berichten sein wird, macht sich ventral neben dem hintersten Abschnitt der Chorda bemerkbar (Fig. 34*). Ein anderes Moment, das auch erst später genau gewürdigt werden kann, ist, dass sich über dem hintersten Chorda-Abschnitt die beiden Basalplatten-Hälften mit einander zu verbinden streben (Fig. 34). Hinten endet

jede Basalplatten-Hälfte wie vorher, mit einem nach hinten aussen ver-
laufenden und in den aufsteigenden Occipitalbogen übergehenden Rand,
der nur dadurch etwas unregelmässiger ist als früher, dass dem
hinteren Umfang des Occipitalbogens jetzt ein deutlicher nach hinten
vorspringender Gelenkhöcker ansitzt. Von der Basalplatte setzt sich
die Chorda durch das Occipito-Vertebral-Gewebe hindurch in das
Tuberc. interglenoidale des ersten Wirbels fort, dessen Form auch
noch kurz Erwähnung finden mag. Die Knorpel, die vorher nur dem
seitlichen Chorda-Umfang ansassen, haben sich nun auch ventral und
dorsal von dieser vereinigt. Dieser ventrale und dorsale Ueberzug ist
sehr dünn an der breitesten Stelle des Wirbels, d. h. zwischen den
Ansätzen der Bogen, wo dementsprechend auch die Chorda ihre frühere
Form beibehalten hat; vorn dagegen, im Bereiche des Tuberc. interglenoidale, umgiebt er in dickem Ringe die dadurch stark comprimirte
Chorda (Fig. 36). Das Tuberculum interglenoidale schiebt sich wie
vorher in die Incisura occipitalis vor und scheint nicht nur absolut,
sondern auch relativ an Ausdehnung nach vorn gewonnen zu haben,
und zwar offenbar auf Kosten eines Theiles des ursprünglichen occipito-
vertebralen Gewebsringes. An den Seitentheilen des I. Wirbels fällt jederseits eine Pfannenbildung für den Occipitalhöcker auf; die Pfanne
sitzt dem vorderen Umfang des basalen und des Anfangstheiles des
aufsteigenden Bogen-Abschnittes, sowie dem seitlichen Umfang des
Tuberculum interglenoidale an. Occipitalhöcker und Wirbelpfanne
sind noch durch ein kernreiches Gewebe mit einander verbunden.

Die Knorpelbrücke, die auf dem früheren Stadium das For. perilymphaticum accessorium vom For. vagi trennte, ist verschwunden;
beide Foramina sind jetzt zu einer gemeinsamen grossen Oeffnung
(„For. jugulare") vereinigt, die nur in der Mitte etwas verengt ist und
dadurch eine Sonderung in zwei Abschnitte, einen vorderen und einen
hinteren, erkennen lässt (Fig. 13 F. jug.).

Labyrinth-Region.

Abgesehen von der Bildung des Operculum und der Columella
hat sich eine wesentliche Veränderung an der Ohrkapsel nicht vollzogen, nur die Dimensionen sind etwas andere geworden. Am meisten
in die Augen fallend ist die Thatsache, dass die Kapsel an Höhe
mehr gewonnen hat, als in den anderen Dimensionen. Das Plus der
Höhenzunahme kommt dabei vorwiegend auf ein Wachsthum der unteren
Partieen und hängt mit der weiteren Ausbildung der cochlearen Theile
des häutigen Labyrinthes, sowie auch des perilymphatischen Raumes
zusammen. Dementsprechend tritt jetzt der äussere Bogengang gegenüber der übrigen Kapsel mehr zurück und liegt auch ein ganzes Stück

über dem Niveau des Ohrkapselbodens, ist also gegen früher in die Höhe gerückt.

Der Zustand des häutigen Labyrinthes kommt dem völlig ausgebildeten schon sehr nahe, ich kann daher von einer speciellen Schilderung absehen.

Im mittleren Abschnitte der Ohrkapsel ist nun ein besonderer unter dem Niveau des Canalis externus gelegener Raum unterscheidbar (Fig. 28. 29), aussen durch eine ungefähr senkrecht stehende Wand begrenzt, in der das Foramen ovale liegt. Diese Wand stösst in einem nach unten aussen offenen rechten Winkel mit der Unterfläche des äusseren Bogenganges zusammen. Im vorderen und hinteren Abschnitte der Ohrkapsel wird dieser Winkel immer mehr abgerundet, so dass beide ihn bildenden Flächen nur eine einzige mit einer leichten Einziehung versehene bilden. Der Querschnitt der Kapsel wird hinten und vorn wieder ungefähr dreiseitig.

Das durch die drei Bogengänge auf der Ohrkapsel-Oberfläche erzeugte Relief ist scharf und kräftig ausgeprägt (Fig. 25). Eine Veränderung zeigt die Anlagerungs-Stelle des Proc. oticus quadrati. Hier findet sich jetzt eine kräftige, sagittal an den äusseren Bogengang angesetzte, überhängende Leiste — Crista parotica —, an deren vorderem Ende das Quadratum ansitzt (Fig. 27, 28, Cr. p. ot., Pr. ot.). Das vorher einfache Acusticus-Loch ist jetzt durch eine Knorpelbrücke in zwei Foramina getheilt, von denen das vordere (Fig. 28 F. ac. I.) dem N. vestibularis, das hintere dem N. cochlearis zum Durchtritte dient.

Die Hauptbeachtung verdient aber das For. ovale. Wie schon bemerkt, liegt es jetzt in der äusseren Wand des unteren Kapselraumes, seine Ebene steht ungefähr senkrecht. Verschlossen ist es jetzt zum grössten Theil durch eine ovale, mit dem längsten Durchmesser sagittal gestellte Knorpelplatte, das Operculum (Fig. 29 Op.). Diese Platte ist mit dem oberen Rande des Foramen, d. h. mit dem unteren Umfange des äusseren Bogenganges, eine kurze Strecke weit knorpelig verbunden, ihr unterer zugeschärfter Rand erreicht dagegen den Unterrand des Foramen nicht, vielmehr bleibt hier eine durch Bindegewebe ausgefüllte Spalte (Fig. 29). Die innerste Schicht dieses Gewebes zieht in directer Fortsetzung des scharfen Randes des Operculum auf die dorsale Fläche des Ohrkapselbodens.

Ebensowenig reicht aber das Operculum bis an den eigentlichen Vorderrand des Foramen ovale. Hier hat sich vielmehr ein zweites Gebilde, die Columella, angelegt. Dieselbe stellt zunächst noch einen kurzen Stab vor, der von hinten innen nach vorn aussen gerichtet, dicht unter dem äusseren Bogengange liegt (Fig. 26). Mit seinem hinteren Ende schiebt er sich etwas an die concave Innenseite des Operculum, mit dem er nur durch Bindegewebe verbunden ist, sein vorderes Ende ragt über den vorderen Umfang des Foramen heraus nach vorn (Fig. 25 und 29), und ist fortgesetzt durch einen dichten Gewebszug, der bis an den hinteren Umfang des Quadratum verfolgt werden kann (Lig. suspensorio-columellare). Die Klarheit der Verhältnisse erleidet nur dadurch eine Störung, dass der untere Umfang des Stabes mit dem unteren Rande des For. ovale vor dem Operculum in Verbindung steht. So schliesst das Foramen scheinbar schon dicht vor dem Vorderrande des Operculum ab, und erst die genauere Betrachtung zeigt, dass hier nur eine schmale Knorpelzunge („Crista praeopercularis“ Cr. pr. op. Fig. 28, 29) vor dem Operculum die Columella mit dem unteren Umfange des Foramen verbindet. Die eigentliche vordere Begrenzung des Foramen liegt erst davor; sie ist in Fig. 28 sichtbar.

Noch eine weitere Complication ist hier namhaft zu machen. Die Fig. 28 und 29 zeigen, dass der obere Rand des vorderen Abschnittes des Operculum nicht zusammenfällt mit der Innengrenze des äusseren Bogenganges, sondern der Unterfläche desselben anliegt, und dass dasselbe mit der „Columella“ der Fall ist. So dehnt sich der untere grosse Raum der Ohrkapsel noch etwas unter den äusseren Bogengang lateralwärts aus und bildet hier eine Art Nische, die von einer Fortsetzung des Cavum perilymphaticum eingenommen wird. Dieser laterale Abschnitt des unteren Ohrkapselraumes ist es, der später als Fossa fenestrae ovalis vom Hauptraum knorpelig abgetrennt wird (Fig. 28 medial von Cr. pr. op., vergl. Fig. 42).

Das Operculum und die Columella mit ihrer unteren knorpeligen Verbindung, die beide in dieser Gegend die laterale Ohrkapselbegrenzung bilden, sind somit aus der durch die Innenwand des äusseren Bogenganges gelegten Sagittalebene nach aussen gedrängt, und da der ursprüngliche Vorderrand der Fenestra ovalis in die unmittelbare Fortsetzung jener Ebene fiel (p. 41), so bleibt zwischen dem Vorderrand des For. ovale und der Crista praeopercularis ein nach vorn aus der Ohrkapsel herausführender Spalt (Fig. 28, in der Richtung des Pfeiles), der nur dadurch etwas verengt wird, dass dicht vor dem Foramen ovale der Uebergang aus dem breiten Mitteltheile der Ohrkapsel in den weniger umfänglichen vorderen Abschnitt durch eine Verdickung der äusseren Wand unterhalb des äusseren Bogenganges bewirkt wird. Diese verdickte Wandstelle bildet den vorderen Abschluss der späteren Fossa fenestrae ovalis. —

Am hinteren Abschnitte des Operculum inserirt an der Aussenseite desselben ein kleiner Muskel, der vom äusseren Umfang des äusseren Bogenganges entspringt. Dugès (10) erwähnt ihn bereits und fasst ihn als einen Theil des „Occipito-sousscapulaire“ (Levator anguli scapulae Ecker) auf; auch Cope (8) schildert ihn und bildet ihn ab. Ich will ihn als „M. opercularis“ bezeichnen.

Die synotische Decke (Fig. 25 Tect. synot.) hat eine Veränderung nicht erfahren. Vorne reicht sie bis in die Gegend des For. pro ductu endolymphatico, hinten setzt sie sich nach wie vor jederseits in die Crista occipitalis lateralis am inneren Umfang der hinteren Ohrkapselkuppel fort und läuft auf den Occipitalbogen aus. Die Form des For. occipitale ist dieselbe geblieben. Vom Vorderrande der synotischen Decke ausgehend findet man wieder die drei Deckenspangen, doch sind jetzt die beiden lateralen (Taeniae tecti marginales) mit den oberen inneren Rändern der vorderen Ohrkapselkuppeln knorpelig verbunden und erscheinen somit nur noch als nach innen vorspringende leistenförmige Verbreiterungen dieser Ränder. Vor der Ohrkapsel setzen sich die Leisten noch fort; die seitlichen verbinden sich mit der Seitenwand der Orbitalregion, das Trigemino-Facialis-Ganglion überbrückend, die mittlere (Taen. tect. med.) endet ausnahmsweise noch caudalwärts vom vorderen Ohrkapselumfang. (Genaueres siehe bei der „Orbital-Region".)

Orbital-Region.

In der Orbital-Region hat die Entwickelung des Bodens und der Seitenwände bedeutende Fortschritte gemacht. Die Basalplatte der Labyrinthregion setzt sich vorn continuirlich fort in den knorpeligen Boden der Orbitalregion, der nur in seinem hinteren Abschnitte von der jetzt noch bedeutender reducirten Hypophysen-Fontanelle durchbrochen ist. Letztere reicht nach vorn gerade bis zur Gegend des Hinterrandes des For. opticum (Fig. 25), hinten bis zur Gegend des vorderen Ohrkapselumfanges, und ist ventral verschlossen durch das Parasphenoid. Dieses stützt somit den vorderen Theil der Hypophyse, der im Bereich der Fontanelle liegt. Der grössere hintere Abschnitt der Hypophyse (der Theil, der nicht direct mit dem Zwischenhirn communicirt), liegt bereits dem knorpeligen Boden auf.

Bei der Betrachtung von der Schädelhöhle aus sind weder am Boden noch an der Seitenwand die ursprünglichen Trabekel irgendwie abgesetzt unterscheidbar, dagegen lassen sie sich im vorderen Abschnitte der Region an der Ventralfläche noch in den verdickten Aussenrändern des Bodens wiedererkennen, die von den mittleren Partien durch seichte Rinnen abgesetzt sind (Fig. 26). Im hinteren Abschnitte sucht man auch an der Ventralfläche vergeblich nach den Trabekeln, theils weil sie auf die Dicke des übrigen Knorpels reducirt, theils weil sie überhaupt zu Grunde gegangen sind. Sucht man sich aus dem Verlauf des Oculomotorius und der Carotis interna (cf. p. 42), die für ihre Grenzen massgebend sind, über den ihnen entsprechenden Bezirk klar zu werden, so findet man diesen hier im hinteren Abschnitte der Or-

bitalregion nicht mehr rein am Boden, sondern schon in die Seitenwand verschoben. Ich komme bei der Besprechung der letzteren auf
diesen Punkt zurück.

Eine knorpelige Seitenwand, die sich durch die volle Höhe
des Gehirn-Cavums erstreckt, besteht nunmehr in der ganzen Orbitalregion, vom vorderen Ohrkapsel-Umfange bis zu der „Ethmoidalplatte“.

Die Ohrkapsel hat sich offenbar nach vorn bedeutender ausgedehnt;
sie reicht beiläufig bis in die Querebene durch das For. oculomotorii
und hat das Trigemino-Facialis-Ganglion gänzlich überwachsen. Mit
der oberen Hälfte ihrer Vorderfläche, mehr dem inneren Umfange genähert, ist nun die Schädelseitenwand der Orbitalregion verwachsen
und geht zugleich continuirlich in die obere der Ohrkapsel ansitzende
Randleiste (Fig. 25 Taen. tect. marg.) über. So wird von dem inneren
Umfange der vorderen Ohrkapselkuppel, der Basalplatte und dem
nichtverwachsenen freien unteren Theil des Hinterrandes der orbitalen
Schädelseitenwand ein Foramen umschlossen, das noch unterhalb und
medial vom vordersten Ohrkapsel-Abschnitte liegt und vom Trigemino-
Facialis-Ganglion eingenommen ist (Fig. 26 F. Trig.).

Vor diesem durch so verschiedene Gebilde begrenzten Trigeminus-
Foramen und von ihm nur durch eine sehr schmale Knorpelbrücke
getrennt, liegt in der Schädelseitenwand ein grosses unregelmässig ge-
staltetes Foramen, das mit einem unteren Zipfel noch in den Boden
einschneidet. Dies ist entstanden durch Verschmelzung des primären
For. caroticum und des For. oculomotorii.

Der Trabekel-Abschnitt, der vorher beide Foramina trennte, ist
fast völlig zerstört und nur noch als ein Zug fibrösen Gewebes mit
zahlreichen Kernen unterscheidbar. Durch den obersten Abschnitt der
neu entstandenen grossen Oeffnung tritt jetzt der Oculomotorius aus;
die Arteria carotis betritt die Schädelhöhle durch den unteren Abschnitt des Foramen, steigt medial von jenem Gewebszug in die Höhe, und
verlässt das Schädelcavum wieder durch den oberen Theil des Foramen,
zusammen mit dem Oculomotorius, als Art. ophthalmica. Unmittelbar
vor dem Austritt giebt sie noch den Cerebral-Ast ab. Ein Vergleich
mit dem vorhergehenden Stadium ergiebt nun klar, dass hier eine
starke Ausweitung des Schädelcavums stattgefunden hat; auch der untere Abschnitt des gemeinsamen Foramen, der vorher ganz am Boden
lag, ist fast schon in die Schädelseitenwand gerückt.

Vor dem eben besprochenen Foramen trifft man eine weitere, ebenfalls sehr grosse, Lücke, das For. opticum, und unterhalb ihres
vorderen Theiles, schon eigentlich am Boden liegend, das kleine „For.
cranio-palatinum“ (cf. p. 43). Direct über dem For. opticum,
ungefähr seiner Mitte entsprechend, liegt das For. pro n. trochleari.

Im Uebrigen ist die ganze Schädelseitenwand, wie auch der Boden, solide.

Seinen vorderen Abschluss erhält das Gehirn-Cavum jetzt durch eine frontal gestellte, etwas caudalwärts ausgehöhlte Platte, die Eth - moidalplatte, die von den zwei For. für die beiden Nn. olfactorii durchsetzt ist. In die Ethmoidalplatte setzt sich unten der sanft ansteigende Boden fort, seitlich stossen die beiden Schädelseitenwände in rechtem Winkel an sie an. Dicht hinter dieser Ansatz-Stelle bemerkt man an der Aussenseite der Schädelseitenwand eine kurze Leiste, die von oben her den N. orbito-nasalis dicht vor seinem Eintritt in die Nasenhöhle deckt (Fig. 25).

Was nun die Verhältnisse an der Decke der Orbitalregion anlangt, so muss ich zunächst bemerken, dass das, was das Modell und die nach ihm ausgeführte Fig. 25 zeigt, nicht ganz mit dem übereinstimmt, was ich als Regel bei anderen Serien des Metamorphosen-Stadiums fand. In der Regel ist nämlich jetzt bereits vor der Ohrkapsel eine kurze Strecke weit eine continuirliche Deckenleiste zwischen den oberen Rändern der Seitenwände vorhanden und mit dem Hinterrande dieses quergelagerten dorsalen Knorpel-Bandes — „Taenia tecti transversalis" will ich es nennen — ist die von der synotischen Decke her kommende Taenia tecti medialis verbunden. Kurz, es ist gewöhnlich jetzt schon der Zustand erreicht, den Fig. 41 von einem Stadium nach der Metamorphose darstellt.

Die Serie, nach der das Modell hergestellt ist, zeigte nun ein abweichendes Verhalten, das übrigens — was gleich bemerkt sein möge, — auch noch in einer anderen Serie gleichen Stadiums angetroffen wurde. Die beiden Seitenwände sind vor der Ohrkapsel noch nicht continuirlich mit einander verbunden, sondern hören mit einem etwas einwärts gebogenen oberen Rande auf und innerhalb der zwischen ihnen gelegenen häutigen Decke ist ein isolirtes Knorpelplättchen, entsprechend der hinteren Hälfte der Epiphyse, vorhanden (Fig. 25. Die graue Linie, die dieses Plättchen mit den Seitenwänden verbindet, soll den durchgezogenen Draht andeuten). Die Taenia tecti medialis der Labyrinthregion endet, ohne die vordere Ohrkapsel-Grenze zu erreichen. — Ich komme auf diesen Befund im zweiten Theile noch zu sprechen.

Der vorderste Theil der Schädelhöhle besitzt ein sehr gering ausgedehntes Dach, im Anschluss an den oberen Rand der Ethmoidalplatte.

Ethmoidal-Region.

Als ein ganz neuer Bestandtheil des Craniums erscheint auf dem vorliegenden Stadium das complicirte knorpelige Nasenskelet, dessen specielle Verhältnisse den definitiven schon sehr nahe kommen. Von den Trabekelhörnern ist nichts mehr zu sehen, sie sind theils resorbirt, theils zur Bildung des Bodens der Nasenkapsel verwandt worden. Der larvale Kauapparat ist als solcher verschwunden; die Oberlippenknorpel sind überhaupt nicht mehr vorhanden und die Unterlippenknorpel haben sich inniger mit den MECKEL'schen Knorpeln verbunden, als deren mediale vordere Stücke sie erscheinen.

Da die Formverhältnisse des Nasenskeletes schon jetzt im wesentlichen den ausgebildeten gleichen, so kann die hier zu gebende Schilderung als in den Hauptsachen auch für den definitiven Zustand gültig angesehen werden, und ich werde beim nächsten Stadium nur noch wenige Bemerkungen hinzu zu fügen haben. In der Bezeichnung der Theile des häutigen Nasensackes folge ich der bekannten Arbeit von BORN (4); von seiner Schilderung des Nasenskeletes weicht die meinige in einigen, namentlich die hinteren Theile der Nasenhöhle betreffenden, Punkten ab.

Der Configuration der häutigen Nasenhöhle, die im hinteren Abschnitte nur den Hauptnasenraum und die Kieferhöhle in weiter Communication mit einander unterscheiden lässt, vorn dagegen diese beiden als oberen und unteren Blindsack fortsetzt und ihnen noch einen mittleren, mehr seitlich gelegenen, zugesellt, passt sich die Knorpelkapsel an, indem sie hinten einen weiten ungetheilten Raum, vorn dagegen drei von einander durch Scheidewände getrennte Räume formirt (Fig. 30 u. 31). Die Nasenhöhlen beider Seiten, die durch ein Septum cartilagineum (S) von einander getrennt sind, liegen unmittelbar vor dem Schädelcavum, doch reicht ihre Ausdehnung im hinteren Abschnitte lateralwärts sehr weit über das Gebiet der Schädelhöhle hinaus, so dass diese Partien eine präorbitale Lage haben. (In Fig. 30 liegt die Grenze zwischen For. olf. und dem For. pro V, 1.)

Ich bespreche zunächst die hinteren einfachen Abschnitte. Von der Schädelhöhle abgetrennt sind sie durch eine frontal gestellte Platte, die „Ethmoidalplatte" (Fig. 30. Pl. ethm.), die jederseits von dem For. olfactorium (F. olf.) durchbohrt ist. Diese Platte, aus deren Mitte das Septum nach vorn zieht, bildet im medialen Abschnitte die Hinterwand der Nasenhöhle und ist lateral fortgesetzt durch eine etwas caudalwärts gerückte, senkrecht von der Aussenfläche der Schädelseitenwand abstehende (frontal gestellte) Platte, die „Pars plana" (PARKER).[1] die

---

[1] Der Ausdruck findet sich bei PARKER z. B. in: Skull of the common Lizard. (Philos. Transact. 1879 p. 610). In Ermangelung eines besseren mag er vorläufig

zugleich die Orbita von vorn begrenzt (Fig. 24, 30 P. pl.). Sie wird dicht neben der Schädelseitenwand, nahe dem oberen Rande derselben, durchsetzt vom R. nasalis des Trigeminus (Fig. 24, 30 V, 1); oft finden sich auch zwei Foramina, von denen dann das mediale dem R. septi narium, das laterale dem R. externus nar. zum Durchtritt dient.

Die „Pars plana" ist ungefähr dreikantig; die mediale senkrecht stehende Kante entspricht der Verbindung mit der Schädelseitenwand, die untere verläuft im Niveau der Schädelbasis horizontal nach aussen und stösst hier mit der lateralwärts stark geneigten äusseren Kante zusammen.

Mit dem oberen Rande der Ethmoidalplatte ist die Decke (Tect. nas.), mit dem der Pars plana die Seitenwand des hinteren Nasen-höhlen-Abschnittes verbunden, die jedoch beide continuirlich in einander übergehen (Fig. 25).

Die Decke hängt mit dem oberen Rande des Septum zusammen, setzt sich unmittelbar in die der anderen Seite und auch in die des vor-deren Nasenhöhlen-Abschnittes fort. Die Seitenbegrenzung ist da-gegen für beide Abschnitte eine sehr verschiedene: für den vorderen sehr complicirt, für den hinteren sehr einfach. Hier wird sie gebildet durch eine dreieckige solide Knorpelplatte, die dem oberen Rande der Pars plana ansitzt und sich vorn mit einem von vorn innen nach hinten aussen ver-laufenden Rande begrenzt. Sie steigt zunächst bis zum Niveau des Kapselbodens hinab und besitzt hier die geringste sagittale Ausdehnung, setzt sich aber dann wieder breiter werdend noch über jenes Niveau hin-aus nach abwärts fort als eine ungefähr dreiseitige Platte (Fig. 24, 25, 30). Diese ruht mit ihrer unteren Kante auf dem knöchernen Maxillare, deckt die „Kieferhöhle" von aussen und sendet nach vorn wie nach hinten einen Fortsatz aus. Der vordere, Processus maxillaris anterior (Pr. max. ant.) wird von dem Knochen des Oberkiefers um-schlossen (von Parker als „prepalatine spur" bezeichnet), der hintere, Proc. maxillaris posterior (Pr. max. post.), der sehr viel länger und zugleich hakenförmig nach innen gekrümmt ist, legt sich der Spitze des Proc. pterygoideus quadrati aussen an, mit der er innig verbunden ist (Fig. 25).

---

für den ganzen lateral von der Schädelseitenwand abstehenden Theil der Nasenkapsel-Hinterwand gebraucht werden. Parker sagt aller-dings: „the antorbital plate or ‚pars plana'", ich möchte jedoch beide Bezeichnungen für verschiedene Gebilde gebrauchen: „Pars plana" für die ganze Hinterwand, „Proc. antorbitalis" nur für den unteren Theil derselben bis zum For. pro N. nasali. Durch diesen Nerven wird der Proc. antorbitalis auch bei den Urodelen begrenzt (cf. Theil II). Da er bei letzteren eine geringere Höhe besitzt, als bei den Anuren, so hat bei jenen die sich herabsenkende Decke an der Bildung der Hinterwand (der „pars plana") einen grösseren Antheil.

Ein Boden existirt in dem einfachen Cavum posterius der Nasenkapsel nur unvollständig und zwar längs des Septum (Fig. 26, 30 Sol. nas.) Er ist hinten am schmalsten, verbreitert sich aber nach vorn und ist dabei nach abwärts geneigt. Von unten betrachtet zeigt er sich in einem ventralwärts offenen, stumpfen Flächenwinkel von der Basis der Schädelhöhle abgeknickt. Dem unteren Rande der Pars plana sitzt ausserdem noch eine schmale Bodenkante vorn an, auf der das hinterste Stück des Choanenblindsackes ruht, und die aussen auf die vorhin erwähnte Kieferhöhlen-Seitenwand ausläuft.

Sehr viel complicirter ist der vordere Abschnitt des Nasenskeletes, an dem durch Scheidewände, die hauptsächlich von vorn her vorspringen, ein Cavum superius, inferius und medium gebildet werden (Fig. 31. Cav. sup., inf., med.). Zur Orientirung sei zunächst bemerkt, dass medial das Cav. sup. und inf. unmittelbar über einander liegen, während sie lateral durch das Cavum medium getrennt sind.

Eine Thatsache, die für dieses Stadium charakteristisch ist, ist die ausserordentliche Kürze der ganzen Region in sagittaler Richtung, ein Umstand, der offenbar damit zusammenhängt, dass noch nicht lange die Resorption der vorderen Trabekelhorn-Abschnitte mit den Oberlippenknorpeln erfolgt ist, die bis dahin die Entfaltung der Nasenhöhlen hinderten. —

Der Betrachtung des Inneren soll zunächst die der äusseren Configuration vorausgehen, wobei ich, da gerade dieser vordere Abschnitt sehr eingehend von Born behandelt worden ist, und die Ergebnisse Born's eine allgemeine Verbreitung gefunden haben, eine zu detaillirte Schilderung umgehen kann.

Die sehr stark nach vorn abfallende Decke des vorderen Abschnittes geht unmittelbar in die auf den ersten Blick sehr complicirt erscheinende Vorderwand über. Entfernt man hier jedoch (dies ist auf der rechten Seite der Fig. 32 geschehen) die beiden nach vorn vorspringenden Knorpel: die Cartilago praenasalis sup. und inf. (Born'schen und Wiedersheim'schen Knorpel), so vereinfacht sich das Bild erheblich.[1]

----

[1] Die gewählten Bezeichnungen „Cart. praenasalis sup." und „inf." erscheinen mir am brauchbarsten. Die Cart. praenasal. sup. ist von Born zuerst beschrieben; sie dürfte, zusammen mit dem Nasenflügelknorpel, von dem sie entspringt, jener „pisiform cartilage" sein, „serving as a cushion, on which the premaxillary rests", den Parker (33 p. 604) als ersten Oberlippenknorpel bezeichnet. Mit diesem hat sie aber nichts zu thun. Die Cart. praenasal. inf. ist von Wiedersheim (57 p. 23) genauer beschrieben; Parker sieht in ihr (33 p. 604) das Cornu trabeculae (vgl. auch Pl. 54 Fig. 1, 2, sowie 3, 4, 5 von Bufo). Wie ich Parker's Schilderung entnehme, hat Huxley den Fortsatz als „rhinal" oder „prorhinal process" bezeichnet, und diesen Namen führt er auch in Fig. 40 der „Morphology of the Skull". Da „prorhinal" keine richtige, „prorhinisch" keine sehr schöne Bildung ist, so wählte ich die lateinische Bezeichnung „praenasal".

Man unterscheidet dann leicht einen oberen und einen unteren Abschnitt der Vorderwand, von denen der obere, auf die Raumeintheilung im Inneren bezogen, die Vorderwand für das Cavum superius, der untere die für das Cavum inf. und med. bildet.

Der obere Abschnitt ist medial solide und geht lateral in den sogenannten „Nasenflügelknorpel" (C. al.) über, der ungefähr kreisrund, dabei von hinten her leicht gehöhlt, die Apertura externa narium vorn und mit seinem nach hinten gekrümmten Aussenrande auch seitlich begrenzt. Sein oberer Rand ist nur durch eine schmale Spalte von der Wurzel und dem Anfangstheil der später zu beschreibenden Cartilago obliqua (C. obl.) getrennt. Von der Vorderfläche des Nasenflügelknorpels erstreckt sich die Cart. praenasalis sup. nach innen und abwärts, aber nur wenig nach vorn vorspringend. Ihre Beziehungen zum Zwischenkiefer und der Cart. praenasalis inf. sind von BORN ausführlich geschildert.

Der untere Abschnitt der Vorderwand ist im Gegensatz zu dem oberen lateral vollständiger als medial. Medial erhält das Cavum inferius nur eine sehr unvollkommene vordere Begrenzung, da sich neben dem Septum (S.), das mit unterem abgerundetem, freiem Rande vorragt, in der Vorderwand eine grosse, noch in den Boden der Nasenhöhle einschneidende Lücke, die „naso-basale Fontanelle" PARKER's (Fen. n.-b.) findet, durch die einerseits die R. septi narium des Trigeminus die Nasenhöhle verlässt, andererseits Schläuche der Glandula intermaxillaris in das untere Cavum eindringen (cf. auch Fig. 26). Lateral dagegen ist der untere Abschnitt der Vorderwand solide und bildet eine frontale, ungefähr rechteckige Platte, die das Cavum inferius und medium vorn begrenzt. Ihr oberer Rand ist nur durch eine Spalte vom Unterrande des Nasenflügelknorpels getrennt, ihr unterer Rand geht abgerundet in den Boden über.

Die Cartilagines praenasales inferiores (C. prn. inf.), die bei der Ansicht von vorne noch in die Augen fallen, wurzeln am Boden der Nasenkapsel, etwas caudalwärts von der Vorderwand, erstrecken sich aber, nach abwärts geneigt, sehr weit über die Vorderwand hinaus nach vorn, durch das Cavum praenasale mit der Gland. intermaxillaris hindurch bis zum Zwischenkiefer, „welchen sie wie zwei Strebepfeiler vom Schädel abheben" (WIEDERSHEIM 57, cf. auch ebenda Fig. 16).

Der Boden des vorderen Nasenhöhlen-Abschnittes ist die directe, nur beträchtlich verbreiterte Fortsetzung von dem des hinteren Abschnittes, er geht nach vorne zu lateral in die Vorderwand des Cavum inf. und med. über, medial ist seine Ausdehnung durch die „naso-basale Fontanelle" beschränkt (Fig. 26).

Was die Seitenbegrenzung im vorderen Abschnitte angeht, so besitzen das untere und mittlere Cavum eine gemeinsame Seitenwand, die der gemeinsamen Vorderwand unter stumpfem Winkel ansitzt und unten mit dem Boden der Nasenkapsel zusammenstösst. Sie setzt sich

mit ihrem oberen, für den mittleren Raum bestimmten Abschnitt etwas
weiter nach hinten fort als mit dem unteren, und deckt dort mit ihrem
hinteren Abschnitt den Thränennasengang von aussen. Dieser Theil ist
manchmal als besonderer hakenförmig gekrümmter Knorpel von der Seitenwand des mittleren Cavum abgetrennt (Fig. 31, 32 *).

Das obere Cavum besitzt eine sehr unvollständige Seitenbegrenzung.
Sie wird hergestellt durch eine schmale Knorpelspange, „Cartilago obliqua"
(C. obl.; in den Figuren bei BORN mit sch bezeichnet), die aus dem
vorderen Theile der Decke entspringt, schräg nach hinten absteigt und
mit einer sagittal gestellten dreieckigen Platte, „Planum terminale"
(Pl. term.; p bei BORN), endet. Die vordere untere Ecke dieses Planum
verbindet sich mit dem Boden des mittleren Cavum, sein ventraler und
postero-dorsaler Rand sind frei (vgl. Fig. 41, von einem etwas älteren
Stadium).

Es bleiben nun nur noch die inneren Verhältnisse des vorderen
Nasenhöhlen-Abschnittes zu betrachten (Fig. 31). Die Anordnung der
drei Räume ist derart, dass das Cavum inferius die ganze Breite des
vorderen Abschnittes dicht über dem Boden einnimmt, medial das Cavum
superius unmittelbar über ihm liegt, während lateral sich zwischen beide
noch das Cavum medium einschiebt. Cavum superius und inferius werden
durch eine quere „Crista intermedia" (Cr. i. m.) von einander getrennt:
diese spaltet sich in ihrem lateralen Abschnitte in zwei Lamellen, von
denen die untere (Lamina inf.) die Decke über dem äusseren Abschnitt
des Cavum inf., die obere (Lamina sup.) den Boden für den lateralen
Theil des Cavum sup. bildet. Beide Lamellen fassen zwischen sich das
Cavum medium. (Im Interesse der Uebersichtlichkeit sind die Laminae
auf Fig. 31 nicht bezeichnet.)

Das Septum (S.), das die Räume beider Seiten von einander trennt,
ist nur in seinem unteren Abschnitte, der zwischen beiden Cava inferiora
liegt, eine schmale Knorpelplatte: oben, zwischen beiden Cava superiora,
verbreitet es sich zur Verbindung mit der Decke sehr bedeutend, so dass
diese beiden Cava weiter von der Mittellinie abgedrängt werden. Von
dem so an der Decke neben dem Septum entstehenden Wulste nimmt
die schräg nach unten aussen verlaufende Crista intermedia ihren Ursprung, zugleich vorn mit der Vorderwand der Nasenkapsel über der
naso-basalen Fontanelle verbunden. In sagittaler Richtung ist sie nur
wenig ausgedehnt.

Die untere der Lamellen, in die sie sich spaltet, sitzt dem lateralen
Theile des unteren Abschnittes der gesammten Vorderwand an und schafft
dadurch hier zwei Etagen, eine untere für den unteren und eine obere
für den seitlichen Blindsack. Von oben bedeckt ist der letztere durch
die Lamina superior der Crista intermedia, die aber im Gegensatz zu
der Lam. inf. nicht mit der Vorderwand verwachsen ist, sondern ein
vorn, hinten und aussen freies Knorpelblatt darstellt (Fig. 31 links, Fig. 32

rechts). Das Cavum inferius ist transversal sehr bedeutend, und zwar
noch über das Cavum sup. hinaus, ausgedehnt, in dorso-ventraler Richtung
dagegen flach; das Cavum sup. ist in allen Richtungen ziemlich gleichmässig entwickelt, daher mehr rund. Dicht neben dem Ursprung der
Crista intermedia liegt in der Decke des oberen Cavum ein kleines
Foramen für einen Frontalast des N. trigeminus (manchmal davor noch
ein zweites).

Bis zu der Scheidewand zwischen Cavum inferius und medium
(Lamina inf. Cr. intm.) herab reicht die in der Seitenbegrenzung des
oberen Cavum herabsteigende Cartilago obliqua und verbindet sich durch
die untere vordere Ecke ihres Planum terminale mit dem hinteren Rande
der Lamina inf. Der Vorderrand des Planum, der an der Befestigungs-
Stelle etwas verbreitert ist, bildet eine Art von hinterer Begrenzung des
Cavum medium, über die hinaus caudalwärts der Boden des Cavum sich
in einen kleinen Fortsatz verlängert. Dieser legt sich über die enge
Verbindungs-Spalte des oberen Nasensack-Raumes mit der Kieferhöhle.
Da das Cavum inferius und medium lateral weiter ausgedehnt sind als
das Cavum superius, so trifft die Cartilago obliqua nicht mit der Seitenbegrenzung des Cavum medium zusammen, sondern bleibt mehr medial,
und es wird so ein lateraler Abschnitt der Lamina inferior begrenzt, in
dem der Thränennasengang mit seinem Anfangstheile liegt (Fig. 31). Es
wurde schon oben bemerkt, dass die seitliche Begrenzung dieses Abschnittes manchmal von der übrigen Seitenwand als besondere haken-
förmige Partie abgetrennt ist (Fig. 31, 32*).

Quadratum, Meckel'scher Knorpel, Unterlippen-Knorpel.

Das Quadratum lässt nicht nur eine ganze Reihe von bereits
vollendeten Umänderungen erkennen, sondern zeigt auch zahlreiche Spuren
von noch im Gange befindlichen Zerstörungs- und Umbildungsprocessen.
Der Vorgang, durch den diese alle bedingt sind, die Stellungs-Aenderung,
das Zurückweichen des Quadratum, ist freilich erst so weit gediehen, dass
das Quadrato-Mandibular-Gelenk ungefähr in gleicher Frontalebene mit
der Ethmoidal-Platte, die Hyoid-Verbindung in einer solchen mit dem
For. opticum sich befindet. Dadurch ist jedoch der Parallelismus
zwischen der Längsaxe des Quadratums und des Schädels nicht auf-
gehoben, das vordere Ende jenes erscheint nur etwas mehr nach abwärts
geneigt, so dass das Kiefergelenk beträchtlich unter dem Niveau der
Schädelbasis liegt. Als Vorbedingungen, durch die dieses Zurückweichen
erst ermöglicht wurde, wird leicht das Fehlen der Commissura
quadrato-cranialis ant., sowie des Processus ascendens erkannt, als offenbare Folge gewisse Verhältnisse am hinteren Quadrat-
Abschnitt dicht vor dem Processus oticus, der jetzt dem vorderen Ende

einer an der Ohrkapsel entstandenen Crista parotica (Fig. 25—27.
Cr. p. ot.) ansitzt. Dieser Anfangstheil des Quadrat-Körpers vor dem
Ohrfortsatz weist nämlich deutliche Zeichen einer rein mechanisch bewirkten Faltung auf. Die Seitenansicht des Modells (Fig. 27) zeigt
bei a die Stelle, von der aus sich der Proc. ascendens fortsetzte, und die
schon vorher als Wurzel des Proc. asc. nach vorn umgebogen war.
Unter diesem Abschnitte ist die Platte des Quadratum von hinten unten
her einmal eingefaltet; es liegt also das oberste „Faltenblatt" (b) dicht
unter jener „Wurzel" des Proc. ascendens und biegt in nasalwärts convexer Krümmung in das untere Blatt (c) um, das seinerseits erst nach
hinten absteigt, um dann in die nach vorn ziehende breite Quadratplatte
überzugehen. — Auf Frontalschnitten, die durch diese Gegend gelegt
sind (Fig. 33), findet man natürlich nur die übereinander liegenden Querschnitte der einzelnen übereinander geschobenen Faltenblätter, deren
Zusammenhang ohne die plastische Reconstruction ganz unverständlich wäre. (Der Schnitt Fig. 33 entspricht ungefähr der in Fig. 27 angegebenen Linie. Der grosse kreisrunde, mit Q bezeichnete Querschnitt
ist die ungefähr frontale Uebergangsplatte des Faltenblattes c in die
Pars metapterygoidea des Quadratums.) Dass diese Faltenblätter nicht
aus intactem Hyalin-Knorpel bestehen können, liegt wohl auf der Hand,
und thatsächlich zeigen sie alle mehr oder minder fortgeschrittene Zer-
störungserscheinungen (cf. Fig. 33). Am weitesten sind diese in den
obersten Partien fortgeschritten, weniger nach dem Uebergang in den
intacten Quadrat-Körper hin. Das Gewebe, das die Faltenblätter bildet,
ist also ein Zerfall-Gewebe, in dem nur stellenweise noch vereinzelte
Knorpelzellen angetroffen werden; — trotzdem habe ich auch diese ganz
zerstörten Particeen, an denen nur noch das Perichondrium die ursprünglichen Formen-Grenzen erkennen lässt, zur Darstellung gebracht, um den
Mechanismus der Stellungsänderung anschaulicher zu machen.

Der Proc. muscularis (Fig. 25 u. 27. Pr. m.) ist bedeutend
reducirt und stellt nur einen niedrigen Kamm dar, der dem Aussenrande
des Quadratums ansitzt. Auf seiner äusseren Fläche hat die Bildung
eines Deckknochens, des Tympanicum, begonnen. Nur eine Verbindung
hat das Quadratum jetzt als neu erlangt: die des Proc. pterygoideus mit dem Proc. maxillaris post. der Nasenkapsel. Der vorher sehr kurze Proc. quadrato-ethmoidalis hat seine Verbindung
mit dem Trabekel verloren, der vordere Theil des ursprünglichen Lig.
quadrato-ethmoidale, der ihn mit jenem verband, ist als gesonderter
festerer Bindegewebsstrang nicht mehr nachweisbar. Statt dessen hat
das vordere dadurch frei gewordene Ende des Proc. quadrato-ethmoidalis eine neue Verbindung mit dem Proc. maxillaris post. der Nasenkapsel erlangt, der sich an seine Aussenseite angelegt hat (Fig. 25 u. 26).
Von der ursprünglich vorhanden gewesenen, jetzt zum grössten Theil
zerstörten Commissura quadrato-cranialis anterior ist in der rückwärtigen

Verlängerung dieses Proc. quadrato-ethmoidalis eine Knorpelpartie stehen geblieben, die jetzt den Proc. quadrato-ethmoidalis direct mit dem medialen Rande des Quadratums verbindet. Es hat sich somit aus einem Theil der ursprünglichen Commissura quadrato-cranialis anterior, sowie dem Proc. quadrato-ethmoidalis ein neuer einheitlicher Fortsatz, der bleibende Processus pterygoideus, gebildet, der an seinem Vorder-Ende mit dem hinteren Oberkieferfortsatz der Nasenkapsel verbunden ist. Diese Verbindung ist jedoch noch keine ganz continuirlich knorpelige, sondern wird durch ein prochondrales Gewebe vermittelt, das ein noch weiteres Zurückweichen des Quadratums leicht ermöglicht.

Der MECKEL'sche Knorpel hat seine Gestalt und Lage erheblich geändert. Seine S-förmige Krümmung ist verschwunden und der Knorpel ist ein langgestreckter drehrunder dicker Stab, der fast rein in der Sagittalen unter geringer Convergenz mit dem andersseitigen verläuft. Das hintere Ende trägt eine im wesentlichen transversal convexe Gelenkfläche für die Verbindung mit dem Quadratum. Vor dieser Gelenkfläche schwillt der Knorpel vorübergehend etwas an; so entsteht ein niedriges Tuberculum praeglenoidale. (Vergl. Fig. 41 des nächsten Stadiums Tub. prgl.). Da die beiderseitigen MECKEL'schen Knorpel nach vorn hin nur sehr wenig convergiren, bleibt zwischen ihren vorderen Enden ein weiter Abstand. Die Verbindung wird hergestellt durch die beiden Unterlippenknorpel, die ebenfalls ihre Form sehr erheblich verändert haben. Sie stellen etwas von hinten nach vorn abgeflachte schmale Knorpelstücke dar, die durchaus transversal mit ganz schwacher nach abwärts convexer Krümmung verlaufen. Von den Meckel'schen Knorpeln sind sie durch die verschiedene Verlaufsrichtung deutlich abgesetzt, im übrigen jedoch knorpelig mit ihnen verschmolzen (cf. Fig. 41). Unter einander werden sie nach wie vor durch eine unpaare dünne Knorpelplatte vereinigt.

Die Stellung des Quadratums bringt es mit sich, dass bei geschlossenem Maule die MECKEL'schen Knorpel einen nach vorn beträchtlich aufsteigenden Verlauf nehmen.

Nerven.

I. N. olfactorius.

Er verlässt jetzt den Schädelraum durch ein Foramen in der den vorderen Schädelabschluss bildenden „Ethmoidalplatte". Das Foramen liegt hart neben der Stelle, wo die Schädelseitenwand an die Ethmoidalplatte anstösst und leitet den Nerven nach vorn und lateralwärts (Fig. 30. F. olf.).

II. N. opticus.

In der continuirlich knorpeligen Schädelseitenwand findet sich jetzt für den Opticus ein sehr grosses Foramen, in kurzem Abstande vor dem For. oculomotorii und in gleichem Niveau mit diesem. Es ist nur zum geringen Theile vom Opticus eingenommen, zum grösseren häutig geschlossen (Fig. 25, 26. F. opt.).

III. N. oculomotorius.

Tritt durch das sehr grosse Foramen (Fig. 25. F. ocl.), das entstanden ist durch Verschmelzung des primären For. oculomotorii mit dem primären For. caroticum. Der Nerv passirt die oberste Hälfte dieses Foramen; der Abschnitt des Trabekels, der früher beide Foramina trennte, ist zerstört.

IV. N. trochlearis.

Besitzt ebenfalls jetzt sein eignes Foramen in der knorpeligen Schädelseitenwand oberhalb des For. opticum.

VI. N. abducens.

Zu erwähnen wäre höchstens, dass der Proc. ascendens quadrati, unter dem er vorher mit dem R. orbito-nasalis verlief, jetzt zerstört ist. (In Fig. 26 ist der intracraniale Verlauf des Nerven bis zum Eintritt in das Trigemino-Facialis-Ganglion dargestellt).

V u. VII. Trigeminus und Facialis.

Die Wurzelverhältnisse des Facialis und der Radix accessoria sind jetzt, wie beim Acusticus bemerkt ist, etwas klarer geworden. Das gemeinsame Ganglion ist völlig von der Ohrkapsel überwölbt, das For. trigemini ist allseitig knorpelig geschlossen (p. 55).

Die Aeste zeigen noch im wesentlichen das gleiche Verhalten, doch sind schon einige Aenderungen zu constatiren, die hauptsächlich mit der veränderten Stellung des Quadratums zusammenhängen. Die beiden Aeste des Nebenganglions sind zwar noch für sich unterscheidbar, treten aber, in Folge der Ueberwachsung des Ganglions durch die Ohrkapsel, in innigere Berührung mit subcutanen Aesten des Hauptganglions. Verfolgt habe ich den Nerven nicht. (Fig. 25. Die subcutanen Aeste des Hauptganglions sind weggelassen.)

V. 1. Der R. orbito-nasalis verläuft, da der vorher ihn deckende Proc. ascendens quadrati verschwunden ist, jetzt in ganzer Länge frei

5

durch die Orbita an der knorpeligen Schädelseitenwand, um vorn in die Nasenhöhle einzutreten. Dies geschieht durch ein Foramen der Pars plana, nahe dem oberen Rande derselben und dicht neben der Schädelseitenwand. Das letzte Stück des Nerven in der Orbita wird, caudal von der Pars plana, schon von einer schmalen, der Schädelwand ansitzenden Leiste bedeckt. (Fig. 24, 25).

Die beiden Aeste des N.: R. septi narium und R. externus narium treten oft schon durch zwei getrennte Foramina in die Schädelhöhle, dann kommt zu jenem erst geschilderten Foramen noch ein zweites etwas mehr lateral gelegenes. In der Nasenhöhle verläuft der R. septi narium über dem Olfactorius und in der Nähe des Septum nach vorne, oberhalb der Glandula nasalis inf., die er versorgt (Fig. 23) und dringt dann durch die „naso-basale Fontanelle" in den Prämasalraum zwischen die Schläuche der Gl. intermaxillaris und zur Haut der Schnauze. Der Nerv gelangt also aus dem hinteren einfachen Theile der Nasenhöhle längs des Septum in das Cavum inf. und giebt nur caudalwärts von der Crista intermedia einen Ramus ab, der lateralwärts in das Cavum sup. dringt und durch 1—2 Foramina in der Decke desselben zur Haut durchbricht (Rr. frontales.).

Der R. externus narium betritt die Nasenhöhle entweder schon durch ein besonderes Foramen oder zweigt sich erst im hintersten Abschnitte der Nasenhöhle vom R. septi ab. Er läuft dorsal von den Aesten des Olfactorius lateralwärts über den oberen Umfang des hinteren häutigen Nasenraumes und gelangt hinter der Cart. obliqua, nahe deren unterem Ende nach aussen, wo er sich in der Gl. nasalis sup. und der Haut vertheilt.

V. 2 u. 3. Der R. maxillaris läuft, dem unteren Umfange der Ohrkapsel eng angeschmiegt, nach aussen, wenige Ganglienzellen eine Strecke weit mit sich führend. In den späteren Stadien der Metamorphose kann man die Herstellung des definitiven Verhaltens zu den Muskeln beobachten. Der M. „pterygoideus" erlangt nämlich, nach Zerstörung des Proc. ascendens, seines ursprünglichen Ursprungsortes, eine neue Befestigung an dem vor der Ohrkapsel befindlichen Stück Schädelseitenwand, das später als ein Theil des „Prooticum" verknöchert. Auf diese Weise kommt es, dass der N. maxillaris nach dieser Verlagerung des Muskelursprungs hinter dem Muskel verläuft, und jenen Muskel umgreift, um lateral von ihm weiter nach vorn zu verlaufen. Während der Metamorphose lässt sich dieser Vorgang in allen Stadien verfolgen.

Die Stellungsänderung des Quadratums, zu der noch die starke Entwicklung des Bulbus und seiner Muskeln kommt, ist dann auch als das beeinflussende Moment bei den übrigen Veränderungen, die der Verlauf des N. maxillaris zeigt, namhaft zu machen.

Die Theilung des R. maxillaris erfolgt schon weiter hinten am Boden der Orbita als vorher, entsprechend dem hinteren Theile des Proc. muscularis, und die beiden Aeste divergiren sofort sehr bedeutend.

Der R. maxillaris sup. verläuft dorsal von der Fascie der Kaumuskeln unterhalb des äusseren Umfanges des Bulbus (also weiter lateralwärts als vorher) nach vorn. Die Theilung in seine beiden Haupt-Endäste, die vorher noch vor dem Augapfel stattfand, findet man jetzt im vorderen Abschnitte der Orbita. Der mediale Theilast läuft als R. communicans c. n. palatino dorsal vom Proc. pterygoideus quadrati hinter der Choane nach innen, der laterale verfolgt seinen Weg noch eine Strecke weiter nach vorn. Er ist ganz Hautnerv.

Der R. maxillaris inf. dringt schon im hinteren Abschnitte der Orbita durch die Fascie der Kaumuskeln und läuft lateral vom M. „temporalis" zwischen diesem und dem Proc. muscularis quadrati eine Strecke weit nach vorn. Sein Verlauf zum MECKEL.'schen Knorpel ist im Wesen derselbe wie früher, nur ist es erklärlich, dass der Nerv jetzt, bei der mehr sagittalen Stellung des Knorpels mehr an dessen äusserem als vorderem Umfange herab verläuft. Der früher vordere Umfang des transversal gestellten Knorpels ist eben an dem sagittal gestellten zu einem äusseren geworden. Bei seinem Absteigen zu dem MECKEL-'schen Knorpel durchsetzt der Nerv die beiden Portionen des M. „masseter", die jetzt sehr viel kräftiger sind als vorher und auch einen Theil ihrer Ursprünge vom Os tympanicum beziehen, das aussen an dem in Zerstörung begriffenen Proc. muscularis aufgetreten ist. Am vorderen äusseren Umfange des MECKEL.'schen Knorpels giebt der N. zunächst einen R. recurrens ab, der ventral vom Angulare nach innen und etwas nach hinten zur Schleimhaut des Mundhöhlenbodens verläuft; der Stamm selbst folgt ventral vom Angulare dem MECKEL'schen Knorpel und biegt erst mit dem Unterlippenknorpel mehr medialwärts, um zu den Muskeln, der Haut und Schleimhaut des Mundhöhlenbodens zu gelangen.

Von den eigentlichen Facialis-Aesten des Trigemino-Facialis-Ganglions hat der N. palatinus durch die Metamorphose kaum eine bedeutende Aenderung seines Verlaufes erfahren. Ich kann an guten Präparaten zwei Wurzeln erkennen, die die A. palat. zwischen sich fassen. Der ziemlich kräftige Nerv läuft dicht über der Schleimhaut des Mundhöhlendaches nach vorn, ungefähr entsprechend dem äusseren Rande der Schädelbasis. Vorn geht die directe Fortsetzung des Stammes dorsal von den Schläuchen der Rachendrüse, die Fasern erhalten, medial an der Choane vorbei zum vordersten Abschnitt der Gaumenschleimhaut und der Intermaxillardrüse.

Eine bedeutendere Veränderung hat naturgemäss der R. hyomandibularis erlitten (Fig. 26). Schon sein Verlauf gleich nach dem Austritt aus dem Ganglion ist nicht mehr nach aussen und vorn, sondern etwas im Bogen unter der V. jugularis int. nach rückwärts gerichtet. Unter dem vordersten Ende des Proc. oticus verschmilzt der Nerv mit dem R. communicans des N. IX — dies findet zugleich statt am medialen oberen Umfange der Thymus und dorsal von dem Lig. suspensorio-columellare. Der aus der Vereinigung hervorgehende Nerv wendet sich, zunächt dem vorderen Theile der Thymus medial anliegend, nach aussen abwärts und überschreitet das Lig. suspensorio-columellare, um dann ventral vom Quadratum, aber in grösserer Entfernung von diesem, nach vorn zu verlaufen, lateral gedeckt von den Ursprüngen des M. depressor hyoidis. Medial von dem N. liegt die Tuba Eustachii.

Entsprechend der Lage der Quadrato-Hyoid-Verbindung erfolgt die Theilung des Nerven sehr viel weiter hinten, als vorher. Von den einzelnen Aesten ist nur wenig zu bemerken.

Dass der Verlauf des R. hyoidens nicht mehr so lang ist, wie früher, erhellt aus der Lage seines Ursprungs. Doch aber ist der Verlauf des R. noch ein caudalwärts gerichteter.

Als charakteristisch für den R. auricularis fällt jetzt auf, dass er sich mit einem vorderen Aste ventral von der inzwischen deutlich gewordenen Anlage des Annulus tympanicus subcutan vertheilt.

Der R. mandibularis wendet sich vor dem medialen Kopfe des Depressor mandibulae, der noch gut erhalten ist, hinter dem Kiefergelenk nach innen und läuft an der medialen Seite dieses Gelenkes, weiterhin an der des Angulare, ventral vom Ursprunge des M. mylo-hyoideus, nach vorn. Er giebt Schleimhautzweige ab, die den letztgenannten Muskel durchbohren.

Eine Anastomose mit dem Trigeminus ist nicht zu constatiren.

VIII. Acusticus.

Die Vertheilung der ganzen Wurzelmasse in einen medio-ventralen Antheil, der nach vorn umbiegt und die Radix accessoria sowie den N. facialis bildet, und einen dorsalen Antheil, der über den Facialis hinüber direct nach aussen verläuft, ist jetzt ziemlich deutlich erkennbar. N. cochlearis und vestibularis treten durch gesonderte Foramina in die Ohrkapsel.

IX u. X. Glossopharyngeus-Vagus-Gruppe.

Die vier Wurzelbündel sind gut unterscheidbar, dagegen ist das oben erwähnte „Neben-Ganglion" nicht mehr von der übrigen Ganglienmasse zu trennen. Die Aeste verhalten sich etwas anders als vorher. Der Glossopharyngeus ist mit dem Vagus, der, wie vorher erwähnt, zahlreiche Ganglienzellen mit sich nimmt, eng verbunden und bildet mit ihm zusammen einen aus Ganglienzellen und Nervenfasern gemischten Zug, der dem unteren äusseren Umfange der Ohrkapsel eng angeschmiegt nach vorn verläuft. Hier zieht er bis an die Aussenfläche des „Operculum", wo er vom „M. opercularis", der oben Erwähnung fand, bedeckt ist und, da hier auch der Glossopharyngeus wieder Ganglienzellen in sich aufgenommen hat („zweites Glossopharyngeus-Ganglion" siehe p. 32), lediglich aus solchen besteht. Eine Trennung des Vagus- und Glossopharyngeus-Antheiles gelingt mir auf dem Querschnitte nicht. Vor dem Vorderrand des M. opercularis entspringen aus dem Ganglion sowohl die Haupt-Vagus- wie die Glossopharyngeus-Aeste.

Der Grund dafür, dass jetzt beide Nerven so eng mit einander vereint sind, und dass auch der Vagus sich erst so weit vorn in seine Endäste auflöst, scheint mir in der Entwicklung der von der Ohrkapsel-Basis zur Scapula ziehenden Musculatur zu liegen, doch habe ich dies bisher nicht näher verfolgt. Die Aeste des Glossopharyngeus entspringen aus dem mehr medialen Antheil des vereinigten Glossopharyngeus-Vagus-Ganglions, und zwar aus dem vordersten Theile desselben, der aber noch im Bereich des Operculum, an der Aussenfläche desselben, liegt. Den R. lingualis, der am lateralen Umfang der Thymus nach vorn zieht, habe ich, ebenso wie einige andere kleinere Aeste, nicht weiter verfolgt; der R. communicans c. n. faciali (Fig. 26) verläuft, medial von der Vena jugularis int., oberhalb der Thymus und lateral vom Operculum und weiterhin von der Columella nach vorn. Dann wendet er sich etwas nach innen und liegt direct über der Columella und dem sie fortsetzenden Lig. suspensorio-columellare. Beide Gebilde, der Nerv und das Ligament, liegen so über einander am medialen Thymus-Umfang. In kurzer Entfernung von dem hinteren Umfange des Quadratum verbindet sich der R. hyomandibularis des Facialis mit dem R. communicans, direct über dem Ligament und dicht unter dem Proc. oticus quadrati. Der Verlauf der aus der Vereinigung hervorgehenden Nerven ist oben geschildert.

Viertes Stadium.

Junger Frosch von ca. 2 cm Länge.

Fig. 41—45.

Als Paradigma für die Verhältnisse des Primordial-Craniums geraume Zeit nach der Metamorphose wähle ich das eines ca. 2 cm langen Frosches. Die Schilderung wird hier an vielen Stellen, die sich kaum verändert haben, sehr rasch vorgehen können; an anderen dagegen, wie am Suspensorial-Apparat, um so langsamer.

Das Primordial-Cranium besteht noch in sehr grosser Ausdehnung, die Verknöcherung ist eben erst im Beginn. Somit repräsentirt das

Stadium noch nicht den ausgebildeten erwachsenen Zustand des Schädels; da es mir jedoch zunächst nur auf das Knorpel-Cranium ankam, so schliesse ich mit diesem Stadium, in dem letzteres seine höchste Vollendung erreicht hat. ab. Die Zerlegung des Chondrocranium in einzelne knöcherne Territorien ist ein Vorgang, dessen genauere Darstellung einer späteren Untersuchung vorbehalten bleibt.

Basalplatte und Occipital-Region.

Ein continuirlicher knorpeliger Boden erstreckt sich jetzt durch die ganze Länge des Schädels hindurch und lässt eine Erkennung seiner Zusammensetzung nicht mehr zu.

Was die Schädel-Chorda betrifft, so kann man drei Abschnitte derselben unterscheiden. Eine lange Strecke weit findet man an der Stelle, wo sie früher lag, einen soliden Knorpelstab, der somit als integrirender Bestandtheil in die Zusammensetzung der Basalplatte aufgenommen ist. Der Bezirk, in dem dies der Fall ist, reicht ungefähr von der Gegend der vorderen Hälfte des Foramen jugulare bis zur Mitte des Foramen acusticum, das hier, als Ausnahme von der Regel, einfach ist. Davor ist die frühere Lage der Chorda noch durch eine schmale Spalte, schliesslich nur noch durch eine dunkle Trennungslinie zwischen beiden Basalplatten-Hälften angedeutet und bis vor den vorderen Umfang des For. acusticum verfolgbar. Das hinterste Stück der Schädel-Basis, ungefähr vom vorderen Theile des Foramen jugulare an, lässt irgend welche Spur der Chorda in sich nicht mehr erkennen; die Platte ist hier zudem dünner und zeigt ventral eine mediane Depression. In dieser rinnenförmigen Einsenkung erkennt man, wenn auch undeutlich, umgeben von faserigem Gewebe, die geschrumpfte und fast ganz rückgebildete Chorda. Dieselbe ist also hier aus der Basalplatte heraus ventralwärts verdrängt und über ihr sind die beiden Hälften der Platte zur Vereinigung gekommen. Das Genauere siehe in Theil II.

Die Hinterränder der beiden Basalplatten-Hälften divergiren wie vorher; die Gelenkhöcker springen bedeutend stärker nach hinten vor.

In der Umgebung der im hinteren Schädelabschnitte gelegenen Foramina machen sich jetzt die ersten Verknöcherungen des „Occipitale laterale" bemerkbar; die Verknöcherungszone umgiebt das einfache Foramen jugulare, das For. perilymphaticum sup. und inf., und reicht bis an den hinteren Umfang des For. acusticum. Es ist das eine schon länger bekannte Thatsache, dass ein Ausgangspunkt für die Verknöcherung des Knorpels die Nerven- und sonstigen Foramina sind. Als ferneres Princip zeigt sich auch hier, dass die Verknöcherung durchaus ohne Respectirung der in den Anlagen des Knorpelschädels gegebenen Grenzen (Basalplatte, Ohrkapsel, Occipitalbogen) auftritt, somit die Zerfällung des

Chondrocraniums in einzelne knöcherne Territorien ein durchaus nach eigenen Gesetzen sich abspielender Vorgang ist.

Labyrinth-Region.

Ein Blick auf die Fig. 41 ergiebt sofort die Thatsache, dass die Ohrkapsel mit dem Wachsthum des Gesammt-Schädels nicht gleichen Schritt gehalten hat, vielmehr gegen den davor gelegenen Abschnitt mehr zurücktritt.

Dies ergiebt sich genauer aus den Maassen:

Modell Stad. III (50 × vergr.): Gesammtlänge ca. 24 cm
Ohrkapsel ca. 9,5 „
Modell Stad. IV (25 × vergr.): Gesammtlänge ca. 18 „
Ohrkapsel ca. 5,5 „

Also: Gesammtcranium: Ohrkapsel im ersten Falle = 24 : 9,5, im zweiten = 36 : 11, — eine Zunahme der Gesammtlänge um $^1/_2$ der ursprünglichen Länge bei fast gleichgebliebener Ohrkapsel. Dass hierbei der Hauptbestandtheil der Gesammtlängen-Zunahme auf Kosten der Nasenhöhle kommt, ergiebt sich aus den weiteren Zahlen:

Nasenhöhle (bis zur Ethmoidalplatte):

Modell Stad. III   4,1
Modell Stad. IV   (5,2) 10,4

Länge bis zur vorderen Ohrkapsel-Grenze:

Modell Stad. III   15,5
Modell Stad. IV   (13) 26

d. h. während die Labyrinthregion ziemlich ihre frühere Länge beibehalten hat, ist der davor gelegene Schädelabschnitt bedeutend gewachsen, dabei aber die Ethmoidalregion noch bedeutender als die Orbitalregion.

Die Form der Ohrkapsel zeigt neu hinzugekommene Besonderheiten nur in beschränktem Maasse.

Zunächst sei erwähnt, dass sich die schon während der Metamorphose aufgetretene Crista parotica sehr bedeutend weiter entwickelt hat (Fig. 41, 42, 43, Cr. p. ot.). Sie bildet eine Art Decke über der Paukenhöhle — eine Beziehung, aus der sich die PARKER'sche Bezeichnung: „Tegmen tympani" erklärt. Bei RETZIUS führt sie mit dem durch den äusseren Bogengang erzeugten Wulst zusammen den Namen „Processus squamosus". Mit ihrem hinteren Abschnitte ist der obere Umfang des Annulus tympanicus knorpelig verbunden (derselbe ist in Fig. 41 durch die roth punktirte Linie angedeutet), vorn geht das Quadratum aus ihr hervor. Eine Trennung des Quadrat- und Ohrkapselknorpels ist nicht möglich.

Ferner sei darauf hingewiesen, dass gerade das Cranium, nach dem das Modell angefertigt wurde, ein einfaches Foramen acusticum zeigte; indessen ist dies Verhalten als Ausnahme von der Regel aufzufassen.

Wie das Occipitale laterale, so ist auch das Petrosum (Prooticum) bereits im Werden; die Verknöcherung findet sich zunächst nur am innern Umfange der vorderen Ohrkapselkuppel, also an der lateralen Begrenzung des Foramen Trigemini.

Die wichtigste Veränderung zeigt der unter der Crista parotica gelegene Abschnitt der Ohrkapsel. Fig. 41 zeigt die Verhältnisse nach Entfernung des Operculum und der Columella. Man bemerkt hier unterhalb des äussern Bogenganges an der Aussenwand der Kapsel, entsprechend der ganzen Ausdehnung des früheren Foramen ovale, eine ziemlich tiefe Grube, die als „Fovea fenestrae ovalis" bezeichnet werden mag. An ihr sind zwei Abschnitte zu unterscheiden: im Grunde des hinteren befindet sich das jetzt sehr verkleinerte Foramen ovale „definitivum", der vordere Abschnitt ist von dem Innenraum der Ohrkapsel durch eine senkrecht stehende Wand, die mit ihrem hinteren freien concaven Rande das Foramen ovale begrenzt, abgetrennt (Fig. 42, 43, 44). Ein Vergleich mit Fig. 21 lässt wohl deutlich genug erkennen, dass die ganze Fovea fenestrae ovalis die Ausdehnung des früheren Foramen ovale besitzt, und dass demnach die oben erwähnte Wand eine neu aufgetretene Bildung ist. Zugleich aber ergiebt sich das Zustandekommen der Fovea als hauptsächlich dadurch bedingt, dass der untere Rand des früheren For. ovale sehr bedeutend über die Ebene des Foramen hinaus lateralwärts und in die Höhe gewachsen ist.

Entsprechend der starken Verkleinerung des For. ovale greift jetzt das längsovale Operculum bedeutend über seinen vorderen Rand hinaus und in das Gebiet des vorderen Abschnittes der Fovea (vgl. Fig. 42 die roth punktirte Linie.) Vom Grunde der Grube ist es hier abgedrängt durch einen perilymphatischen Gang, der sich aus dem Innern der Ohrkapsel nach vorn in den vorderen Theil der Fovea fenestrae ovalis vorschiebt: den „Ductus fenestrae ovalis" RETZIUS (cf. Fig. 43, 44). Das Operculum selbst ist in seiner hinteren Hälfte, wo es das Foramen ovale schliesst, dicker als vorn, wo es sich an den äusseren Umfang jenes Ductus vorschiebt. An seiner hinteren verdickten Hälfte inserirt der Musculus opercularis (cf. p. 53). Der untere Rand des Operculum wird von dem untern Rand der Fovea fen. ov. aussen überragt (Fig. 44).

Sehr beträchtliche Veränderungen hat die Columella aufzuweisen. Sie stellt einen sehr langen, mehrfach geknickten Stab dar, der sich von der Ohrkapsel nach aussen bis zum Trommelfell erstreckt. Dadurch, dass sich um ihren mittleren Theil eine dünne knöcherne Rinde gebildet hat, sind schon jetzt drei Abschnitte an ihr zu unterscheiden. Der Einfachheit halber ist dies in Fig. 42 vernachlässigt, was sich um so mehr rechtfertigt, als die drei Stücke ein continuirlich zusammenhängendes

Ganzes bilden, nicht aber etwa von einander getrennt oder nur bindegewebig mit einander vereinigt sind. Es entspricht übrigens der mittelste verknöcherte Abschnitt ziemlich genau dem horizontal nach aussen ziehenden drehrunden Stabe.

Das innerste Stück, Pars interna Columellae (Interstapediale Parker's), das schon auf dem vorigen Stadium im vorderen Abschnitte des secundären For. ovale angelegt war, hat sich jetzt zu einer ziemlich dicken und breiten Platte umgewandelt, die der Aussenwand des Ductus fenestrae ovalis vor dem Operculum anliegt. Wie vorher, so hängt es auch jetzt noch durch eine schmale Knorpelzunge, die nichts weiter ist, als die directe Fortsetzung des unteren scharfen Randes der Fovea fen. ov., mit diesem Rande zusammen (Fig. 42, 43; auf letzterer ist übrigens bereits der vordere wieder schmälere Theil der Platte, nicht ihre breiteste Stelle, getroffen. In Fig. 41 ist die Crista praeopercularis durchgeschnitten). Die Pars interna columellae verhält sich demnach zu dem vordersten Theile des Ductus fenestrae ovalis ebenso wie das Operculum für den hinteren Theil, es bildet für den vorderen Abschnitt der Fovea fen. ov. einen lateralen Abschluss, ein „Pseudoperculum", wie das wahre Operculum für das Foramen ovale. Es ist daher auch oft genug für das wahre Operculum gehalten worden. Das Verhältniss beider zu einander ist so, dass der hintere Rand des „Pseudoperculum" von dem vorderen des wahren Operculum aussen etwas überragt wird (Fig. 42, 44): beide sind nur durch Bindegewebe mit einander verbunden. Die Bewegungen des Trommelfelles werden demnach direct nur durch das Pseudoperculum auf den „Ductus fenestrae ovalis" übertragen, und sich erst indirect dem wahren Operculum mittheilen. Der specielle Mechanismus bedarf noch sehr der Aufklärung.

An der Pars interna columellae befestigt ist die Pars media (Mediostapediale Parker's), die einen horizontal nach aussen ziehenden Stab darstellt. Mit ihm ist die wieder knorpelige Pars externa (Extrastapediale) verbunden. Letztere ist nach abwärts gerichtet, keulenförmig angeschwollen und in das Trommelfell eingelassen.

In merkwürdigem Verhalten zu ihr befindet sich ein dünner knorpeliger Fortsatz, der einfach als „Processus superior columellae" („Suprastapediale" Parker's) bezeichnet werden mag (Fig. 42, Col. s.). Er entspringt am medialen Umfang des oberen (Anfangs)-Stückes der Pars externa, zieht erst eine kurze Strecke weit parallel und unterhalb der Pars media (also horizontal) nach innen, um dann unter rechtwinkliger Knickung vor der Pars media in die Höhe zu steigen. Sein oberes Ende geht in die Crista parotica über, und zwar, wie später gezeigt werden soll, in den Abschnitt derselben, der genetisch schon zum Quadratum gehört. Der Fortsatz soll nach Villy (53) zeitlebens ganz knorpelig bleiben, ich finde ihn dagegen bei einem ausgewachsenen Thiere in fibröser Verbindung mit der Crista parotica. Ebenso wird aus der zuerst knorpeligen unteren Verbindung der Pars interna mit dem Rande der Fovea fenestrae ovalis (durch die Crista praeopercularis) später eine nur fibröse Befestigung.

Annulus tympanicus.

Mit dem hinteren Abschnitt der Crista parotica hängt jetzt der Annulus tympanicus knorpelig zusammen, der zwar eigentlich zum Quadratum gehört, doch aber wegen seiner topographischen Beziehungen zum Gehörorgan an dieser Stelle geschildert werden soll. Er stellt einen vollkommen geschlossenen knorpeligen Ring dar, bestehend aus einem Knorpelstreifen, der am unteren Umfange sehr breit ist, nach oben zu sich aber stark verschmälert. Die schmalste Stelle ist die der Befestigung an der Crista parotica, sie liegt am hinteren oberen Umfange.

Zu bemerken ist, dass das platte Knorpelband, das den Annulus bildet, nicht über die Fläche, sondern im wesentlichen über die Kante gekrümmt ist, so dass man in der That das ganze Gebilde, wie RETZIUS es thut, mehr einem sehr flachen abgestutzten Trichter vergleichen muss.

In der breiten nach aussen und oben blickenden Basis ist das Trommelfell ausgespannt, durch die innere Oeffnung führt die Tuba Eustachii zur Mundhöhle und zugleich dringt die Columella hier nach aussen zum Trommelfell. Wegen der verschiedenen Breite des Knorpelbandes am oberen und unteren Umfange sind beide Kreise, der der äusseren und inneren Oeffnung, nicht concentrisch, vielmehr der innere kleinere zugleich nach oben verschoben.

Orbital-Region.

Die Orbital-Region ist fast unverändert.

Der Boden ist jetzt continuirlich knorpelig, der letzte Rest der Hypophysen-Fontanelle hat sich noch geschlossen. Ueberall besitzt der Boden eine gleiche Dicke, und geht ebenso gleichmässig in die Seitenwand über; von einer Verdickung, die die früheren Trabekel andeuten könnte, ist keine Spur zu bemerken.

Die Seitenwand (Fig. 41) reicht nach wie vor von der vorderen Ohrkapselfläche bis zum Seitenrand der Ethmoidalplatte, nur unterbrochen von einzelnen Oeffnungen, die alle in ihrem hinteren Abschnitte liegen. Unter diesen ist das For. opticum das vorderste und zugleich grösste, von unregelmässig dreieckiger Form. Ueber ihm liegt das sehr kleine For. pro n. trochleari (F. pro IV), und hinter ihm, aber mehr nach dem Boden zu, auf der linken Seite meines Exemplares ein einfaches, rundliches, nicht sehr grosses Foramen (F. ocl.), rechterseits dagegen zwei über einander gelegene, ein grösseres unteres und ein kleineres oberes. Dieses letztere ist das For. pro n. oculomotorio, das ventrale ist das definitive Foramen caroticum. Linkerseits besteht für Nerv und Arterie nur ein einziges Foramen, wie auf dem Stadium während der Metamorphose. Die Trennung in zwei auf der rechten Seite ist also eine secundäre Erscheinung, die, nach meinen Serien zu schliessen, häufiger unterbleibt, so dass ein einfaches Foramen für den N. oculomotorius und die Art. carotis interna die Regel zu sein scheint.

Das For. trigemini (et facialis) liegt wie vorher unter der vorderen Ohrkapselkuppel, innen vorn begrenzt vom Hinterrande der orbitalen Schädelseitenwand, soweit er nicht mit der Ohrkapsel verwachsen ist (F. Trig.).

Die Deckleiste über dem N. orbito-nasalis besteht in früherer Ausdehnung.

Eine sehr interessante Veränderung ihres Verlaufes zeigt die Art. carotis. Von hinten her an der knorpeligen Schädelbasis, und medial am Trigeminus-Foramen vorbei, nach vorne ziehend, setzt sie sich unmittelbar als Art. ophthalmica fort und nur ein Ast dringt als Art. carotis cerebralis durch das For. oculomotorii resp. durch ein eigenes Foramen in die Schädelhöhle. Vorher war dagegen das Verhalten so, dass der Stamm der Arterie in die Schädelhöhle eindrang, hier die Carotis cerebralis abgab, und als Ophthalmica durch das For. oculomotorii aus der Schädelhöhle heraus in die Orbita trat. Ich komme hierauf noch zurück.

An der Decke hat sich das vollendet, was schon oben angedeutet war. Die Seitenwände sind vor der Ohrkapsel durch ein nicht sehr breites Knorpelband (Taenia tecti transversalis) dorsal mit einander verbunden. Mit dem Hinterrande dieses Deckenknorpels ist das vorderste Ende der aus der Labyrinthregion nach vorn ziehenden Taenia tecti medialis verschmolzen, und von seinem Vorderrande aus schiebt sich noch ein kurzer medialer Fortsatz nach vorn. So sind jetzt drei Fontanellen an der Decke des Primordial-Craniums begrenzt: zwei durch die mediale Deckenspange getrennte in der Labyrinthregion, „Parietal-Fontanellen", (seitliche Begrenzung: die den inneren oberen Ohrkapsel-Rändern ansitzenden Taen. tecti marginales), und eine davor gelegene, unpaare, grosse „Frontal-Fontanelle", die alle drei durch die Parieto-Frontalia geschlossen sind. Letztere liegen den etwas nach innen gebogenen oberen Rändern der Seitenwände auf. Die vordere Fontanelle reicht bis zu dem jetzt auch etwas weiter nach hinten ausgedehntem Dache über dem vordersten Theile des Grosshirns.

Ethmoidal-Region.

Da die Nasenkapsel schon auf dem vorhergehenden Stadium, gegen das Ende der Metamorphose, die definitiven Verhältnisse in allen wesentlichen Einzelheiten, nur in anderen Dimensionen, darbot, so kann ich hier von einer nochmaligen Schilderung Abstand nehmen und mich auf einige kurze Bemerkungen beschränken.

Was zunächst die Dimensionen betrifft, so zeigt schon ein flüchtiger Vergleich der Fig. 25 und 41, dass das Wachsthum der Ethmoidalregion in der Zeit zwischen beiden Stadien viel bedeutender gewesen ist, als das des übrigen Schädels. Genauer wird dies ausgedrückt durch die Zahlen: der Abstand von der Vorderwand der Nasenkapsel bis zur Ethmoidalplatte ist auf dem vorigen Stadium = 4,1 cm, bei einer Gesammtlänge von 24 cm (bei 50facher Vergrösserung); auf dem vorliegenden Stadium beträgt der gleiche Abstand 5,2 cm bei einer Gesammtlänge von 18 cm (bei 25facher Vergrösserung). Danach ergiebt sich, für gleiche Vergrösserung,

vorher das Verhältniss: Nasenkapsel: Schädellänge = 4,1 : 24,
jetzt   „   „   „   = 10,4 : 36,

Zahlen, die eines weiteren Commentares nicht bedürfen. Bei der Ansicht von oben erscheint zudem die Ethmoidalregion noch dadurch länger, dass die Decke über dem vordersten Theile des Gehirn-Cavums sich caudalwärts etwas weiter ausgedehnt hat, und, vorn continuirlich in das Nasenhöhlen-Dach übergehend, als zu diesem gehörig imponirt.

Der hintere Oberkieferfortsatz der Nasenkapsel ist jetzt rein nach hinten gewendet und geht ohne Grenze in den Processus pterygoideus des Quadratum über.

Von den vorderen Theilen des Nasenskeletes wäre zu bemerken, dass der laterale Umfang des Nasenflügelknorpels (Fig. 41, 45. C. al.) sich weiter caudalwärts an der äusseren Wand des Eingangs-Canales zur Nasenhöhle ausgedehnt hat. In der Spalte zwischen seinem oberen Rande und der Cartilago obliqua liegt die Apertura externa narium.

Im übrigen ist kaum etwas Neues über die Begrenzung der Räume zu sagen; dass gelegentlich 2 Rr. frontales des Trigeminus durch die Decke des oberen Cavum dringen, konnte schon vorher beobachtet werden.

Nur eine vorher nicht vorhanden gewesene Fortsatz-Bildung muss Erwähnung finden, die aussen am Boden der Nasenhöhle, in dessen vorderstem Theile, aufgetreten ist. Es handelt sich um eine sagittale, ventralwärts vorspringende Leiste, die am Boden des Cavum inferius, ungefähr in gleicher Höhe mit der Wurzel der Cartilago praenasalis inferior, etwas medial vom äusseren Rande jenes Bodens, niedrig beginnt, nach vorn zu bedeutend höher wird, und am Zusammenstoss von Boden, Vorder- und Seitenwand des Cavum inferius in einer Flucht mit letzterer liegt. Von vorn betrachtet, erscheint die Leiste daher als eine nach abwärts und etwas einwärts gekrümmte Verlängerung jener Seitenwand über das Niveau des Bodens herab (Fig. 41. 45. Cr. s. n.).

Es ist dies der Fortsatz, von dem ECKER (11. p. 32; Fig. 15 n") angiebt, dass er sich „mit einer Zacke am vorderen Ende des Oberkiefers verbindet", und den BORN als „Oberkieferfortsatz" (Ok in den BORN'schen Figuren) bezeichnet hat.

Der Fortsatz, oder richtiger die Leiste, entsteht, wie aus meinen Schilderungen hervorgeht, ziemlich spät — erst nach der Metamorphose — und erlangt erst bei noch älteren Fröschen, als mein zuletzt beschriebenes Stadium repräsentirt, seine volle kräftige Ausbildung. Was den Namen anbetrifft, so habe ich die Bezeichnung „Oberkieferfortsatz" schon anderweitig verwendet — hauptsächlich mit Rücksicht auf seine Brauchbarkeit in einer allmählich zu schaffenden, für alle Thierklassen giltigen, Nomenclatur der Theile des Primordial-Craniums — und so muss für die beschriebene Bildung, die den Anuren eigenthümlich zu sein scheint, ein besonderer Name geschaffen werden, als welchen ich „Crista subnasalis" vorschlage.

Da das Verhalten der Crista zu den Knochen bisher nirgends genauer geschildert ist, so will ich darüber einige Bemerkungen anfügen, die sich auf Verhältnisse beziehen, wie ich sie bei 4 cm langen Fröschen fand. Das Stadium, das in Fig. 41 dargestellt ist (2 cm), zeigte sie zwar in der Hauptsache auch schon, aber noch nicht so scharf ausgeprägt.

Der hinterste Theil der Leiste liegt in der Naht zwischen den Gaumenplatten des Maxillare und Intermaxillare; weiter vorn stützt sich die Leiste allein auf die Gaumenplatte des Intermaxillare und ist nur lateral von der aufsteigenden („Gesichts-") Platte des Maxillare, die ihr eng anliegt, bedeckt (Fig. 45. Cr. s. n., O. m., O. i. m.). In die stark verdickte Vorderwand des Cavum inferius geht sie unter einem nach unten innen offenen, abgerundeten rechten Winkel über. Auf diese Weise wird unter dem vorderen Abschnitte der Nasenkapsel ein Raum begrenzt, der eine subnasale Fortsetzung des im wesentlichen pränasal gelegenen „Cavum intermaxillare" darstellt und mit den Schläuchen der Glandula intermaxillaris (Gl. i. m.) ausgefüllt ist. Die Topographie giebt die Fig. 45. Das Dach des Raumes wird gebildet vom Boden der Nasenhöhle (hinter der naso-basalen Fontanelle), der Boden von den horizontalen Platten der Zwischenkiefer, die Seitenwände von den Cristae subnasales die aussen bedeckt sind von den Gesichtsplatten der Maxillaria. Durch die Substanz der ihn dicht erfüllenden Gl. intermaxillaris ziehen die Cartilagines praenasales inf. nach vorn.

So giebt sich die Bestimmung der Crista subnasalis darin zu erkennen, den Boden der Nasenkapsel, der, wie WIEDERSHEIM (57 p. 22) bemerkt, wesentlich höher steht als die Gaumenplatte des Zwischenkiefers, von letzterer abzuheben, ganz ebenso, wie die WIEDERSHEIM'schen Knorpel den aufsteigenden Schenkel des Zwischenkiefers von der Vorderwand der Nasenkapsel abdrängen. Beide Knorpelfortsätze, die WIEDERSHEIM'schen und die Cristae subnasales, erscheinen damit unter demselben Gesichtspunkt: sie schaffen zwischen der Nasenkapsel und dem Zwischenkiefer den

Raum für die Glandula intermaxillaris — begreiflich daher, dass sie, wenigstens in so bedeutender Entwickelung, nur den Anuren zukommen.[1]

Quadratum, Meckel'scher Knorpel, Unterlippen-Knorpel.

Das Quadratum zeigt jetzt eine gänzlich andere Stellung als auf dem vorhergehenden Stadium. Die früher so ausgedehnte Pars metapterygoidea (P. mtpg.) ist reducirt auf ein kurzes Stück, das dem vorderen Ende der Crista parotica (Cr. p. ot.) ansitzt und von hier senkrecht nach abwärts steigt, nur mit dem untersten Abschnitte etwas nach hinten abbiegend. Man dürfte demnach eigentlich von einer P. metapterygoidea nicht mehr reden, da dieser Quadrat-Abschnitt jetzt vielmehr über und vor der Wurzel des Pterygoid-Fortsatzes aufsteigt. Ein besonderer Pr. oticus ist nicht vorhanden, vielmehr ist es thatsächlich der Körper des Quadr. selbst, der der Crista parotica ansitzt. In unmittelbarer Verlängerung des untersten nach hinten abgebogenen Stückes setzt sich nun aber die Pars articularis (P. art.), die jetzt an Ausdehnung und Stärke die P. metapterygoidea bedeutend übertrifft, eine Strecke weit caudalwärts fort. Die Abgangsstelle des Proc. pterygoideus vom Quadratum, die die Grenze zwischen P. metapterygoidea und P. articularis bildet, liegt in der Höhe der Schädelbasis.

Die P. articularis bildet einen fast bis zur Querebene des hinteren Schädelabschlusses reichenden, im wesentlichen von beiden Seiten her abgeplatteten Balken, der nur kurz vor seinem Ende eine breite lateralwärts vorspringende Ausladung zeigt. Die Unterfläche dieser stellt eine flache von rechts nach links gehöhlte Cavitas glenoidalis für den MECKEL-'schen Knorpel dar. Die medial plane Fläche der Pars articularis wird bedeckt vom hinteren Schenkel des knöchernen Pterygoids, das mit seinem unteren Rande noch die Kiefergelenk-Fläche überragt und somit einen medialen Schutz für das Gelenk bildet. In dem am meisten lateral vorspringenden Abschnitte des Gelenk-Theiles macht sich eine Verknöcherung des Knorpels bemerkbar, die fest verbunden ist mit der darüber liegenden Hautverknöcherung: dem Quadrato-Jugale.

Der Processus pterygoideus (Pr. pt.) besitzt, da seine Abgangsstelle vom Quadratum nunmehr im vorderen Bereich der Labyrinthregion liegt, eine sehr bedeutende Länge; er zieht, wie aus vielen Abbildungen des Froschschädels bekannt ist, seitlich am Boden der Orbita nach vorn und geht unmittelbar in den Proc. maxillaris post. der Nasenkapsel über. Eine Grenze gegen denselben ist jetzt nicht mehr nachweisbar.

---

[1] Bei den Urodelen ist eine ähnliche Bildung wie der Wiedersheim'sche Knorpel vorhanden, aber sehr viel weniger ausgedehnt.

Als ganz neue Bildung fällt dann noch ein Fortsatz auf, der von der Pars metapterygoidea des Quadratums dicht über der Wurzel des Proc. pterygoideus abgeht und nach innen gegen den unteren Umfang des vorderen Ohrkapsel-Abschnittes gerichtet ist. Er mag als „Proc. basalis" (Pr. bas.) bezeichnet werden.

Zwischen seiner stark verbreiterten medial aufwärts gerichteten End-fläche und dem Ohrkapselboden besteht eine Verbindung, die zur Zeit noch durch eine dünne Lage fibrösen Gewebes hergestellt wird, sich aber später zu einem wahren Gelenk umbildet, in dem der Proc. basalis den Kopf, eine flache Erhöhung am unteren vorderen Ohrkapselumfang die Pfanne bildet.

Das Hyoid hat seine Verbindung mit dem Quadratum völlig auf-gegeben, dagegen eine solche mit dem äusseren Umfang der Ohrkapsel unterhalb der Pars interna der Columella erlangt. Sehr bemerkenswerth ist, dass es somit jetzt hinter der Paukenhöhle aufsteigt, während es früher vor derselben, resp. vor der später zur Paukenhöhle werdenden Ausstülpung der Mundhöhle lag.

Eigenthümlich ist das Verhalten der Deckknochen zu dem Quadratum. Der gemeiniglich als „Tympanicum" bezeichnete ⊤ förmige Knochen deckt mit seinem hinteren Schenkel die Aussenseite der Pars metapterygoidea und articularis bis zur hinteren Grenze des die Gelenkfläche aussen überragenden Wulstes. Hier verbindet er sich mit dem Quadrato-Jugale, das, wie oben schon erwähnt, am Quadratum selbst mit einer in diesem aufgetretenen Verknöcherung verbunden ist. Der hinterste wieder schmale Theil des Quadratums ist lateral nicht von Knochen bedeckt. Der Querarm des Tympanicum liegt der Crista parotica auf, stösst an der Verbindungs-stelle dieser und des Quadratums mit dem hinteren Arme zusammen und setzt sich nach vorn abwärts ohne knorpelige Unterlage noch eine Strecke weit fort. Er ist durch ein Ligament mit dem Oberkiefer verbunden (cf. Ecker).

An der Innenseite wird das Quadratum bedeckt durch das Pterygoid, das sich ebenfalls aus zwei Schenkeln zusammensetzt, die, wie Ecker bezeichnend schildert, die Gestalt eines λ bilden. Der Längsschenkel liegt hinten der Innenfläche der Pars articularis des Quadratums, vorn dem inneren und unteren Umfange des Proc. ptery-goideus an, der Querschenkel ist nach innen gerichtet und bildet eine kleine, mit ihrer Concavität nach aufwärts blickende Pfanne, in der der Processus basalis des Quadratums ruht. Dieses Verhalten ist bei Ecker (11) nicht ganz genügend klar dargestellt, namentlich die Fig. 19 giebt zu Täuschungen Anlass. Zwischen der Wurzel des Pterygoidfortsatzes und dem Proc. basalis befindet sich nur ein schmaler Zwischenraum, der von dem äusseren Umfange der erwähnten kleinen Pfanne am knöchernen Pterygoid völlig ausgefüllt wird. (Die Beziehung des Proc. basalis zur Ohrkapsel ist am besten ersichtlich aus Fig. 39. Sie zeigt die Verhältnisse bei einem eben völlig umgewandelten Frosche, die hinsichtlich des Proc. basalis schon ganz den später bestehenden gleichen.)

Der MECKEL'sche Knorpel ist nunmehr ein sehr langgestreckter von beiden Seiten her etwas abgeplatteter Knorpelstab, dessen hinteres Ende die Gelenkfläche für das Kiefergelenk trägt. Das hintere Endstück ist in dorso-ventraler Richtung etwas abgeplattet und ragt caudalwärts über das Gelenk hinaus als kurzer Hebelarm vor. Die Gelenkfläche selbst darf als sattelförmig bezeichnet werden, sie ist in naso-caudaler Richtung concav, in der Transversalen convex gekrümmt. Die Concavität in sagittaler Richtung wird dadurch vermehrt, dass dicht vor der Gelenkfläche der Knorpel einen Höcker, ein Tuberculum praeglenoidale (Tub. prgl.) trägt. Soweit ich an meinen Präparaten dies entscheiden kann, besteht zwischen diesem Tuberculum und der Unterfläche des Quadratums ein directer Contact nicht mehr, vielmehr schiebt sich zwischen beide eine Ausstülpung der Gelenkkapsel nach vorn ziemlich weit vor, die offenbar beim weiten Oeffnen des Maules ausgeglichen wird. Die Kapsel stellt demnach einen sehr schlaffen Sack vor, der sehr grosse Excursionen des Unterkiefers gestattet.

Der frühere Unterlippenknorpel (C. lab. inf.) ist als gesonderter Bestandtheil nicht mehr vorhanden. Er ist innig mit dem MECKEL'schen Knorpel verwachsen und bildet dessen vorderstes, medial abbiegendes Stück. Mit dem der anderen Seite ist er durch eine Symphyse verbunden; das vorher hyalin-knorpelige unpaare Zwischenstück ist in eine Scheibe fibrösen Gewebes verwandelt. Eine knöcherne Scheide (Theil des Dentale) umgiebt den Unterlippenknorpel, der aber selbst noch keine euchondrostotische Verknöcherung zeigt.

Nerven.

Im Verhalten des **N. olfactorius** und **opticus** zum Schädel hat sich nichts geändert.

III. N. oculomotorius.

Verläuft entweder mit der Art. carotis cerebralis gemeinsam durch ein Foramen, oder aber beide Foramina sind wieder von einander getrennt. Letzteres Verhalten muss ich als das seltenere ansehen. In beiden Fällen ist aber das Foramen bedeutend verkleinert gegenüber dem auf dem vorhergehenden Stadium. Dass der Verlauf der Art. carotis int. jetzt ein ganz anderer ist als vorher, ist p. 75 aus einander gesetzt.

IV u. VI. N. trochlearis und abducens.

Das Verhalten beider ist unverändert.

V u. VII. Trigeminus und Facialis.

Da über die Kopfnerven des erwachsenen Frosches eine grosse Literatur existirt, so sollen hier nur die wichtigsten Thatsachen hervorgehoben werden.

Vor Allem fällt mir auf, dass ich bei keinem meiner Präparate mehr die Radix accessoria nebst dem dazu gehörigen „Nebenganglion" aufzufinden vermag. Ob sie jedoch ganz zu Grunde gegangen ist oder nur sich mit dem Haupttheil des Trigeminus und seines Ganglion verbunden hat, bin ich noch nicht im Stande sicher anzugeben. Indessen ist mir das Erstere wahrscheinlicher.

Das Ganglion trigemini ist ganz von der Ohrkapsel überwölbt. Von den A e s t e n haben die in ihrem Verlaufe an das Quadratum und den Unterkiefer gebundenen ganz bedeutende Verschiebungen erfahren, die am Cranium sich vertheilenden zeigen dagegen noch wesentlich denselben Verlauf wie auf dem vorhergehenden Stadium, das ja am Cranium schon ziemlich ausgebildete Zustände repräsentirte.

1. Vom R. o r b i t o - n a s a l i s ist nichts Neues zu berichten.

2. Vom R. m a x i l l a r i s hat sich der R. i n f e r i o r der veränderten Stellung des Quadratums angepasst, der R. s u p e r i o r ist noch mehr als vorher, durch die Entwicklung des Augapfels beeinflusst, in eine laterale Lage gelangt. Da die Muskeln, die vorher noch fast horizontal verliefen, sich jetzt zu einem fast senkrecht absteigenden Verlaufe aufgerichtet haben, so ist die Lage der Nerven zu ihnen erheblich modificirt.

Der ungetheilte Stamm, der in seinem Anfangstheil einige Ganglienzellen mit sich führt, dringt, dem ventralen Umfange der vorderen Ohrkapselkuppel eng angeschmiegt, nach aussen zwischen den Mm. „pterygoideus" und „temporalis" (Ecker). Ersterer liegt vor, letzterer hinter dem Nerven. Gleich nach dem Durchtritt zwischen den Muskeln erfolgt die Theilung in den R. sup. und inf.

R. m a x i l l. s u p. umschlingt den Pterygoideus, dessen lateraler Fläche aufliegend, und verläuft unter dem lateralen Umfange des Bulbus nach vorn. Das Weitere ist bekannt.

R. m a x i l l a r i s i n f. wendet sich etwas nach hinten und läuft auf der Aussenfläche des „Temporalis" herab, bedeckt von einem Muskel, den ich als „Tympano-mandibularis" („Temporalis minor" VOLKMANN) bezeichnen möchte und der vom vorderen Arm des Tympanicum nach hinten abwärts zum Angulare zieht. Er ist bei WIEDERSHEIM auf Taf. I Fig. 1 im II. Theil der „Frosch-Anatomie" mit t t' bezeichnet, sonst nicht besonders erwähnt. Bedeckt vom Os quadrato-jugale und den „M. masseter" durchsetzend, gelangt der Nerv an die Aussenseite des MECKEL'schen Knorpels, den er umgreift, um an der medialen Seite des Angulare weiter nach vorn zu verlaufen. In dem kurzen Stück seines Verlaufs um den MECKEL'schen Knorpel ist er nur von Muskelfasern und Haut bedeckt. Die Hauptrichtung des Verlaufes bis zum MECKEL'schen Knorpel ist also jetzt: von vorn oben nach hinten unten, also um mehr als 90° verschieden von der während des Larvenlebens. Seine Endverzweigung ist bekannt, ein R. alveolaris wird nicht abgegeben, ebensowenig findet eine Anastomose mit dem R. mandibularis des Hyomandibularis statt.

Facialis-Aeste.

1. R. hyomandibularis.

Dieser ist in seinem Verlaufe wohl noch mehr verändert als der R. maxillaris inf. Aus dem Ganglion hervorgetreten wendet er sich sofort caudalwärts, ventral von der V. jugularis int. liegend, überschreitet den „Proc. basalis" des Quadratums dorsal und liegt dann, immer ventral von der Vena jug., unterhalb der Crista parotica eng an der lateralen Ohrkapselwand und dicht über der Schleimhaut der Paukenhöhlendecke. Im hinteren Abschnitte der Paukenhöhle, wo die Columella dem Dache derselben eng anliegt, verläuft der Nerv dorsal von der Columella, um hinter ihr sofort ventralwärts umzubiegen. An dieser Stelle nimmt er den R. communicans n. glossopharyngei auf. Aus dem gemeinsamen Stamme, der durch Verschmelzung beider Nerven entsteht und der lateral vom Hyoid und medial vom M. depressor mandibulae absteigt, gehen die drei Haupt-Aeste hervor, der R. hyoideus, auricularis und mandibularis. Dazu kommen noch Muskeläste.

Die drei Hauptäste strahlen gemeinsam vom Stamme aus, so dass der auricularis lateral, der mandibularis in der Mitte und der hyoideus am meisten medial liegt.

R. auricularis drängt sich zwischen der Aussenfläche des hinteren Armes des Tympanicum und dem diesen bedeckenden M. depressor mandibulae (Digastricus max.) nach abwärts an die Haut und versorgt dieselbe unterhalb des Annulus tympanicus.

R. mandibularis, der mittlere, läuft hart an der medialen Fläche des hinteren Armes des Os pterygoideum nach abwärts, medial vom Quadrato-Mandibular-Gelenk zum Unterkiefer absteigend. Hier wendet er sich, der Innenseite des Os angulare anliegend, nach vorn, und läuft weiterhin ventral vom Ursprung des Mylo-hyoideus und dorsal vom R. maxillaris inferior, parallel dem letzteren, aber ohne mit ihm zu anastomosiren. Constatirt wurde ein Zweig zur Schleimhaut des lateralen Mundhöhlenbodens, der zwischen den Fasern des M. mylohyoideus aufstieg. Das vordere Ende des R. mandibularis konnte nicht sicher ermittelt werden.

2. R. palatinus.

Zwei die Art. palatina umgreifende Wurzeln dieses Nerven sind in wechselnder Deutlichkeit zu erkennen. Den jetzt vorhandenen Vomer überschreitet der Nerv dorsalwärts.

IX u. X. Glossopharyngeus-Vagus-Gruppe.

Ueber die Wurzeln derselben sei bemerkt, dass mir eine Trennung der vordersten in einen dorsalen und ventralen Antheil nicht mehr gelingt, so dass ich auch nur, wie WIEDERSHEIM (11. p. 26) und WATTE-VILLE (56) drei unterscheiden kann. Ein gesondertes Nebenganglion ist auch jetzt nicht mehr zu erkennen.

Wie schon während der Metamorphose, so verlaufen Glossopharyngeus und Vagus auch jetzt eng mit einander verbunden am äusseren unteren Umfang der Ohrkapsel nach vorn, bis an die Aussenseite des Operculum, wo vor dem Vorderrande des M. opercularis die Theilung in die einzelnen Aeste stattfindet. Von diesen besitzt nur noch der R. communicans c. n. faciali weitere Beziehungen zum Cranium: er setzt seinen Weg noch eine Strecke weit aussen am Operculum fort, communicirt aber noch caudalwärts von der Columella mit dem R. hyomandibularis des Facialis. Er selbst überschreitet also die Columella nicht.

Der R. lingualis nimmt jetzt einem vom Cranium und dem Kieferbogen ganz abgelenkten Verlauf, so dass er uns hier nicht weiter interessirt.

Theil II.

Zusammenfassung und Ergebnisse.

Nach dieser Schilderung einzelner Entwicklungs-Stadien des gesammten Primordial-Craniums und Kieferbogens wird es sich darum handeln, die Verbindung zwischen diesen „Stadien" herzustellen, d. h. den Gang, den die Um- und Fortbildung der einzelnen Abschnitte des Craniums einschlägt, genauer ins Auge zu fassen. Wiederholungen werden dabei nicht ganz zu vermeiden sein, doch muss ich natürlich in der Hauptsache auf die schon gegebene Darstellung verweisen.

Gleichzeitig sollen hier die wesentlichsten Literatur-Angaben berücksichtigt und die vergleichend-anatomischen Betrachtungen, soweit sich solche bereits anstellen lassen, angeführt werden.

I. Basalplatte, Occipital-Region.

Literatur.

Der Haupt-Autor, der sich mit der Bildung der hinteren Schädel-partien bei den Amphibien beschäftigt hat, ist STÖHR (49 u. 50). Zuerst in der Arbeit über den Urodelen-Schädel wies er nach, dass hier die Basalplatte ein durchaus paarig angelegtes Gebilde sei, dessen beide Hälften aus je drei hinter einander gelegenen Abschnitten — Balken-platte, mesotischer Knorpel, Occipitalplatte — bestehen, welch' letztere nur der Basaltheil des nach Art eines Wirbelbogens angelegten Occipital-Bogens sei. Auf diesen Befund gründete sich die Lehre, dass hier ein richtiger Wirbel erst während der Ontogenese dem Cranium einverleibt werde.

In seiner zweiten, den Anurenschädel behandelnden Arbeit stellt dann STÖHR auch bei diesem das Vorhandensein der drei Abschnitte der Basalplatte fest, weist freilich schon darauf hin, dass dieselben zu keiner Zeit vollkommen von einander getrennt, vielmehr immer durch dünnere Knorpelzüge mit einander verbunden sind (50, p. 91). In der gleichen Arbeit STÖHR's finden dann auch schon die Angaben PARKER's und GÖTTE's Berücksichtigung, weshalb ich hier von einer nochmaligen Wiedergabe derselben absehen kann. Nach STÖHR ist, soweit ich die Literatur kenne, der Gegenstand nicht wieder behandelt worden.

Hinsichtlich der Schädel-Chorda finden sich einige Angaben bei GEGENBAUR (18, p. 29). Die drei überhaupt vor sich gehenden Ver-änderungen: Zugrundegehen unter Aufnahme brauner Pigmentmassen, Verknorpelung eines Abschnittes der Chorda und Ueberwachsenwerden des hinteren Stückes durch das „Occipitale laterale" finden Erwähnung.

Diese Angaben werden, für Bombinator, von GÖTTE (21) schärfer und zwar in einer auch für Rana gültigen Weise präcisirt. GÖTTE constatirt (p. 95), „dass der Kopftheil der Wirbelsaite vorn im Knorpel atrophirt und verschwindet, in der Mitte sich in Knorpel umbildet, hinten aber aus dem Occipitalknorpel an dessen Bauchfläche verdrängt, sich in ein faseriges Band verwandelt".

1. Entwickelung der hinteren Schädelpartieen.

a) Basalplatte und Occipital-Bogen.

Auf meinem jüngsten Stadium ist jede Basalplatten-Hälfte bereits ein knorpliges Continuum, an dem nur durch Dickenunterschiede eine Theilung in drei hinter einander gelegene Abschnitte erkennbar ist (vergl.

p. 14 und Fig. 1—4). Die Grenzen dieser drei Theile sind durch die beiden von mir so genannten „basi-capsulären" Verbindungs-Stellen gegeben. Es ist sehr schwer zu sagen, ob auf diesem Stadium die Basalplatte bereits ihre definitive Ausdehnung an der Chorda erlangt hat, da die Anlage des I. Wirbels noch nicht deutlich begrenzt [1]) und die Beziehungen auf die benachbarten Theile unsicher sind wegen des grossen Einflusses, den jede Abweichung in der Schnittrichtung haben muss. Bei Larven von 15 mm (also nur 1 mm länger) ist aber die Anlage des ersten Wirbels so deutlich — sie beginnt bereits zu verknorpeln — dass es ganz zweifellos ist, eine weitere Ausdehnung der Basalplatte an der Chorda sei nicht möglich. Auf diesem Stadium hat also die Basalplatte ihre volle caudale Ausdehnung erlangt; sie endet hinten jederseits neben der Chorda mit einem nach hinten convexen Rande, d. h. es bleibt an der Chorda selbst eine von den Hinterrändern beider Basalplatten-Hälften begrenzte „Incisura occipitalis", in die sich die Anlage des I. Wirbels vorschiebt (also ganz ähnlich, wie es Fig. 20 von einem sehr viel älteren Stadium zeigt). Diese Anlage des I. Wirbels besteht zunächst aus 2 Knorpelstücken, je einem zu jeder Seite der Chorda. Jedes dieser Stücke hat ungefähr die Form eines stumpfwinkeligen gleichschenkligen Dreiecks, dessen Basis an der Chorda, dessen abgerundeter stumpfer Winkel aussen liegt. Die gesammte in die Incisura occipitalis vorgeschobene Anlage ist von der Basalplatte durch das Occipito-Vertebral-Gewebe getrennt. Besonders hervorzuheben ist nun hier, dass auch jetzt noch die aufsteigenden, das Gehirn bis zur halben Höhe umfassenden Seitentheile der Occipitalregion erst in der bindegewebigen Anlage vorhanden sind. Die Verknorplung derselben finde ich erst auftreten bei Larven von 21 mm, d. h. nicht unbeträchtlich später. Erst nach den Occipitalbogen verknorpeln auch die aufsteigenden Theile des ersten Wirbels, dessen basale Theile also auch zunächst eine Zeit lang allein knorpelig bestanden haben. (Auf Fig. 11 hat die Verknorpelung der „Bogen" eben begonnen.)

Der Occipitalbogen verbindet sich gleich nach seiner Verknorpelung (Fig. 11) mit einem kammartigen Vorsprung, der an dem inneren Umfange der hinteren Ohrkapselkuppel ungefähr in der Mitte der Höhe der letzteren entsteht, dem Anfangstheile der „Crista occipitalis lateralis", die sich, wie p. 34 geschildert, an dem medialen Ohrkapsel-Umfange weiter nach vorn hinzieht und in die „synotische Decke" übergeht.

---

[1]) Besonders auf Frontalschnitten ist die hintere Abgrenzung der Basalplatte sehr schwierig, da, wie sich an späteren Stadien zeigt, die Anlage des I. Wirbels sich an der Chorda zwischen die beiden nach hinten divergirenden Ränder der Basalplatten-Hälften einschiebt. Auf dem Frontalschnitte wird also neben der Chorda die Anlage des I. Wirbels, seitlich davon die der Basalplatte resp. des sich an letztere anschliessenden Occipitalbogens getroffen. Namentlich von letzterem ist die Wirbelanlage auch später noch kaum zu trennen.

Durch die Verbindung der Occipitalbogen mit dem hinteren Ende dieser
Leiste wird ein Foramen hinter der Ohrkapsel begrenzt (For. jugulare),
durch das vor Allem die Glossopharyngeus-Vagus Gruppe den Schädelraum verlässt. Nur der vorderste basale Zipfel des For. jugulare dient
noch dem Durchtritte eines perilymphatischen Ganges, über den p. 37
das Genauere gesagt ist.   Vorübergehend findet die Bildung einer
knorpeligen Brücke statt, die beide Abtheilungen des Foramen trennt
als „For. vagi" und „For. perilymphaticum accessorium" (p. 36). Sie
kommt zustande durch eine neue Verbindung der Basalplatte mit der
Ohrkapsel, die bei Larven von ca. 25 mm entsteht und während der
Metamorphose wieder zu Grunde geht, so dass schliesslich wieder ein
einfaches For. jugulare besteht.

Halte ich die obige Schilderung über die Entstehung des Occipitalbogens zusammen mit dem von Stöhr Angegebenen, so bleiben einige
Punkte, über die es mir schwer wird ins Klare zu kommen, und die
daher hier erwähnt werden mögen.

Dass zunächst der vorderste Theil der Basaltplatte, der sich durch
sein Verhalten zur Chorda von dem dahinter gelegenen absetzt, der
„Balkenplatte" („vordere Parachordalplatte") Stöhr's entspricht, ist
wohl zweifellos, ebenso, dass der zwischen beiden basi-capsulären Verbindungsstellen gelegene Abschnitt den grössten Theil des „mesotischen
Knorpels" repräsentirt; Schwierigkeiten bereitet nur die Occipitalregion.

Bei den Urodelen entsteht (Stöhr 49.) dieselbe in Form eines
Bogenpaares, das genau wie die Bogen der Wirbel dem seitlichen oberen
Umfange der Chorda jederseits ansitzt, und dessen basale (parachordale)
Theile später mit dem mesotischen Knorpel, der sich erst nachträglich
bildet, verschmelzen.   Die zeitliche Differenz in der Verknorpelung des
mesotischen und des Occipital-Knorpels lässt diese Thatsache bei den
Urodelen deutlich erkennen.   Stöhr bezeichnet den basalen Theil, der
die Basalplatte mit bilden hilft, als „Occipitalplatte".

Anders ist es nun bei den Anuren, wo die Verknorpelung der
Basalplatte vorn beginnt und allmählich nach hinten vorschreitet. Stöhr
hat die Entwickelung der Occipital-Region hier nur sehr kurz behandelt;
er führt (50, p. 89) an, dass die Verknorpelung der Occipitalbogen sehr
spät erfolge, erst nachdem die Ohrkapsel in bedeutendem Umfange
knorpelig ist, und auch an der Wirbelsäule knorpelige Bogen wahrnehmbar sind, und sagt ausserdem (p. 97) noch: „bis dieselben" (d. h. die
Occipitalbogen) „erscheinen, hat auch der mesotische Knorpel sich soweit nach hinten ausgedehnt, dass ein vollkommen isolirtes Auftreten
auch der Occipitalbogen nicht zu beobachten ist. Stöhr vermeidet es
hier, den Ausdruck „Occipitalplatten" zu gebrauchen, und spricht
nur von „Occipitalbogen". Sind hier gleichzeitig die basalen (parachordalen) Theile mit gemeint, so würde ich die Angaben nicht
gelten lassen können, denn, wie schon oben bemerkt, sind es nur die

lateralen, aufsteigenden Theile, die so spät verknorpeln, während schon bei Larven von 15 mm, wo die Verknorpelung der Ohrkapsel noch sehr weit zurück ist und nur an der Anlage des I. Wirbels eben erst Spuren einer Verknorpelung sichtbar werden, die Basalplatte ihre definitive Ausdehnung an der Chorda erlangt hat.

Zieht man dies in Betracht, so vermisst man eine Angabe, ob und wodurch die basalen Theile der Occipitalbogen von der gesammten Basalplatte unterscheidbar, und wo sie überhaupt zu suchen sind; denn dass etwa der ganze hinter der hinteren basicapsulären Verbindung gelegene und durch sein Verhalten zur Chorda, sowie durch seine Dicke ausgezeichnete Abschnitt der Bogenbasis entspräche, wird von STÖHR nicht angenommen (p. 88 und Fig. 16 u. 17); vielmehr sagt er p. 88 ausdrücklich, dass der mesotische Knorpel erst weiter hinten seine grösste Dicke besitze. Er rechnet also jenen Abschnitt oder doch wenigstens einen Theil desselben noch zum mesotischen Knorpel.

Die Frage, über die bisher die Auskunft fehlt, ist also die: wo ist der der „Occipitalplatte" der Urodelen entsprechende Abschnitt bei den Anuren zu suchen?

Zwei Möglichkeiten sind meiner Ansicht nach gegeben; entweder:

1. dieser Abschnitt ist schon in der völlig ausgebildeten Basalplatte, wie sie bei Larven von 15 mm besteht, vorhanden; diese repräsentire also bereits: Balkenplatte + mesotischem Knorpel + „Occipitalplatte": — oder

2. die Basalplatte dieses Stadiums sei nur = Balkenplatte + mesotischem Knorpel, und die Anlagen der erst später verknorpelnden Occipitalbogen hätten mit ihren basalen Theilen die Chorda gar nicht erst erreicht, oder seien doch schon frühzeitig von der Chorda abgedrängt und daher nur mit den seitlichen Theilen der Basalplatte (des mesotischen Knorpels) verbunden.

Hinsichtlich der ersten Möglichkeit betone ich nochmals, dass nur das gesammte hinter der hinteren basi-capsulären Verbindungsstelle gelegene Stück der Basalplatte sich wirklich durch seine Dicke und sein Verhalten zur Chorda von dem davor, zwischen beiden Ohrkapseln, gelegenen unterscheidet; innerhalb dieses hintersten Abschnittes vermag ich eine weitere Trennung nicht mehr vorzunehmen. Es könnte also vielleicht dieser ganze hintere Abschnitt der „Occipitalplatte" der Urodelen entsprechen, und als Consequenz würde sich ergeben, dass dann der basale Theil des Occipitalbogens schon eine geraume Zeit vor dem lateralen, aufsteigenden Theile verknorpelte, sich somit Basis und eigentlicher Bogen in einen gewissen Gegensatz zu einander stellten. Die Wirbelähnlichkeit der Occipital-Region, die bei den Urodelen so frappant ist, würde hierdurch jedoch keine schwere Einbusse erleiden: bei der Bildung der Wirbel verknorpelt allerdings im allgemeinen der

Bogen mit seiner der Chorda ansitzenden Basis gleichzeitig, als ein Continuum, beim ersten Wirbel jedoch bestehen auch erst eine Zeit lang die Basaltheile, ehe die Verknorpelung der Bogen erfolgt.

Die zweite oben erwähnte Möglichkeit erscheint vielleicht beim ersten Anblick unwahrscheinlich, gewinnt jedoch an Verständlichkeit, wenn man bedenkt, dass auch bei den Urodelen während der Ausbildung der Occipito-Vertebral-Verbindungen die hinteren Partien der Basalplatte, also zunächst die Occipitalplatten, von der Chorda losgelöst werden (STÖHR 49, p. 514). Man könnte sich vorstellen, dass bei den Anuren, wo die Verknorpelung der Basalplatte von vorn nach hinten vorschreitet, also die hintersten Partien zuletzt ergriffen werden, zu einer Zeit, wo auch die Anlage des ersten Wirbels sich schon an der Chorda vorgeschoben hat, durch diese letztere schon die Anlage des Occipitalbogens von der Chorda abgedrängt und auf die Verbindung mit den mehr lateral gelegenen Partien der Basalplatte angewiesen wurde. Der Umstand, dass gleich nach der Verkorpelung der Occipitalbogen die Basalplattenhälften seitlich von der Chorda sehr viel weiter nach hinten reichen, als an dieser selbst, dass also thatsächlich die mehr seitlichen Partien der Basalplatte durch die Verknorpelung der Occipitalbogen einen Zuwachs erhalten, könnte dafür sprechen.

Die Entscheidung ist jedenfalls sehr schwierig und dürfte eine erneute Untersuchung jüngerer Stadien erfordern. Mit Rücksicht auf die Frage nach der hinteren Grenze des Craniums und nach der Wirbelnatur der Occipitalregion, für deren Annahme ja die Verhältnisse bei den Urodelen sehr bestechend sind, wäre es wohl wünschenswerth, die Untersuchungen noch auf mehr Thierformen auszudehnen. Nach dem, was ROSENBERG (41) bei Mustelus beschrieben hat, scheinen hier die Verhältnisse mehr denen bei den Urodelen zu gleichen, während, wie STÖHR (51) bekanntlich nachgewiesen hat, bei den Teleostiern die Anlage des Occipitaltheiles von vornherein mit dem mesotischen Gewebe zusammenhängt, somit grössere Aehnlichkeit mit dem bei den Anuren Beobachteten besteht.

Sehen wir von Deutungen ab und geben wir nur das Thatsächliche dieses Abschnittes, so erhalten wir: Nachdem die Basalplatte schon eine Zeit lang in voller Ausdehnung, die bereits bei Larven von 15 mm erlangt ist, bestanden hat, verknorpeln erst, bei Larven von ca. 21 mm, im Anschluss an ihre hinteren Ränder die Züge verdichteten Gewebes, die hinter der Glossopharyngeus-Vagus-Gruppe aufsteigen. Durch die Verknorpelung dieser „Occipitalbogen" erlangt die Basalplatte einen Zuwachs an der Chorda nicht mehr, da hier ihre weitere Ausdehnung durch die Anlage des I. Wirbels, die schon bei Larven von 15 mm zu verknorpeln beginnt, gehindert ist. Die Occipitalbogen umgreifen das Hirn bis zur halben Höhe und setzen sich auch sofort mit der Ohrkapsel in Verbindung.

b) Chorda.

Auf meinem frühesten Stadium besitzt die Chorda eine Form, die man mit GEGENBAUR (18) als „langgestreckt kegelförmig" bezeichnen kann. Sie tritt aus dem ersten Wirbel continuirlich, ohne eine Einschnürung zu zeigen, in die Schädelbasis ein und verjüngt sich hier, zwischen den beiden Hälften der Basalplatte liegend, allmählich. So reicht sie bis dicht hinter den Vorderrand der Basalplatte und ist hier dorsal von Knorpel überwachsen, ventral dagegen frei. Dies gilt indessen nur für die vorderste Spitze, gleich dahinter ist auch der dorsale Umfang von Knorpel frei, so dass die Chorda dorsal wie ventral zwischen den Basalplatten-Hälften frei zu Tage liegt.[1]) Damit soll jedoch nicht gesagt sein, dass die Chorda hier völlig unbedeckt sei. Vielmehr finde ich, wenn auch nicht überall gleich deutlich, so doch stellenweise zweifellos ausser dem dorsalen und ventralen Perichondrium, das von einer Seite zur anderen über die Chorda hinwegzieht, noch zwischen dem Perichondrium und der Chordascheide eine einfache Lage sehr langer platter Kerne, durch die eine Verbindung beider Basalplatten-Hälften hergestellt wird (Fig. 3). Diese Kern-Lage würde dem dorsalen und ventralen Abschnitte der GÖTTE'schen „äusseren Chordascheide" entsprechen; dass aber eine solche rings um die Chorda befindliche Scheide mit der Chorda zusammen als Achsentheil der Schädelbasis den Seitentheilen gegenüber zu stellen sei, ist eine Auffassung, die ich ebensowenig wie STÖHR theilen kann (STÖHR 50, p. 93).

Das schliessliche Schicksal der Schädel-Chorda ist für ihre einzelnen Abschnitte ein verschiedenes. Man kann danach drei solcher Abschnitte unterscheiden. Der vorderste Theil bildet sich ganz zurück und geht zu Grunde; ein dahinter gelegener mittlerer Abschnitt verknorpelt. Der hinterste wird in einer unten zu schildernden Weise aus der Basalplatte überhaupt ausgeschaltet und geht in die Bildung eines „Lig. apicis", das vom 1. Wirbel zur Schädelbasis zieht, ein.

Was die Rückbildung des vorderen Chorda-Abschnittes betrifft, so erfolgt dieselbe von vorn her. Die beiden Hälften der Basalplatte kommen ventral wie dorsal von der Chordaspitze zur Vereinigung durch Verknorpelung der oben erwähnten verbindenden Kernschicht, und drängen vor Allem von beiden Seiten her gegen die Chorda an, so dass diese zu einem platten Bande comprimirt wird. Indem ihr Gewebe zu Grunde geht, bleiben die beiden Basalplatten-Hälften nur noch von einer schmalen

---

[1]) Ob übrigens der dorsale oder ventrale Umfang der Chorda zuerst von Knorpel bedeckt wird, scheint schwankend zu sein; wenigstens fand ich bei einer anderen Serie ganz desselben Stadiums die Chordaspitze dorsal frei, ventral von Knorpel bedeckt. Auch die verschiedenen Gattungen der Anuren zeigen nach Stöhr (50, p. 90) hierin Verschiedenheiten.

Spalte getrennt, in der man häufig braune Pigmentmassen findet. Schliesslich verschwinden auch diese, und man erkennt nur noch an einer dunkel gefärbten Linie die Stelle, wo die Knorpelkapseln beider Hälften der Basalplatte sich an einander legten.

Bei Larven gegen das Ende der Metamorphose (mein III. Stadium) ist die Chorda noch bis vor die Gegend des For. für den X. vestibularis zu verfolgen. Auch bei jungen umgewandelten Fröschen, von 40 mm Gesammtlänge, findet man hier oft noch die ursprüngliche Zusammensetzung der Basalplatte aus zwei Hälften durch eine feine Spalte angedeutet, während dahinter bereits jede Spur der Chorda verloren gegangen ist.

Der Bezirk, innerhalb dessen die Chorda verknorpelt, liegt, soweit ich an meinem Materiale feststellen kann, vor der Gegend des „For. perilymphaticum sup." zwischen diesem und dem Acusticus-Loche und betrifft damit hauptsächlich den Abschnitt der Basis des Primordial-Craniums, der später auch beim erwachsenen Frosche knorpelig bleibt.

Den soliden Knorpelstab an Stelle der Chorda im hinteren Schädelabschnitte finde ich zuerst bei jungen Fröschen von 20 mm Gesammtlänge, unmittelbar nach der Metamorphose noch nicht. Stellenweise liess sich die autochthone Entstehung des Knorpels aus den früheren Chordazellen mit ziemlicher Sicherheit erkennen. Es wird somit ein Stück der Schädelchorda zur Bildung der Basalplatte verwandt, und dieser Antheil ist noch bei jungen Fröschen von 40 mm deutlich wahrnehmbar. Bei älteren Thieren ist nach GEGENBAUR nichts mehr von der Schädelchorda zu erkennen.

Es würde sich nun noch handeln um das hinterste Stück, dessen Veränderungen jedoch in engem Zusammenhange mit der Bildung der Occipito-Vertebral-Verbindung stehen. Sie sollen daher erst mit diesen zusammen geschildert werden.

Hier sei noch darauf aufmerksam gemacht, dass sich an der Lage der Chordaspitze gut die Verschiebung erkennen lässt, welche die verschiedenen Theile des Hinterkopfes während der Entwickelung erleiden. Bei Fröschen bald nach der Metamorphose liegt die Spitze der Chorda im hinteren Abschnitt der Ohrkapsel unter der Hypophyse, während sie auf früheren Stadien, trotzdem sie bis zur vordersten Grenze der Labyrinthregion nach vorn reichte, doch noch hinter der Hypophyse blieb. Das Gehirn hat sich also, im Verhältniss zu den Skelettheilen, sehr weit nach hinten verschoben, eine Thatsache, die natürlich auch zum Ausdrucke kommt, wenn man die Lageverhältnisse zum Dach des Primordial-Craniums berücksichtigt. Daran ist freilich die starke Entwickelung der vorderen Labyrinthregion zum mindesten ebenso betheiligt, als die Verschiebung des Gehirns nach hinten.

c) Occipito-Vertebral-Verbindungen.

Die früheste Verbindung des Schädels mit der Anlage der Wirbelsäule wird hergestellt durch die Chorda, die ohne Unterbrechung und ohne besondere Veränderungen zu zeigen, aus der Anlage des ersten Wirbels in die Basalplatte des Schädels tritt. Nachdem dann die letztere ihre volle Ausbildung erlangt hat und der erste Wirbel knorpelig geworden ist, bilden sich die 3 definitiven Occipito-Vertebral-Verbindungen, zwei laterale, wahre Gelenke zwischen den Seitentheilen des ersten Wirbels und den Occipitalhöckern, sowie eine mediane Bandverbindung zwischen dem Mittelstück des ersten Wirbels und der Basalplatte.

Ich bespreche zunächst die lateralen Occipito-Vertebral-Verbindungen.

Nach der Verknorpelung der Occipitalbogen verläuft der Hinterrand jeder Basalplatten-Hälfte schräg von vorn innen nach hinten aussen, und die zunächst nur aus den zwei Bogenbasen bestehende knorpelige Anlage des ersten Wirbels stellt auf dem Horizontalschnitt eine von der Chorda in ihrer Längsaxe durchzogene Spindelfigur dar, die sich zwischen die Hinterränder beider Basalplatten-Hälften (in die Incisura occipitalis) eindrängt (Fig. 11), von diesen durch eine schmale Zone nicht verknorpelten kernreichen Gewebes, das „Occipito-Vertebral-Gewebe" („Intervertebro-Occipital-Gewebe" Stöhr) getrennt wird. Da wo die Chorda aus dem ersten Wirbel in die Basalplatte tritt, bildet es einen schmalen, jene umgebenden Ring. Nach der Verknorpelung der lateralen aufsteigenden Theile des ersten Wirbels, die auf die der Occipitalbogen nachfolgt,[1]) gewinnt nun im Verlaufe des weiteren Wachsthums aller Theile auch das Occipito-Vertebral-Gewebe an Mächtigkeit und setzt sich immer deutlicher gegen die Basalplatte und den ersten Wirbel ab, deren Knorpel bald die charakteristische grosszellige Beschaffenheit bei sehr spärlicher Grundsubstanz angenommen hat. Die Fig. 14 zeigt die Form, die der erste Wirbel und der hintere Abschnitt der Basalplatte bei Larven von 29 mm Länge darbietet. Von einer eigentlichen Gelenkverbindung ist hier noch nicht die Rede, sowohl um die Chorda wie lateral davon findet sich zwischen beiden Theilen noch dichtkerniges Gewebe, das sich auch (Fig. 15 u. 16) auf die ventrale und dorsale Fläche der Basalplatte eine kurze Strecke weit hinauf erstreckt. Die Fig. 14 lässt übrigens auch deutlich erkennen, dass die Bogen des I. Wirbels an der breitesten Stelle des in toto spindelförmigen Basal-Ab-

---

[1]) Die Verknorpelung des I. Wirbels beginnt also in der Basis und schreitet nur langsam auf die seitlichen Bogentheile vor, während bei den anderen Wirbeln die Bogen mit ihren Basen mehr gleichzeitig verknorpeln. Es scheinen übrigens die Bogen des II. und III. Wirbels etwas eher zu verknorpeln als die des ersten.

schnittes ansetzen und zunächst, bevor sie sich aufwärts krümmen, noch eine Strecke weit in der Horizontalebene nach aussen sich erstrecken. Die Anlage ist hier noch sehr unvollkommen, erst später kommen beide Bogen in der dorsalen Mittellinie zur knorpeligen Vereinigung.

Im Verlaufe der Entwicklung verbreitert sich dieser basale Theil des I. Wirbels noch beträchtlich und an seinem vorderen Rande bildet sich die Pfanne für das laterale Occipito-Vertebral-Gelenk aus. Man kann auf Horizontalschnitten verfolgen, dass sich innerhalb des Occipito-Vertebral-Gewebes eine Trennung einleitet: die vorderen Partien schliessen sich dem Hinterrande der Basalplatte, die hinteren dem Basaltheile des I. Wirbels an. An der Basalplatte bildet sich dadurch jederseits ein deutlicher nach hinten vorspringender Gelenkhöcker aus, an den Basaltheilen des ersten Wirbels jederseits eine Pfanne, die nach vorn aussen sieht, mit ihrer medialen Hälfte an dem Seitenrande des vorderen Wirbel-Abschnittes sitzt, der von mir oben (p. 34) als „Tuberculum interglenoidale" bezeichnet wurde, und mit ihrer lateralen Hälfte bis auf den Anfang des aufsteigenden Bogentheiles nach aussen reicht. Innerhalb des Occipito-Vertebral-Gewebes ist die Grenze kenntlich durch einen schmalen Zug von Kernen, die dunkler gefärbt als die übrigen und zudem langgestreckt in der Richtung der Trennungslinie angeordnet sind (Fig. 20). Diese Linie ist übrigens vorn innen nicht ganz bis an die Chorda zu verfolgen, es bleibt der vordere mediale Theil des occipito-vertebralen Gewebes, der von der Chorda durchsetzt wird, von der lateralen Verbindung ausgeschlossen und bildet sich in eigener Weise um, wie unten auseinander gesetzt werden soll.

Ebenso reicht dann natürlich auch der Gelenkhöcker der Basalplatte jederseits nicht bis an die Mittellinie heran. Auch beim erwachsenen Schädel noch enden die Gelenkhöcker eine ganze Strecke lateral von der Mittellinie. (Auf den Abbildungen von ECKER [11] ist dies nicht ganz richtig dargestellt.)

Ich möchte, um das definitive Verhalten dieser lateralen Occipito-Vertebral-Verbindungen gleich zu erledigen, noch hinzufügen, dass die eigentliche Ausbildung einer Gelenkspalte erst nach der Metamorphose statt hat; noch bei Thieren gegen das Ende derselben ist eine dünne Schicht Occipito-Vertebral-Gewebes vorhanden. Eine continuirliche Verknorpelung beider Componenten geht der Gelenkbildung n i c h t vorher, wie auch STÖHR für die Urodelen beschreibt. Frontalschnitte, auf denen immer nur sehr kleine Partien des trennenden Gewebes getroffen werden, können allerdings gelegentlich den Eindruck hervorrufen, als ob doch einmal continuirlich knorpelige Verbindung vorhanden wäre (gegen das Ende der Metamorphose, so auch bei meinem dritten Stadium); auf Horizontalschnitten habe ich jedoch bis jetzt immer eine trennende nicht verknorpelte Gewebsschicht gefunden.

Bemerkenswerthe Umwandelungen vollziehen sich nun aber an der

mittleren Occipito-Vertebral-Verbindung, und bleiben auch
auf die Lage der lateralen nicht ganz ohne Einfluss.

Ich gehe aus von einem Zustande, wie ihn mein II. Stadium zeigt.
Die Chorda tritt ohne Unterbrechung aus der Anlage des I. Wirbels
durch einen schmalen Ring von Occipito-Vertebral-Gewebe zwischen die
beiden Hälften der Basalplatte ein. Die Anlage des I. Wirbels besteht
auch erst aus zwei der Chorda seitlich ansitzenden Bogen, deren Basen
weder ventral noch dorsal von jener verbunden sind und schiebt sich
dabei ein ganzes Stück in die „Incisura occipitalis" vor. Es ist nun oben
schon der Veränderungen gedacht worden, denen die Schädelchorda in
ihrem vorderen und mittleren Abschnitte unterliegt: der hinterste Abschnitt ist jetzt noch zu betrachten.

Schon eine genaue Betrachtung des Craniums am Ende der Metamorphose (Stad. III, Fig. 34) lässt am hinteren Abschnitte der Chorda
und ihrer Nachbarschaft gewisse Besonderheiten erkennen. Die Chorda
hat hier einen rechteckigen Querschnitt mit grösserem Quer- und geringerem Höhendurchmesser, ragt aber weder ventral noch dorsal über das
Niveau der Basalplatte hinaus. Dorsal beginnen vielmehr die beiden
Basalplatten-Hälften sich einander zu nähern; der ihre Ränder verbindende Gewebezug (p. 359) ist bedeutend dicker geworden als früher,
und beginnt von den Seiten her zu verknorpeln. Der ventrale Gewebezug ist sehr dünn und bildet mit dem Perichondrium die einzige ventrale
Bedeckung der Chorda.

Bei näherer Untersuchung bemerkt man nun, dass die am meisten
ventral an den seitlichen Umfang der Chorda stossenden Knorpelpartieen
(Fig. 34*) ihren Knorpel-Charakter eingebüsst haben; man sieht hier nur
einige freie Kerne liegen; färbbare Grundsubstanz und unterscheidbare
Zellen dagegen sind nicht vorhanden. Diese beiden Erscheinungen: die
beginnende Annäherung der beiden Basalplatten-Hälften dorsal von der
Chorda, sowie die Auflösung des Knorpels ventral neben der Chorda,
sind die Anzeichen einer beginnenden Elimination des hintersten Abschnittes der Schädelchorda aus der Basalplatte.

Nur wenig ältere Stadien (Schwanz des im übrigen umgewandelten
Thieres nur noch 9 mm lang) zeigen diese Ausschaltung der Chorda
schon sehr deutlich. Sie liegt aber, obwohl sehr zusammengeschrumpft
und am Umfange stark gefaltet, noch an ihrer früheren Stelle, d. h. in
einer Flucht mit der Basalplatte. Der Knorpel derselben stösst jedoch
nicht mehr an ihren seitlichen Umfang an, sondern dieser ist eingenommen von faserigem Gewebe, das wohl weniger durch Umwandelung des
Knorpels, als durch Vorwachsen des occipito-vertebralen Gewebsringes
nach Auflösung des Knorpels entstanden ist. Nur der vorderste Abschnitt dieses aus dem Knorpelverbande der Basalplatte gelösten hinteren
Chordastückes ist noch dorsal von den beiden jetzt zur Vereinigung ge-
kommenen Basalplattenhälften bedeckt, der hinterste Abschnitt ist schon

allseitig von faserigem Gewebe umgeben. Gegen den Schluss der Metamorphose wird nun der hinterste Abschnitt der Schädelchorda völlig
aus der Basalplatte ausgeschaltet. Der die dorsale Vereinigung beider
Basalplattenhälften bildende Knorpel verdickt sich immer mehr (Fig. 35)
und dadurch wird die Chorda immer mehr ventralwärts verdrängt. Ihre
Conturen werden unregelmässiger, ihre Scheide halskrausenförmig eingefaltet. Da die hierdurch entstandene Lücke der Schädelbasis nur zum
Theil (vorn) durch die Vereinigung beider Basalplattenhälften geschlossen
wird, so divergiren nach der Metamorphose die Hinterränder jener beiden Hälften noch stärker als zuvor, und gleichzeitig erscheinen die Con-
dyli occipitales noch weiter von der mittleren Einziehung der Basalplatte
entfernt, als vorher. Es ist ferner klar, dass, bevor der die Chorda
überwachsende Knorpel die gleiche Dicke wie die beiden Basalplatten-
hälften angenommen hat, an der Ventralfläche der Basalplatte eine mediane
kurze Rinne sich finden muss, in der eben die Chorda liegt. Diese
Rinne ist in Fig. 39 sichtbar. —

Bis hierher wurde auf das Schicksal der Chorda im I. Wirbel und
im Occipito-Vertebral-Gewebe keine Rücksicht genommen und ist dieses
daher jetzt nachzuholen. Dabei bemerke ich jedoch gleich, dass ich
hier nicht über alle Punkte zur völligen Klarheit gekommen bin, vielmehr
eine erneute Untersuchung des Gegenstandes für wünschenswerth halte.
Vor Allem dürfte noch genauer festzustellen sein, was unter den viel-
fachen Variationen, die sich gerade hier beobachten lassen, als Norm
angesehen werden muss.

Feststellen lässt sich jedenfalls, dass die beiden Bogen, die vorher
(Stad. II) nur dem seitlichen Umfange der Chorda ansassen (Fig. 14),
sich dorsal und ventral von derselben durch eine sehr dünne Knorpelschicht verbinden und dass dasselbe mit den vorgeschobenen Theilen der
Bogen-Basen der Fall ist. Bei Larven von 37 mm (Körper 16, Schwanz
21 mm) finde ich die Chorda innerhalb des I. Wirbels allseitig von
Knorpel umgeben. Während dieser Knorpelüberzug zwischen beiden
Bogen, also an der breitesten Stelle des Wirbels, ventral und dorsal
nur sehr dünn bleibt, wird der vordere Theil der Chorda von einer immer
dicker werdenden Knorpelschicht umschlossen und comprimirt. Untersucht man diese Region auf Stadien gegen das Ende der Metamorphose
(mein Stad. III), so findet man den vorderen Theil des I. Wirbels, der
sich zwischen die beiden Basalplatten-Hälften eindrängt (Tuberc. interglenoidale) und auf dessen Seitentheile auch noch die Pfannen der lateralen
Occipito-Vertebral-Verbindungen übergreifen, in sagittaler und transversaler Richtung erheblich vergrössert und bestehend aus Knorpel, der
deutlich den Charakter des jungen, eben entstandenen Knorpels trägt
und die stark comprimirte Chorda als ein dicker, in dorso-ventraler Richtung abgeplatteter Knorpelring umgiebt (Fig. 36, von einem etwas älteren
Stad.). Der Zuwachs, den hier der vordere Theil des I. Wirbels er-

halten hat. ist, wie ich glaube, auf Kosten des theilweise verknorpelten Occipito-Vertebral-Gewebes zu setzen; das Moment, das diese Vergrösserung bedingte, besteht wohl in dem starken Auswachsen der seitlichen Partieen der Basalplatte nach hinten. Wenigstens konnte ich mich nicht davon überzeugen, dass jetzt schon eine Ablösung eines Theiles der Basalplatte von der Chorda eingetreten sei, wie es etwa bei den Urodelen beschrieben wird. Immerhin ist diese Entscheidung sehr schwierig; dass aber ein Theil des vorher um die Chorda gelegenen occipito-vertebralen Gewebes verknorpelt ist und sich den Bogen-Anlagen des I. Wirbels vorn angeschlossen hat, glaube ich bestimmt behaupten zu können. Die starke Wucherung dieses Knorpels und die dadurch bedingte Compression der Chorda ist sehr ähnlich dem Verhalten, das man an den Intervertebralen findet. Allerdings fehlt, um das Bild vollständig zu machen, die Wiederausdehnung der Chorda im Occipitaltheil der Basalplatte. Die Compression der Chorda erfolgt bald hauptsächlich in dorso-ventraler Richtung, bald (Fig. 36) von allen Seiten ziemlich gleichmässig. Aus dem I. Wirbel tritt die Chorda noch durch eine Partie nicht verknorpelten occipito-vertebralen Gewebes in die Basalplatte ein.

Unmittelbar nach der Metamorphose findet man die Chorda im Tuberc. interglenoidale des I. Wirbels noch stärker comprimirt und zugleich häufig an die ventrale Seite gerückt (Fig. 37). Die Ausdehnung des Tuberc. interglenoidale erscheint auch jetzt wieder nach vorn zu vergrössert: der Occipito-Vertebral-Knorpel hat sich weiter nach vorn vorgeschoben (Fig. 37). Ich habe ein solches Stadium nicht plastisch reconstruirt, doch ergiebt sich aus Schnitten, dass jetzt der I. Wirbel vorn einen kurzen zahnförmigen Fortsatz trägt, der die stark comprimirte Chorda einschliesst und im übrigen aus dem verknorpelten Occipito-Vertebral-Gewebe besteht. Aus diesem Fortsatze tritt die Chorda vorn heraus, um nach kurzem Verlaufe an der Ventralfläche der Basalplatte in diese, und zwar in das nun bald verknorpelnde mittlere Stück der Schädel-Chorda überzugehen.

Von jungen Fröschen nach der Metamorphose habe ich nicht mehr viel Stadien untersucht. Die Veränderungen, die sie noch zeigen, sind die Verknorpelung des mittleren Abschnittes der Schädelchorda und die Vereinigung der beiden Hälften des hintersten Abschnittes der Basalplatte, aus dem die Chorda ausgeschaltet ist. Immerhin bleibt aber eine grössere Divergenz der Hinterränder beider Basalplatten-Hälften bestehen. Der mittlere Abschnitt des I. Wirbels beginnt zu verknöchern, der vordere mediale Höcker (Tuberc. interglenoidale) dagegen ist auch bei den ältesten von mir untersuchten Fröschen (4 cm lang) noch knorpelig. Dieser Höcker springt jetzt aber nicht mehr so zahnförmig vor wie vorhin, sondern hat die Form einer dünnen sich verschmälernden Platte, die sich in die Incisura occipitalis und auch unter den hinteren Basalplatten-Rand vorschiebt. Es ist mir nicht ganz klar geworden, worauf diese

Veränderung beruht, ich glaube aber doch eine weitere Wucherung des occipito-vertebralen Knorpels annehmen zu müssen.

Das Schicksal der Chorda in diesem vorderen Theile des I. Wirbels scheint sehr vielen Schwankungen zu unterliegen. An einigen Präparaten von Stadien nach der Metamorphose finde ich sie ganz ventral in dem Tubercul. intergl. liegen, an ihrer Unterfläche nur noch vom Perichondrium bedeckt, d. h. also in einer ventralen Rinne des knorpeligen Tuberculum; in anderen Fällen lag diese Rinne mit der Chorda dorsal. Ausser diesen beiden Möglichkeiten beobachtet man aber auch ein Zugrundegehen der Chorda innerhalb des Tuberculum, und zwar sieht man sie entweder allseitig gleichmässig oder nur von beiden Seiten her zusammengedrückt werden. In letzterem Falle stellt sie eine spaltartige Trennung beider Hälften des Tuberculum dar. Schon wegen des Interesses, das diese variabeln Befunde für die Lehre von der Wirbel-Entwicklung der Amphibien bieten, dürfte sich eine specielle erneute Untersuchung empfehlen. [1]

Die eben geschilderten Varianten habe ich alle bei jungen umgewandelten Fröschen von ca. 20 mm Körperlänge gefunden, und immer war im Anschluss an das Tuberc. intergl. der stark zusammengeschrumpfte Chorda-Strang, in faseriges Gewebe eingeschlossen, bis zu dem Uebergang in das verknorpelte Stück der Schädelchorda zu verfolgen. Auf die letzten Veränderungen, die nun noch statthaben, hoffe ich später zurückkommen zu können; augenblicklich mangelten mir die zusammenhängenden Stadien. Bei dem ältesten untersuchten Thiere von 40 mm lag der Chordarest nebst dem umgebenden Gewebe dorsal von dem vordersten Theile des Tuberculum interglenoidale und war weiter vorn an der Ventralfläche der Schädelbasis befestigt.

Die Form des ersten Wirbels im erwachsenen Zustande zeigt die Fig. 5 bei ECKER (11). Der „mediane Höcker" (mein Tuberc. interglenoidale) ist verknöchert und ist, wie ECKER p. 28 schildert, durch ein „Lig. suspensorium dentis" (Lig. apicis) mit der Schädelbasis verbunden. Dieses Ligament dürfte das sein, welches, wie oben geschildert, noch einige Zeit nach der Metamorphose von der Chorda durchsetzt gefunden wurde.

Die Unvollständigkeit dieser Schilderung namentlich mit Bezug auf die Ausbildung des definitiven Zustandes nach der Metamorphose zugebend, fasse ich die Hauptsachen dieser Auseinandersetzungen folgender-

---

[1] Auch darüber bin ich mir nicht klar geworden, ob nicht vielleicht das sich vergrössernde Tuberc. interglenoidale auch bis auf einen Theil der aus der Basalplatte verdrängten Schädelchorda übergreift, also ähnliche Verhältnisse wie bei den Urodelen bestehen. Der Unterschied würde freilich immer noch sein, dass bei den Anuren niemals eine Verknorpelung dieses Chorda-Abschnittes zu beobachten ist, sondern dass sie stets, sei es innerhalb des Tuberc., sei es nach Verdrängung aus demselben, zu Grunde geht.

massen zusammen: Es bestehen bei jungen umgewandelten Fröschen zwei laterale und eine mediane Occipito-Vertebral-Verbindungen. Die beiden lateralen sind wahre Gelenke und entstanden zwischen den Basen und den angrenzenden aufsteigenden Theilen der Bogen der Occipitalregion und des ersten Wirbels. An der Bildung des Occipitalhöckers und der Wirbelpfanne ist das occipito-vertebrale Gewebe betheiligt gewesen. Die mediane Verbindung hat ursprünglich die Chorda zur Grundlage. Diese bleibt bis gegen das Ende der Metamorphose unverändert erhalten und geht continuirlich aus dem ersten Wirbel durch das occipito-vertebrale Gewebe in die Schädelbasis über. Erst am Schlusse der Metamorphose wird der hinterste Abschnitt der Schädelchorda aus der Basalplatte ventralwärts verdrängt, indem die beiden Hälften der Basalplatte sich über ihr vereinen. Im Anschluss an die Bogen-Anlagen des ersten Wirbels verknorpelt ein Theil des occipito-vertebralen Gewebes, einen kurzen medianen Höcker des ersten Wirbels bildend (Tuberc. interglenoidale). Die Chorda ist an der Bildung desselben — im Gegensatz zu den Urodelen — nicht betheiligt, sondern geht in ihm oder nach vorhergegangener Elimination zu Grunde. Das aus der Schädelbasis verdrängte Chorda-Stück geht ebenfalls zu Grunde, bildet aber die Grundlage eines Lig. apicis das sich vom ersten Wirbel zur Ventralfläche der Schädelbasis erstreckt

2. Allgemeine und vergleichende Bemerkungen.

Für die Entscheidung der viel ventilirten Frage über die Aufnahme eines wohl charakterisirten Wirbels in das Amphibien-Cranium liegen die Verhältnisse bei den Anuren nicht günstig, da es, wie oben (p. 87) auseinandergesetzt, auf grosse Schwierigkeiten stösst, einen dem Wirbel-Körper entsprechenden Abschnitt der Basalplatte zu begrenzen. Das Verhalten ist demnach hier sehr ähnlich demjenigen, das STÖHR (51) für den ersten Aufbau des Lachs-Schädels beschrieben hat, in dem sich auch eine discrete Anlage des „Occipital-Wirbels" nicht nachweisen liess.[1] Bekanntlich giebt GEGENBAUR (20), auch unter Berufung auf die eben erwähnte Thatsache, die Wirbelnatur der Occipitalregion nicht zu, sondern sieht in dem „Occipitalwirbel", wie immer er auch wirbelähnlich sei, doch nichts Anderes als den „ersten Zustand der Occipitalregion des Craniums selbst" (20. p. 71), und erklärt die frappante Wirbelähnlichkeit dieser Region bei den Urodelen aus dem Defect, den die Parachordalia hier sehr lange zeigen. Es handle sich demnach um einen Reductions-

---

[1] Natürlich handelt es sich hier nur um den „Wirbel", dessen Bogen hinter der Vagus-Gruppe aufsteigen, nicht um jene, die sich bei manchen Teleostiern und Selachiern nachweisbar noch secundär dem Cranium anschliessen. Vielleicht wäre es zur Vermeidung von Missverständnissen angebracht, jenen Bogen direct als „postvagalen" zu bezeichnen.

zustand, wie schon der Vergleich mit den Selachiern ergebe, „wo kein solches Wirbelgebilde erscheint". Ich möchte hier, ohne jedoch damit eine bestimmte Ansicht auszusprechen, die ich durch neue Argumente doch nicht stützen könnte, nur die Bemerkung einschalten, dass etwas Aehnliches für die Selachier doch von ROSENBERG (41 und 42) nachgewiesen ist. ROSENBERG konnte feststellen, dass zu einer gewissen Embryonalperiode das Cranium von Mustelus mit der Labyrinthkapsel abschliesst und dass ein dahinter gelegenes Gebilde, „das aus einem knorpeligen, von der Chorda durchzogenen Körper und aus einem mit diesem in continuirlichem Zusammenhang stehenden Neuralbogen besteht, das also wohl als Wirbel bezeichnet werden kann," erst später zum Aufbau des Craniums verwandt wird. Hervorzuheben bleibt noch, dass die Bogen hinter der Vagusanlage aufstiegen. Vergleicht man dies mit den Befunden bei den Urodelen, so ist die Aehnlichkeit gar nicht zu verkennen und man wird der auch schon von ROSENBERG selbst geäusserten Ansicht, dass jener Wirbel von Mustelus dem bei den Amphibien beobachteten homolog sei, nur zustimmen können. Dann ergeben sich aber einige wichtige Consequenzen. Vor Allem gewinnt die Ansicht an Wahrscheinlichkeit, dass die Befunde bei den Urodelen doch primitive Verhältnisse zum Ausdruck bringen, dass wirklich ein „Wirbel" dem Cranium während der Ontogenese angeschlossen wird, und dass demzufolge das Verhalten bei den Anuren, die Undeutlichkeit des „Wirbels" bei diesen, als der secundäre Zustand anzusehen ist. Denn dass das Anuren- und Urodelen-Cranium einander homolog sind, kann natürlich keine Frage sein. Eine fernere Consequenz würde sein, dass das Amphibien-Cranium auch homolog ist einem Selachier-Cranium, wie es Mustelus besitzt.[1]) So ist jedenfalls nach ROSENBERG's Beobachtungen der Satz zu formuliren. Auf Grund der verschiedensten Erwägungen kann man weiterhin nur zu dem Schlusse kommen, dass das Cranium der Amphibien ein sehr primitives sei, und ich glaube nicht, dass sich die Ansicht WIEDERSHEIM's (59 p. 62) wird halten lassen, nach der der Atlas der Amnioten im Cranium der Amphibien enthalten sein soll. Ich glaube, dass nur die Aehnlichkeit des ersten Wirbels der Urodelen mit dem Epistropheus der Amnioten zu dieser Auffassung führen kann, vermag aber aus dieser Aehnlichkeit keine Consequenz zu ziehen, die dem Cranium der Amphibien eine grössere Ausdehnung zuerkennen würde, als dem der Amnioten. Dagegen sprechen auch die Verhältnisse der Nerven: bei den Amphibien existirt ein Hypoglossus als Gehirnnerv nicht, sondern sein Gebiet wird bei den Urodelen vom ersten, bei den Anuren gar erst vom II. Cervicalnerven versorgt[2]) (bei den Anuren geht der I., zwischen Schädel

---

[1]) Ueber die Variabilität der Grösse: „Selachier-Cranium" cf. Rosenberg (41) p. 22.

[2]) Bei Menobranchus wird der „Hypoglossus" vom II. und III. Spinalnerven gebildet (Wiedersheim 58 p. 521). Es folgt aus dieser Variabilität, dass auch in dieser kritischen Region sich eine Betrachtung nach den Gesichtspunkten rechtfertigt,

und I. Wirbel austretende Nerv während der Ontogenese verloren. CHIARUGI. 7). Viel eher würde sich die Meinung vertreten lassen, dass bei den Reptilien auch noch ein Theil des I. Wirbels der Amphibien in das Cranium einbezogen wird. Ich hoffe darauf bald zurückkommen zu können. Im obigen Sinne hat sich übrigens über das Amphibien-Cranium schon SAGEMEHL (43. p. 197) geäussert, der hinsichtlich der Auffassung der Occipital-Region durchaus den GEGENBAUR'schen Standpunkt vertritt.

Was nun das Verhältniss der Occipito-Vertebral-Verbindungen der Anuren zu denen der Urodelen betrifft, so bestehen hier in der That einige Unterschiede, die aber doch auf in der Anlage gleiche Zustände zurückzuführen sind. Die beiden lateralen (Gelenk-)Verbindungen können bei der Betrachtung übergangen werden, da sie bei beiden Amphibien-Ordnungen das gleiche Verhalten zeigen. Hinsichtlich der medianen Verbindung stimmen zunächst beide darin überein, dass das hinterste Stück der Schädelchorda aus der Basalplatte ausgeschaltet wird. Die Unterschiede sind aber die: 1. Bei den Anuren wird die Chorda ventral verdrängt und über ihr vereinigen sich die Basalplattenhälften, bei den Urodelen tritt sie dorsal heraus und wird an ihrer Unterfläche von den vereinigten Basalplattenhälften bedeckt. 2. Bei den Anuren geht die ausgeschaltete Chorda zu Grunde und die sie umgebenden Gewebsmassen bilden ein Ligament,[1]) das den I. Wirbel mit der Basalplatte verbindet und längere Zeit von den Resten der Chorda durchsetzt ist; bei den Urodelen verknorpelt sie, verbindet sich dem I. Wirbel und bildet die Grundlage des bedeutend vorspringenden „Proc. odontoideus" desselben.

Ich möchte zunächst vorschlagen, auch für diesen „Proc. odontoideus" die Bezeichnung: „Tuberculum interglenoidale" zu gebrauchen, da der erste Name leicht zu der irrigen Annahme führen kann, als ob jener Fortsatz dem Zahnfortsatz des Epistropheus der Amnioten homolog sei,[2]) während man doch wohl mit Sicherheit nur eine functionell ähnliche Einrichtung in ihm sehen darf.

---

die Fürbringer in seinen glänzenden Arbeiten über die Umbildung der Nervenplexus zur Geltung gebracht hat und die auch in neuester Zeit mehrfach fruchtbringend verwerthet wurden (so von Ruge). Es dürfte sich wohl der Mühe lohnen, die Hypoglossus-Frage auch einmal in diesem Sinne durchzuarbeiten. Wegen des grossen Sprunges von den Anuren zu den Säugern gehe ich hier auf die wichtigen Froriep'schen Befunde nicht ein; es müssen hier die Resultate bei den Reptilien abgewartet werden.

[1]) Wie oben schon angedeutet, lasse ich die Möglichkeit offen, dass auch bei den Anuren das Tuberc. interglenoidale sich bis auf die frühere Schädelchorda heraufschiebt. Zu Grunde geht sie jedenfalls.

[2]) Dies ist ja auch thatsächlich der Fall gewesen und es sind daraufhin mannigfache Erklärungsversuche aufgestellt worden: Verwachsung des Atlas mit dem Cranium,

Ein solches Tuberc. interglenoidale zeigt ja allerdings der I. Wirbel der Anuren nur in sehr geringer Ausdehnung (etwas deutlicher ausgeprägt als bei Rana scheint es bei Discoglossus zu sein, cf. WIEDERSHEIM 59. Fig. 37), doch ist es wohl zu weit gegangen, wenn ALBRECHT (1) daraufhin die Amphibien in „Odontoidea“ (Urodelen) und „Anodontoidea“ (Gymnophionen und Anuren) eintheilt. Bei Urodelen wie bei Anuren entsteht die Hauptmasse des Tuberc. aus dem Gewebe, das ursprünglich zwischen I. Wirbel und Basalplatte liegt, bei den Urodelen wird aber die verknorpelnde Chorda, und zwar sowohl die ursprünglich zwischen I. Wirbel und Basalplatte gelegene, als auch ein Stück der ursprünglichen Schädel-Chorda in die Bildung mit einbezogen, während bei den Anuren die Verknorpelung jenes Gewebes nicht so weit nach vorn vorschreitet, wahrscheinlich gar nicht auf die frühere Schädelchorda übergreift, und jedenfalls kein Theil der Chorda zu einem bleibenden Bestandtheil jenes Tuberculum wird, sondern die ganze Chorda dieses Gebietes zu Grunde geht. Entsprechend dem Verhalten des hintersten Stückes der Schädelchorda schiebt sich das Tuberc. interglenoidale bei den Urodelen beträchtlich auf die Dorsalfläche der Basalplatte vor, bei den Anuren nur ganz wenig unter die Ventralfläche derselben.

Inbetreff der lateralen Gelenke möchte ich hier eine für beide Amphibien-Ordnungen gültige Bemerkung einschalten. Ob man sie sich entstanden denkt durch Auseinanderrücken der beiden Hälften eines Zwischenwirbelgelenkes oder sie als von vorherein besondere Bildungen auffasst, thut hier nichts zur Sache; morphologisch fehlt ihnen jedenfalls der mediale von der Chorda durchzogene Abschnitt einer Zwischenwirbelverbindung und sie stellen somit besondere Bildungen dar. Jedenfalls sind sie aber nicht etwa zu betrachten als Bogengelenke (GOTTE 21, p. 391). Dagegen spricht das Verhalten zu den Nerven. Bei Rana tritt nun allerdings kein Nerv zwischen Occipitale und I. Wirbel aus, wohl aber bei den Urodelen (z. B. Triton). Hier aber verläuft der Nerv über (genau genommen hinter) dem Gelenk nach aussen, was nie möglich wäre, wenn es sich um ein Bogengelenk handelte. —

Die dreifache Verbindung des Craniums mit dem I. Wirbel ist nicht als eine von den Amphibien erst erworbene Einrichtung anzusehen, sondern bildet sich, wie GEGENBAUR (19) ausführlich dargelegt hat, schon in der Reihe der Selachier aus.

Nach dem, was oben über die Homologie des Amphibien- und Mustelus-Cranium gesagt wurde, darf man wohl auch in den Occipito-Vertebral-Verbindungen homologe Bildungen erkennen. Die weitere

---

Fehlen des Atlas, Verwachsung desselben mit dem II. Wirbel (cf. Hoffmann 25 p. 54). Das in Bezug auf den letzten Punkt von Hoffmann herangezogene Argument (Nervencanal im Wirbel) dürfte nochmals zu prüfen sein.

Untersuchung wird zu zeigen haben, wie hiernach die einfache Gelenk-
verbindung bei den Ornithosauriern und weiterhin die wieder dreifache
Verbindung (denn das „Lig. suspensorium dentis" ist die dritte) bei den
Säugern aufzufassen ist.

II. Labyrinth-Region.

In diesem Kapitel ist ausser der Ohrkapsel selbst mitsammt der
„synotischen Decke" auch der schallleitende Apparat, also das „Operculum" und die „Ohr-Columella" zu betrachten. Der Annulus
tympanicus, der topographisch und functionell in enge Beziehungen zum
Gehör-Organ tritt, hat entwicklungsgeschichtlich nichts mit ihm, resp.
mit den zum Ohre gehörigen Skelet-Theilen, zu schaffen, sondern bildet
sich im Anschlusse an das Quadratum, wie anderwärts gezeigt werden
soll. Ich gebe zunächst wieder die Entwickelung der genannten Theile
und zum Schlusse die vergleichenden Ergebnisse.

A. Ohrkapsel und Tectum synoticum.

Literatur.

Ohne die Bildung der Ohrkapsel im Speciellen verfolgt zu haben,
giebt REICHERT (39, p. 29) an, dass das kuorpelige Ohrlabyrinth vollkommen frei von der Schädelröhre blosgelegt werden kann und stellt es
der „im Wirbeltypus gebildeten Schädelhöhle" gegenüber.

Dieselbe Auffassung von dem durchaus selbständigen, zum Cranium nur appositionellen Verhalten der Ohrkapsel hegt auch RATHKE
(38, p. 25): „In Betreff der Ohrkapseln ist freilich aller Anschein dafür,
dass sie ganz gesondert von der Belegungsmasse der Wirbelsaite entstehen."

Auch PARKER (32, p. 150 u. 152, vergl. auch Pl. IV, Fig. IX u. X)
lässt sie zuerst allseitig knorpelig umwandet werden und dann erst mit
dem Parachordale („investing mass") verschmelzen. Dass übrigens auf
seinem Stadium III die Ohrkapseln schon allseitig knorpelig umwandet
sein sollen, ist ganz unmöglich und kommt auf Rechnung der ungenügen-
den Methode.

Mit grosser Entschiedenheit spricht sich GÖTTE (21, p. 366) aus,
und wird sich wohl durch Anführung seiner Worte am besten das
Wesen der Frage, um die es sich handelt, feststellen lassen. GÖTTE
sagt: „Während dieser Entwickelung der hinteren Schädelbasis entsteht
rund um jedes Gehörorgan eine knorpelige Kapsel, deren innerer unterer
Rand mit der Schädelbasis verschmilzt. Dadurch kann leicht der Ein-

druck hervorgerufen werden, als sei wenigstens die horizontale, die Gehörorgane tragende, Platte jener Knorpelkapsel als unmittelbare Fortsetzung der knorpeligen Schädelbasis aus dieser hervorgewachsen. Einer solchen Auffassung widerspricht einfach der Umstand, dass die das Gehörbläschen überziehende Knorpellage am äusseren Umfange bereits entstanden ist, bevor der mittlere Theil der Schädelbasis auch nur angelegt ist, und dass sie nach innen fortwachsend erst nachträglich mit dem Seitenrande desselben zusammenstösst. Die knorpelige Ohrkapsel ist also dem eingeschlossenen Sinnesorgan eigenthümlich und entspricht durchaus den festen Kapseln der zwei anderen Sinnesorgane, von denen das Auge bei unserem Thiere gleichfalls eine dünne Knorpelschicht in der Sclerotica besitzt."

Dieser Auffassung GÖTTE's, die so bestimmt vorgetragen ist, dass eine besondere Hervorhebung des principiell Wichtigen überflüssig erscheint, entsprechen die von mir bei Rana fusca gefundenen thatsächlichen Verhältnisse nur zum Theil.

Dagegen ist die von STÖHR (50) gegebene Schilderung in den wesentlichen Punkten durchaus zutreffend. STÖHR hat bekanntlich den mittleren Theil der Basalplatte jederseits als „mesotischer Knorpel" bezeichnet und ihn als etwas Verschiedenes der Trabecularplatte und dem Occipitalknorpel gegenübergestellt. Von diesem central, neben der Chorda gelegenen mesotischen Knorpel aus lässt STÖHR die knorpelige Umschliessung der Räume des häutigen Labyrinthes zum Theil vor sich gehen. Ein zweiter Ausgangspunkt für die Verknorpelung ist dann der laterale Umfang des Labyrinthes, und durch Verbindung des hier entstandenen und sich ausdehnenden Knorpels mit dem mesotischen wird schliesslich die gesammte Ohrkapsel gebildet — ein Vorgang, der im Einzelnen von STÖHR nicht verfolgt worden ist.

Dieser Schilderung STÖHR's werde ich mich im wesentlichen durchaus anschliessen können. Da ich über die Grenzen des „mesotischen Knorpels" nicht ganz im Klaren bin, so werde ich statt dessen so viel als möglich einfach „Parachordale" gebrauchen; um den peripherisch entstehenden Knorpel auch durch den Namen zu unterscheiden, bezeichne ich ihn als „periotischer Knorpel", wie das übrigens STÖHR selbst auch in seiner Arbeit über den Teleostier-Schädel gethan hat.

Der von mir als „Tectum synoticum" bezeichnete Decken-Abschnitt führte bisher den wenig glücklichen Namen: „Occipitale superius", eine Benennung, gegen die schon O. HERTWIG (24, p. 7 Anm.) polemisirte. Hinsichtlich seiner Entwickelung sei nur bemerkt, dass WIEDERSHEIM schon für die Urodelen annahm, jener Abschnitt gehöre genetisch zu den Labyrinthblasen und stelle eine dorsale Verwachsung derselben dar (58, p. 475). STÖHR (49, p. 498) glaubt dies für Triton bestätigen zu können. PARKER scheint, nach einer Bemerkung auf p. 159 in „Frog's Skull" zu schliessen, der Ansicht zu sein, dass das „Supra-

occipitale" als dorsales Schluss-tück zum Occipitalbogen gehöre, und die
Schilderung GÖTTE's (p. 633 u. 634) lässt auch bei diesem Autor eine
der PARKER'schen entsprechende Ansicht voraussetzen. Die A n o r d n u n g
der Decken-Theile ist von GÖTTE richtig beschrieben worden.

I. Entwickelung der Ohrkapsel und des Tectum synoticum.

a) Ohrkapsel.

Die Verknorpelung der Ohrkapsel nimmt zu einem Theile ihren
Ausgang am lateralen Umfang des äusseren Bogenganges, zum anderen
geht sie von dem Parachordale aus. Mein erstes Stadium zeigt bereits
eine vordere und hintere Verbindung der „periotischen" Kapsel mit der
Basalplatte (Fig. 1). Diese beiden „basi-capsulären Verbindungen", wie
ich sie genannt habe, bestehen aber noch nicht lange, ihr Auftreten fällt
zeitlich ungefähr zusammen mit dem völligen Verschwinden der äusseren
Kiemen unter der nach hinten vorwachsenden Deckfalte. Bei Larven
von 13 mm, bei denen die linken Kiemen noch frei sind, ist erst am
äusseren Umfange des äusseren Bogenganges Knorpel vorhanden, doch
fehlt der vordere und hintere kuppelförmige Abschluss und damit auch
die Verbindungen der Kapsel mit der Basalplatte. „Periotischer" und
„mesotischer" Knorpel sind hier also noch von einander getrennt.

Durch die Vereinigung beider, die offenbar sehr rasch erfolgt und
bei Stadien von 14 mm (mit v ö l l i g verwachsener Opercularfalte) vollendet
ist, wird an der Unterfläche der Ohrkapsel das p r i m ä r e F o r a m e n
o v a l e gebildet. Es war mir nicht möglich, an den Verbindungsstellen
ganz scharf und genau die beiderseitigen Antheile von einander zu unterscheiden, auch jüngere Stadien haben mir keinen ganz befriedigenden
Aufschluss darüber, wie die Grenzen zu ziehen seien, gegeben. Aber
es scheint mir nicht, als ob der periotisch entstandene Knorpel sich vorne
oder hinten weit noch an den medialen Umfang des primären Foramen
ovale vorschöbe.[1] Jedenfalls steht soviel fest und ist besonders der
GÖTTE'schen Schilderung (siehe oben p. 372) gegenüber zu betonen, d a s s
s c h o n j e t z t e i n T h e i l d e s h ä u t i g e n L a b y r i n t h e s s e i n e

---

[1] Eher ist an der hinteren Verbindung das Gegentheil der Fall. Noch eine
kurze Strecke weit vor dieser findet man nämlich zwischen der Chorda und dem
inneren unteren Umfang des Sacculus eine verdünnte Stelle des Knorpels oder selbst
eine Lücke (Fig. 1, links). Beide Erscheinungen lassen darauf schliessen, dass hier
eine secundäre Verbindung zweier ursprünglich getrennter Knorpel stattgefunden
hat resp. noch stattfinden wird. Nach Anordnung und Form der Knorpelzellen glaube
ich annehmen zu müssen, dass der Knorpel am Sacculus von einer weiter vorn gelegenen Partie des Parachordale aus sich nach hinten vorgeschoben hat. Wie weit
nach hinten dies aber der Fall ist, lässt sich an meinen Serien nicht mit Sicherheit
erkennen.

Stütze von Knorpel erhält, der sich von der Chorda aus
gebildet hat, d. h. der den vorgeschobenen Theil der
Basalplatte darstellt.

Was nun die Weiterbildung der Knorpelkapsel betrifft, so erfolgt
dieselbe zwar im Anschluss an den schon vorhandenen Knorpel, jedoch
an verschiedenen Stellen gleichzeitig vorschreitend und mit einer gewissen
Respectirung der Grenzen zwischen den verschiedenen Abschnitten des
häutigen Labyrinthes. Dabei könnte man von „Centren" reden, von
denen aus die Verknorpelung der Umgebung erst erfolgt — nur mit der
Maassnahme, dass diese „Centren" mehr die Form von Leisten haben.
Derartige Partien sind z. B. die Linie längs des medialen oberen Um-
fangs des Canalis ant., Sinus sup. und Canal. post.; von hier aus findet
die Knorpelausbreitung nach aussen (auf die Decke) und nach unten
(mediale Wand) statt; ferner die Grenze zwischen Canalis ant. und Recessus utriculi und andere.

Ausserdem ergiebt sich als allgemein gültig, dass die Knorpelbildung
da länger auf sich warten lässt, wo andere Gebilde den Theilen des
häutigen Labyrinthes eng anliegen. So behält die Stelle der vorderen
Kuppel, der das Trigeminus-Ganglion anliegt, ebenso wie die am Boden,
wo die Vena jugularis verläuft, länger den Charakter der „Anlage" als
die übrigen Theile, und so sind auch die mittleren Partien der Innenwand des Hauptraumes, da wo der Utriculus mit dem Sinus superior
dem Ductus und Saccus endolymphaticus anliegen, sowie unten das Ganglion
acustici sich zwischen den medialen Umfang des Sacculus und die laterale
häutige Schädelwand einschiebt, diejenigen Stellen, die am spätesten verknorpeln.

Ich will nun versuchen, die Hauptsachen möglichst übersichtlich
zusammen zu stellen.

Das primäre Foramen ovale erleidet eine bedeutende Ein-
engung, vorzüglich in sagittaler Richtung. Zustande kommt dieselbe
hauptsächlich von vorne her, während der hintere Umfang seine
relative Lage ziemlich beibehält. Vorne scheint es sich mehr um
ein Vorwachsen des „periotischen" Knorpels zu handeln, als um eine
laterale Ausdehnung des Parachordal-Knorpels. Eine solche laterale
Ausdehnung des Parachordale findet dagegen in dem Bereiche des
Foramen statt, der zum „secundären" For. ovale wird und schon
vorher dadurch ausgezeichnet war, dass hier das „mesotische Gewebe"
in das äussere (untere) Perichondrium des äusseren Bogenganges über-
ging (Fig. 3). Dadurch resultirt auch eine Verengerung des For. ovale
in transversaler Richtung.

Die Lücken der vorderen Kuppel schliessen sich (die Boden-
lücke bleibt oft sehr lange erhalten: Fig. 19) und dadurch, dass sich
auch zwischen die mediale Wand des Recessus labyrinthi und das
Trigemino-Facialis-Ganglion Knorpel einschiebt, erreicht die Kuppel den

Anschluss an die schon vorher angelegte niedrige Erhebung an der vorderen basi-capsulären Verbindung (Fig. 1).

Die hintere Kuppel erlangt eine mediale Wand, die jedoch am unteren Rande eine Lücke für den Austritt von perilymphatischen Gängen frei lässt. Die Verknorpelung schreitet von hinten nach vorn vor und zwar gleichzeitig entsprechend der ganzen Höhenausdehnung. Dabei bildet sich ungefähr in der Mitte der Höhe eine Verdickung des Knorpels aus, von der in der Folge einerseits die Bildung der Knorpelbrücke ausgeht, die den hinteren Bogengang vom Hauptraum abtrennen soll, andererseits nach dem Schädelcavum zu die Bildung der „Crista occipitalis lateralis", die sich dann nach vorn aufsteigend fortsetzt (Fig. 15, 16).

Sehr rasch schreitet die Knorpelbildung am vorderen und hinteren häutigen Bogengange vor, die ja schon in den beiden Kuppeln eine unvollkommene knorpelige Umwandung besassen. Dabei verknorpelt jeder Bogengang gesondert für sich, im Anschluss an den schon vorhandenen Knorpel, aber ohne Zusammenhang mit der Knorpelschale des äusseren Bogenganges. Ueber den Modus der Verknorpelung wurde schon oben eine kurze Andeutung gemacht: es bildet sich nämlich am ganzen medial-dorsalen Rande des Labyrinthes (Can. ant., Sin. sup., Can. post.) zunächst eine Art Leiste (Fig. 5, aus der Gegend des Sinus sup.), von der aus dann der Knorpel nach aussen auf den oberen und nach unten auf den medialen Umfang der Bogengänge sich vorschiebt. Der nach aussen vorwachsende, die Decke bildende Knorpel verbindet sich dann mit dem inneren oberen Rande der äusseren Knorpelschale, der ihm etwas entgegenwächst. Die Bildung der Ohrkapsel-Decke findet auf diese Weise bald ihren Abschluss, während dagegen, wie unten noch zu erwähnen, entsprechend dem Sinus sup. in der medialen Wand eine Lücke bleibt.

Da wo die Decke des Sinus superior mit dem oberen inneren Rande der äusseren Knorpelschale sich verbindet, macht sich eine besonders lebhafte Knorpelwucherung geltend, so dass ein dickerer Wulst entsteht, von dem aus die knorpelige Abgrenzung des äusseren Bogenganges vom Hauptraum der Ohrkapsel, zum Theil wenigstens, vor sich geht (vergl. Fig. 18).

Dieser Process der Abgrenzung der Bogengänge vom Hauptraum macht sich am äusseren Bogengange, der ja überhaupt den anderen vorausgeht,[1] zuerst bemerkbar. Theils von dem soeben erwähnten Knorpelwulst ungefähr in der Mitte des oberen inneren Randes des Bogenganges, theils von der gegenüberliegenden Stelle des

---

[1] Auch die Abtrennung des häutigen äusseren Bogenganges vom Labyrinthraum erfolgt nach meinen Beobachtungen früher als die der andern.

unteren Randes schiebt sich Knorpel in das Septum vor, das den
äusseren Bogengang vom Hauptraum des häutigen Labyrinthes trennt
und das schon vorher durch starke Entwicklung von Gallertgewebe verbreitert war (Fig. 3). So entsteht eine senkrecht stehende, zunächt noch
schmale Leiste (Lamina verticalis), um die sich das Mittelstück des
häutigen Ganges herumschlägt. (Vergl. Fig. 3 mit 17. Die Fig. 11. zeigt
die Lamina verticalis in toto.)

Dem äusseren Bogengange folgt mit dem entsprechenden Vorgange
der vordere und zuletzt der hintere nach. Schon bei Larven von 16 mm
sind alle 3 Bogengänge nach innen zu knorpelig begrenzt. Die „Leisten"
für den vorderen und hinteren Bogengang sind ungefähr horizontal gerichtet, dabei die vordere etwas von hinten aussen nach vorn innen, die
hintere von vorn aussen nach hinten innen (Fig. 18 zeigt die Lamina
horizontalis ant.). Ihre Bildung erfolgt ebenfalls von zwei Seiten aus:
von aussen, im Anschluss an den medialen freien Rand der Decke des
äusseren Bogenganges, und von innen, von den beiden Wandverdickun-
gen, die p. 104 u. 105 Erwähnung fanden.

Die Bildung der medialen Wand der Ohrkapsel geht in verschiedenen Abschnitten vor sich und ist erst ziemlich spät ganz vollendet.
Zuerst verknorpeln von der oberen Randleiste (cf. p. 105) aus die
medialen Wände des Canal. post. und des grössten Theiles des Can.
ant.; in der Gegend des Sinus sup. und des angrenzenden Stückes des
vorderen Bogenganges bleibt dagegen längere Zeit eine nur häutig geschlossene Lücke. Die Grenze von Can. ant. und Recessus utriculi ist
dann auch wieder eine Stelle wo die Knorpelbildung mehr selbstständig
vor sich geht. Der von oben herabkommende Knorpel am medialen
Umfange des vorderen Bogenganges verbindet sich secundär mit dem
dort entstandenen Knorpel, und gerade hier ist häufig auch später noch
eine Lücke im medialen Umfang des vorderen Bogenganges zu erkennen
(Fig. 11).

Von dieser medialen Grenzleiste geht auch zum Theil die Verknorpelung der unteren Hälfte der medialen Wand vor sich, soweit
ihr wenigstens der Recessus utriculi anliegt.

Zum grössten Theile jedoch erfolgt die Verknorpelung des untern
Abschnittes der medialen Wand (dem der Recessus utriculi, Utriculus
selbst, Sacculus und dessen Appendices anliegen) im Anschluss an den
basalen (mesotischen) Knorpel (Fig. 5). Auch hier geht aber der
Process nicht gleichmässig, „auf der ganzen Linie", d. h. der Grenzlinie
von Schädel- und Labyrinth-Cavum vor sich, sondern vorn und hinten
nach der Mitte zu bis zu dem Eintritt des Acusticus in die Ohrkapsel
vorschreitend.

So erhalten wir denn bei Larven von 21 mm (Fig. 11) einen Zustand, der dem völlig ausgebildeten schon nahe kommt,
aber doch noch manche Besonderheiten zeigt. Ausser dem

For. ovale aussen und an der Unterseite der Kapsel, besteht noch eine grosse unregelmässige Lücke in der medialen Wand, sowie eine grössere Spalte hinten am medialen unteren Umfang, die theils in das Schädelcavum, theils an die Unterfläche der Ohrkapsel sieht. Dazu kommt die sehr kleine Lücke am medialen Umfange des vorderen Bogenganges.

Die grosse mediale Lücke nimmt in ihrer Mitte die ganze Höhe der medialen Ohrkapselwand ein; sie stellt eine Vereinigung fast aller später in der medialen Wand befindlichen Foramina dar; durch ihren untersten Abschnitt betreten der N. vestibularis und cochlearis die Ohrkapsel, während ungefähr in mittlerer Höhe der Ductus endolymphaticus aus ihr heraus in den Schädelraum tritt, und im obersten Abschnitt der letztgenannte Ductus nebst dem Saccus, zu dem er sich erweitert, dem Sinus sup. und angrenzenden Stück des Can. anterior eng anliegen. Die Lücke ist bis auf die Oeffnungen für die erwähnten drei Gebilde häutig geschlossen.

So haben jetzt noch eine nur häutige mediale Begrenzung: oben der hinterste Theil des vorderen Bogenganges und der Sinus sup. (zum grössten Theil); unten, wo die Lücke nach vorn etwas ausgedehnter ist, ein Stück des Recessus utr., der Utriculus selbst und der vordere Abschnitt des Sacculus. Der hinterste Abschnitt des Sinus superior sowie des Sacculus (auch schon die Pars neglecta) besitzen bereits wieder mediale knorpelige Wände, deren selbständige, von einander unabhängige Entstehung — vom Parachordalknorpel nach aufwärts und von der dorsalen Randleiste nach abwärts — aus den Figg. 5 und 17 erhellt.

Das eben beschriebene, in Fig. 11 abgebildete, Stadium, ist darum gerade so interessant, weil es zeigt, dass die Knorpelbildung nach durchaus anderen Regeln erfolgt, als die Verknöcherung. In dem **Auftreten** der verschiedenen auf der Grenze zwischen einzelnen Abschnitten gelegenen Knorpelpartien können wir gewissermassen die Tendenz befolgt sehen, zunächst die Grundlinien für die gesammte Kapsel anzulegen, so dass nach Schaffung dieses vorläufigen Gerüstes die Verknorpelung allmählicher erfolgen kann. Die verschiedenen die Wand passirenden Gebilde werden zuerst in weitem Umkreise umzogen, dann werden diese „Oeffnungen" immer mehr eingeengt und erst zum Schlusse von einander getrennt. Die Verknöcherung geht ganz im Gegensatze dazu gerade mit Vorliebe von der Peripherie von Nerven- und sonstigen Oeffnungen aus (vergl. die allgemeinen Bemerkungen über die Orbital-Region).

Der Verschluss der eben erwähnten grossen medialen Lücke bis auf die Foramina für beide Zweige des Acusticus und den Ductus endolymphaticus, sowie die Trennung der am Boden gelegenen medialen Spalte in zwei Foramina sind, abgesehen von der Operculum- und Columella-Bildung, die letzten Verknorpelungs-Vorgänge an der Ohrkapsel.

Der knorpelige Verschluss der medialen Lücke erfolgt theils von oben, theils von unten her. Von oben her schiebt sich Knorpel zwischen Sinus sup. (resp. das angrenzende Stück des vorderen Bogenganges) und den Ductus und Saccus endolymphaticus ein, bleibt aber auf die genannten Gebilde beschränkt. Von unten (auf dem parachordalen Kn.) erhebt sich die Wandpartie, die die ventralen oben genannten Gebilde abschliessen soll. Nur der vordere Ausschnitt in der ventralen Abtheilung der Lücke schliesst sich auch unter Anschluss an die Knorpelleiste, die ihn oben begrenzt.

Die beiden Acusticus-Aeste bleiben zunächst von einem gemeinsamen Foramen umschlossen, die Trennung desselben in zwei erfolgt erst später, kann vielleicht auch ganz ausbleiben. So finde ich sie z. B. schon bei Larven von 31 mm, deren hintere Extrem. noch sehr klein sind; andererseits fehlt sie auf meinem Stad. IV, nach der Metamorphose. Die Regel ist jedenfalls, dass eine knorpelige Trennung in 2 Abtheilungen eintritt; das Bestehenbleiben eines einfachen For. acusticum ist als Ausnahme aufzufassen.

Die Trennung der hinteren medialen Spalte in 2 Abtheilungen ist bei Larven von 25 mm im Werden. Die vordere Abtheilung wird zum „For. perilymphaticum superius" (For. rotundum Hasse), die hintere an der Unterfläche der Ohrkapsel mündende zum „Foramen perilymphaticum inferius" (Aquaeductus cochleae Hasse). Es ist nicht uninteressant, dass die zwei perilymphatischen Canäle, der Ductus perilymph. sup. und inf. auf frühen Stadien durch ein gemeinsames Foramen treten, das sich erst ziemlich spät in seine zwei Theile scheidet.

Am verknöcherten Schädel sind beide Foramina durch eine schmale Knochenleiste von einander getrennt (Hasse [23, p. 803] spricht geradezu von einem „doppelten For. rotundum").

Erwähnen möchte ich noch, dass auch an dem ältesten von mir untersuchten Thiere, von 45 mm Gesammtlänge, das For. perilymphaticum superius direct aus der Ohrkapsel in die Schädelhöhle führt — wie auch der Ductus perilymphaticus superior mit dem im Schädel gelegenen Lymphraum communicirt — nicht aber in das For. jugulare, wie von Hasse und Retzius für den knöchernen Schädel beschrieben wird. Es scheinen demnach noch nachträglich Wachsthumsverschiebungen stattzufinden.

Die Ohrkapsel von Larven von ca. 29 mm Länge (Stad. II) ist in allen wesentlichen Punkten (abgesehen vom Operculum und der Columella) vollendet. Die dorsale Verbindung der beiderseitigen Kapseln durch die „synotische Decke" war schon vorher (21 mm) fertig, ihre Entstehung wird weiter unten gesondert besprochen werden.

Auch die Trennung des For. jugulare in ein For. perilymph. accessorium und For. vagi hat sich gebildet und es bleibt nun nur ein ganz geringer hinterer Kuppelabschnitt ohne Verbindung mit der Basalplatte. Das Innere dieses Abschnittes wird eingenommen lediglich vom absteigenden Theile des hinteren Bogenganges. Von der ursprünglichen hinteren basi-capsulären Verbindung aus hat sich also die Verschmelzung zwischen Basalplatte und Ohrkapsel ein beträchtliches Stück caudalwärts fortgesetzt.

Tiefgreifende Veränderungen macht die Kapsel selbst, nachdem sie einmal fertig gebildet ist, nicht mehr durch. Die Dimensionen ändern sich allerdings noch. Wie schon im I. Theil gezeigt wurde, weitet sich der unterste Raum der Ohrkapsel im Anschluss an die Entwicklung seines Inhalts noch beträchtlich aus, und zwar hauptsächlich in dorso-ventraler, aber auch in transversaler Richtung. Unterhalb des durch den äusseren Bogengang bedingten Vorsprunges bildet sich so im mittelsten Theil der Kapsel ein besonderer geräumiger Abschnitt derselben aus, der lateral zum grössten Theile von dem Operculum und dem proximalen Columella-Abschnitt („Pseud-Operculum“ cf. p. 73) begrenzt wird. Dadurch besonders tritt der äussere Bogengang, der auf jungen Stadien so unverhältnissmässig prävalirte (Fig. 1), immer mehr zurück (Fig. 28, 29). Wie p. 53 geschildert, erstreckt sich das Cavum inferius noch unter den äusseren Bogengang herunter und bildet hier eine Fortsetzung des Hauptraumes, die später als „Fovea fenestrae ovalis“ von jenem abgetrennt wird. Der Grund dieser Ausweitung ist in der Vergrösserung des Cavum perilymphaticum zu sehen. Auf die Bildung der Fovea fenestrae ovalis komme ich noch zurück.

Schliesslich sei hier noch als ziemlich späte Bildung die Crista parotica erwähnt, die auch gelegentlich als „Tegmen tympani“ oder „Processus squamosus“ in der Literatur Erwähnung findet (Cr. p. ot. Fig. 42, 43 u. a.). Sie bildet sich im Anschluss an die Befestigungsstelle des Proc. oticus quadrati am äusseren Bogengang. Die Anordnung der Knorpelkapseln spricht dafür, dass ihre Bildung als Verdickung der Ohrkapsel, nicht aber als Verbreiterung des Quadrat-Fortsatzes aufzufassen sei. Dagegen schiebt sich allerdings in der Metamorphose das Quadratum so weit unter ihren vorderen Abschnitt herunter, dass es zur Verdickung derselben im vorderen Abschnitte beiträgt. Auf meinem IV. Stadium geht der Knorpel der ursprünglichen Crista ohne Grenze in den des Quadratums über; doch wurde schon oben bemerkt (p. 73), dass der Abschnitt, an den sich der Proc. superior columellae anlegt, zum Quadratum gehört. An dem hinteren Abschnitt der Crista parotica erlangt der Annulus tympanicus eine knorpelige Befestigung; von ihr überdacht zieht die Columella zum Trommelfell (Fig. 41, 42).

b) Tectum synoticum.

Eine Verbindung der oberen inneren Ränder beider Ohrkapseln im hinteren Abschnitte der Labyrinthregion finde ich zuerst auftreten bei Larven von 16 mm, während die ersten Andeutungen der von jener Decke ausgehenden drei Spangen (Taenia tecti medialis u. marginales) bei Larven von 21 mm sich zeigen.

Das jüngste Stadium, auf dem ich die synotische Decke angelegt finde, giebt zugleich Aufschluss über ihre Entstehung. Es sei bemerkt, dass auf diesem Stadium (16 mm) eine mediale Wand im Hauptabschnitt der Ohrkapsel noch nicht vorhanden ist, und dass der Raum, in dem der Sinus superior liegt, erst an seiner medialen oberen Kante deutliche Knorpelmassen erkennen lässt (Fig. 5). Hier bemerkt man nun einmal, dass diese Randleiste sich etwas nach innen in das häutige Dach zwischen beiden Ohrkapseln vorschiebt, in der Mitte dieses Daches aber sich noch eine selbständige Knorpelplatte findet, die mit den beiden Randleisten nur erst bindegewebig zusammenhängt. In diesem mittleren Schlussstück zeigen zweifellos die mittelsten Partien die grössten Zellen und den Charakter des ältesten Knorpels, nach dem Rande zu werden die Zellen kleiner und undeutlicher, und gehen in das nicht verknorpelte zellig-fibröse Gewebe über, das sie mit den Randleisten jederseits verbindet. Ich glaube dies Verhalten so deuten zu müssen, dass, wenigstens zum grössten Theile, die synotische Decke nicht entsteht durch Entgegenwachsen der oberen inneren Ohrkapselränder, sondern als selbständige Verknorpelung des zwischen beiden Ohrkapseln gelegenen häutigen Schädeldaches.[1]

Eine solche häutige Schädeldecke, als Vorläufer der knorpeligen, besteht in der That bei etwas jüngeren Larven in der Form einer Lage langgestreckter spindelförmiger Kerne. Zu den hintersten Abschnitten der Ohrblasen verhält sie sich anders als zu den mittleren. Während sie nämlich in der Mitte der Labyrinthregion unmittelbar die höchsten Erhebungen der Ohrblasen mit einander verbindet (Fig. 3) setzt sie sich

---

[1] Einen ganz analogen Befund machte ich bei einer 12 mm langen Larve von Triton taeniatus. Es fand sich hier hinter der Gegend des For. pro ductu endolymphatico an der Decke (über dem IV. Ventrikel) eine selbständige Knorpelplatte, die mit den oberen inneren Ohrkapselrändern in nur häutiger Verbindung stand. Auch hier zeigte sich zugleich von diesen Rändern aus eine Neubildung von Knorpel. Ob in diesem Falle eine Ausnahme von der gewöhnlichen Regel vorlag, vermag ich noch nicht zu entscheiden; in jedem Falle beweist der Befund, dass die zwischen den Ohrkapseln gelegene häutige Decke des Schädelcavums als solche die Tendenz zur Verknorpelung hat, und dass — jedenfalls im vorderen Theil — nicht etwa nur ein Entgegenwachsen der beiderseitigen inneren oberen Ohrkapselränder zur Entstehung der synotischen Decke führt. An anderen Serien schienen mir freilich, wenigstens im hinteren Abschnitt der Decke, die Verhältnisse etwas anders zu liegen.

nach hinten hin in einer absteigenden Linie an dem inneren Umfange
der Ohrkapsel an. Dicht auf dem Decken-Gewebe liegt in der Mitte
der Region eine Schicht Pigmentzellen (Fig. 3 Pg.), die sich seitlich
auf den oberen und äusseren Umfang der Ohrblasen weiter fortsetzt;
weiter hinten bleibt, da dieser Pigmentzell-Zug sein Verhalten zu den
Ohrblasen nicht ändert, zwischen ihm und dem Ansatz des erwähnten
Decken-Gewebes ein auf dem Querschnitt dreieckiger Raum (Fig. 2).

In der Mitte der Decke, über dem Dach des IV. Ventrikels, liegen
die beiden Gewebe-Züge dicht über einander.

Auch auf dem Stadium von **16 mm**, wo die synotische Decke schon
zwischen beiden Sinus superiores im Entstehen war, ist der Gewebszug
der sich hinten absteigend an den inneren Ohrkapselumfang ansetzt,
noch nicht verknorpelt; später entsteht in ihm durch Verknorpelung
seiner lateralen Partien die „Crista occipitalis lateralis".

Im Laufe der Entwicklung erleidet die synotische Decke keine
Veränderung und ist somit nur noch ihre Lagebeziehung zu anderen
Theilen des Schädels zu erwähnen.

Sie beschränkt sich, auch wo sie gut ausgebildet ist (Stad. II), in
sagittaler Ausdehnung ungefähr auf den Raum der Ohrkapsel, in dem
der Sinus superior liegt. Vorn reicht sie bis zur Gegend des For. pro
ductu endolymphatico, hinten ungefähr bis zur Gegend des For. perilymphaticum superius. Diese Beziehungen bleiben ziemlich constant, während
dagegen die zum Gehirn sich im Laufe der Entwicklung nicht unbeträchtlich ändern. Es findet eine Verschiebung des Gehirnes nach
hinten statt. Auf meinem II. Stadium (ganze Länge 29 mm) reicht die
synotische Decke nicht bis zum Kleinhirn, sondern liegt über der Medulla obl., schon bald darauf (31 mm) findet man ihren Vorderrand über
dem Kleinhirn, noch später (39 mm) über dem hinteren Theile der
Mittelhirnhemisphären.

Dass diese auf Frontalschnitten zum Ausdrucke kommende Verschiebung des Gehirnes nach hinten nicht Täuschung, hervorgebracht
etwa durch eine bei den älteren Stadien mehr geneigte Schnittrichtung,
ist, erhellt aus den Lageverhältnissen des Gehirnes zum Boden (Chorda).
Gerade aus der gleichzeitigen Berücksichtigung der Lagebeziehungen, die
das Gehirn zum Boden und zur Decke zeigt, erhält man die Ueber-
zeugung, dass es sich im Laufe der Entwicklung relativ nach hinten
verschiebt. (Dasselbe beweist z. B. der Verlauf der Nerven, z. B. des
Opticus.)

Vom Vorderrande der synotischen Decke gehen aus: 1 Taenia
tecti medialis (Fig. 12. Taen. tect. med.) und 2 Taeniae tecti
marginales (Fig. 12. Taen. tect. marg.). Zuerst finde ich sie angedeutet bei Larven von 21 mm. Ihre Verknorpelung erfolgt im Anschluss
an die synotische Decke von hinten her. Bei allen dreien handelt es
sich um eine Verknorpelung von schmalen Streifen der oben erwähnten

häutigen Schädeldecke. Die mittlere liegt genau in der Mitte, die
beiden seitlichen ziehen von den Seitentheilen des Tectum synot. direct
nach vorn auf den oberen Rand der Schädelseiten-Wand vor der Ohrkapsel hin, mit dem sie sich verbinden (Fig. 12). Da die Ohrkapseln
mit ihren vorderen Kuppeln beträchtlich lateralwärts zurückweichen —
vielleicht durch das grosse Trigemino-Facialis-Ganglion abgedrängt —
so wird der Abstand zwischen ihnen und den Taeniae tect. marg. nach
vorn zu immer grösser. Sind nun aber auch die lateralen Spangen an-
fänglich in keiner knorpeligen Verbindung mit den inneren oberen Ohrkapselrändern, so erlangen sie solche doch im Laufe der Entwickelung.
Die Verbindung erfolgt von hinten her und ist bei Larven im Beginne
der Metamorphose vollendet, so dass dann die Taeniae tecti marg. nur
als die nach innen vorspringenden oberen Ränder der Ohrkapseln erscheinen. Ueber das Weitere, sowie die Taenia tect. med. *s. Einleitung*.

Zusammenfassung.

Die knorpelige Umschliessung des häutigen Labyrinthes nebst dem
perilymphatischen Raum-System geht von zwei räumlich getrennten
Stellen aus: 1. von den Seiten der Chorda. 2. vom äusseren Umfange
des äusseren Bogenganges („Periotischer Knorpel"). Vom Parachordalknorpel (mesotischer Knorpel STÖHR's) erfolgt die Umschliessung der medial-ventralen Theile des mittleren Labyrinth-Abschnittes
(vorzüglich des Sacculus nebst seinen Ausstülpungen, Lagena, P. basilaris und neglecta, sowie zum Theil die Umschliessung des Acusticus).
Der „periotische" Knorpel breitet sich von seiner Ausgangsstelle am
äusseren Bogengange derart weiter aus, dass er zunächst nach vorn und
hinten, immer dem äusseren Bogengange folgend, vorschreitet und für
dessen äusseren, oberen und unteren Umfang eine knorpelige Umwandung
schafft. Auf den häutigen Canalis ant. und post. übergreifend biegt er
vorn und hinten nach innen um, bildet dadurch je einen kuppelförmigen
Abschluss der gesammten Kapsel-Anlage und verbindet sich mit dem
Parachordale an zwei Stellen. Er schafft also für die lateral, sowie
hinten und vorne gelegenen Theile des Labyrinthes die knorpelige Umwandung.

Eine gewisse Selbständigkeit könnte man dann noch vielleicht
dem Knorpel zuerkennen, der im mittleren Abschnitt des Labyrinthes
(Sinus sup. und angrenzende Stücke des Canalis ant. und post.) den
medial-dorsalen Abschluss bildet.

Die synotische Decke entsteht nicht durch Entgegenwachsen
der oberen inneren Ränder beider Ohrkapseln, sondern zum grössten
Theile durch selbständige Verknorpelung des zwischen beiden Ohrkapseln ausgespannten häutigen Schädeldaches.

2. Allgemeine und vergleichende Bemerkungen.

In dem, was oben über die Entwicklung der Labyrinthregion bei Rana gesagt wurde, findet die Frage, ob dieselbe in Anpassung der Schädelwand an das in sie eingetretene Gehörorgan entstanden (GEGENBAUR 19 p. 37 u. 258) oder ob die Ohrkapsel eine besondere Sinneskapsel sei, die zum axialen Theile des Schädels nur in einem appositionellen Verhalten stehe (GOETTE im Anschluss an REICHERT und RATHKE),[1] keine stricte Beantwortung. Für die GOETTE'sche Auffassung gab die fehlerhafte Beobachtung die Grundlage ab, dass die Ohrkapsel allseitig knorpelig umwandet sei, bevor sie sich mit dem Parachordale in Verbindung setze. Das ist nun zweifellos für Rana — und dass Bombinator sich hierin anders verhalten sollte, ist wohl nicht denkbar — unrichtig; die Thatsache, dass ein Theil des Ohrkapselbodens nichts Anderes ist als der laterale Theil des Parachordale, und dass von hier aus auch zum Theil die Bildung der medialen Wand erfolgt, ist zweifellos. So würde man sich also mindestens vorzustellen haben, dass jene periotische Kapsel medialwärts offen sei und hier ihre Ergänzung von Seiten axialer Schädeltheile erhalte. Aber das Verhältniss der beiden von den zwei verschiedenen Stellen aus entstandenen Knorpel zu einander ist doch noch nicht ganz klar anzugeben. Ich verweise hier darauf, dass STÖHR auch die am äusseren Ohrkapselumfang selbständig auftretenden Verknorpelungen als zum „mesotischen Gewebe", d. h. zum mittleren Abschnitte der Basalplatte gehörig betrachtet („im Hinblick auf den oben erwähnten, wenn auch nicht knorpeligen, so doch deutlich erkennbaren Zusammenhang" — 50 p. 88) und die Thatsache, dass auf jungen Stadien vom freien lateralen Rande des mesotischen Knorpels aus ein Gewebszug um den unteren und äusseren Umfang der Ohrblase sich erstreckt und mit dem peripher entstandenen Knorpel in Verbindung steht, ist richtig. Die Erscheinung aber, dass in einer einheitlichen Skelet-Anlage zwei räumlich getrennte Verknorpelungs-Centren auftreten, wäre nicht ohne Analogon (man denke z. B. an den MECKEL'schen und Unterlippen-Knorpel). Dazu kommt, dass auch GEGENBAUR (50 p. 28) für die Selachier beschreibt, dass zuerst die äussere Labyrinthwand knorpelig werde, „im Zusammenhang mit dem Basalknorpel, der von der Chorda her um das Labyrinth herum nach der Seite und dann aufwärts sich ausdehnt". Das würde also eher der Anschauung entsprechen, dass das Labyrinthcavum als eine Art Erweiterung des Schädelcavums, die Ohrkapsel als eine zur Aufnahme des Gehörorgans ausgeweitete Schädelseitenwand aufzufassen sei.

---

[1] Nachträglich werde ich darauf aufmerksam, dass auch v. WIJHE (60 p. 218) sich einmal ganz in demselben Sinne ausgesprochen hat.

Damit steht nun allerdings eine ältere Angabe von LEYDIG [1]) (in: „Beiträge zur mikroskopischen Anatomie und Entwicklungsgeschichte der Rochen und Haie. Leipzig 1852") in Widerspruch, die vielmehr einer selbständigen Entstehung der Ohrkapsel auch bei den Selachiern das Wort redet. Für die Teleostier hat weiterhin STÖHR (51) eine Schilderung von der Ohrkapsel-Entwicklung gegeben, die sich mit der für Rana entworfenen fast völlig deckt. Auch hier der doppelte Ausgangspunkt der Verknorpelung, ein centraler und ein peripherer („periotischer Knorpel"). Etwas weniger klar liegen die Verhältnisse bei den Urodelen (STÖHR 49), doch glaube ich nach meinen bisherigen Beobachtungen an Triton auch für sie im Princip denselben Entwicklungsgang vertreten zu können. [2])

Es scheint mir demnach doch, dass die beiden Knorpel, der periphere und centrale, in einen gewissen Gegensatz zu einander gebracht werden

---

[1]) Nach GOETTE p. 715. Die LEYDIG'sche Arbeit selbst war mir nicht zugänglich. Eigene Untersuchungen über diesen Punkt konnte ich noch nicht anstellen.

[2]) Der periphere Ausgang der Verknorpelung findet sich auch hier, doch bleibt nach STÖHR der eigentliche an der Chorda gelegene Achsentheil der Basalplatte zwischen beiden Ohrkapseln nur sehr gering entwickelt; er wächst nicht von der Chorda aus in die Breite, sondern seine Verbindung mit der Ohrkapsel wird hergestellt (49 p. 499) „durch knorpelige Differenzirung des zwischenliegenden Gewebes von den Ohrkapseln aus". Dieses letztere Gewebe („peripheres" Gew.) vergleicht Stöhr mit dem „mesotischen Gewebe" der Anuren und sucht das verschiedene Verhalten beider durch die Verschiedenheit in dem zeitlichen Auftreten zu erklären. Ich habe leider von dem hier in Betracht kommenden Stadium (Triton taeniatus, c. 9 mm lang) noch nicht ganz ausreichendes Material zur Verfügung, glaube aber doch schon aus den bisherigen Beobachtungen schliessen zu können, dass es möglich ist, die Befunde bei beiden Amphibien-Ordnungen noch enger mit einander in Einklang zu bringen, als dies bereits von Stöhr geschehen. Die Schilderung von Stöhr (49 p. 499) könnte zu der Vermuthung führen, dass die Ohrkapsel medialwärts schon abgeschlossen ist, wenn die Verknorpelung des „peripheren" Gewebes erfolgt. Dies ist aber nicht der Fall. Der eigentliche parachordale Achsentheil der Basalplatte in der Mitte der Labyrinthregion bleibt allerdings sehr schmal, und von ihm deutlich abgesetzt verknorpelt das Gewebe, das dem medialen unteren Umfange des häutigen Labyrinthes anliegt. Von diesem aus schreitet aber dann erst die Verknorpelung des Ohrkapselbodens im mittleren Abschnitte nach aussen vor und auch die mediale Wand bildet sich, ziemlich spät, theilweise im Anschluss an diesen dem medialen unteren Winkel des häutigen Labyrinthes anliegenden Knorpel. Dieser „periphere" Knorpel hat demnach in der That mit dem „mesotischen" Knorpel der Anuren auch das gemeinsam, dass von ihm aus die Umschliessung eines Theiles des häutigen Labyrinthes vor sich geht; der Unterschied liegt darin, dass er bei den Urodelen nicht bis an die Chorda heranreicht, wie STÖHR schon auseinandergesetzt hat (50 p. 97). Ich glaube demnach auch bei den Urodelen den doppelten Ausgangspunkt für die Verknorpelung der Ohrkapsel annehmen zu müssen, einmal den peripheren, vom äusseren Umfange des äusseren Bogenganges aus, und dann einen centralen, vom inneren unteren Umfange des Labyrinthsackes aus; dieser, hier an Ort und Stelle auftretende Knorpel ist aber von dem unmittelbar der Chorda anliegenden abgesetzt; nicht, wie bei den Anuren, von vornherein nur die laterale Ausbreitung jenes.

müssen. Auch für die Batrachier wäre ja doch zunächst noch an ganz jungen Stadien festzustellen, ob jene Verbindung des „mesotischen" Gewebes mit der am äusseren Umfang des Labyrinthes entstehenden periotischen Skelet-Anlage nicht vielleicht erst secundär sich ausbildet. Zudem gewinnt man, wie auch p. 288 erwähnt, an Frontalschnitten durch junge Larven stellenweise den Eindruck, dass jener verbindende Gewebezug nicht in den lateralen Knorpel selbst, sondern vielmehr in sein äusseres Perichondrium übergeht, und schliesslich fordern manche Thatsachen, wie das unten zu besprechende Verhalten des Facialis bei Anuren und Urodelen zu einer schärferen Trennung beider Knorpelarten auf.

Man würde sich demnach — vorbehaltlich der Ergebnisse ausgedehnterer Untersuchungen — vorzustellen haben, dass das Labyrinth eine eigene periotische Kapsel erhält, die aber unvollkommen, nach dem Schädelcavum zu offen ist und eine Vervollständigung medialwärts erst durch axiale Schädeltheile erhält.

Der völlige mediale Abschluss tritt bei den Anuren wie bei den Urodelen und Selachiern (vielleicht überall?) zuletzt auf und kann sogar, wie bei einem Theile der Ganoiden und den Teleostiern, ganz unterbleiben. Dass hierin aber nicht ein phylogenetisch primäres Verhalten sich vererbt hat, sondern nur das Endresultat eines Processes vorliegt, der bei Amia mit einer einfachen grossen Fensterbildung in der Peripherie des Acusticus-Loches anhebt und innerhalb der Teleostier schrittweise bis zu der bei den Cobitidinen vorhandenen weiten Communication der Labyrinthnische mit der Schädelhöhle verfolgt werden kann, wies SAGEMEHL (43 p. 207 und 45 p. 574) nach. Mit Rücksicht auf die von ihm betonte Thatsache, „dass Fenestrationen des Skeletes im allgemeinen mit Vorliebe von der Peripherie von Nervenöffnungen ausgehen", sei hier daran erinnert, dass man auch bei Rana gelegentlich ein Zusammenfliessen der beiden Acusticus-Löcher zu einem einzigen grossen Foramen, durch Schwund, resp. ausbleibende Bildung der trennenden Knorpelbrücke beobachtet.

Alsdann möchte ich hier noch einen Punkt erledigen, der das Verhalten des Facialis zur Ohrkapsel bei Anuren und Urodelen betrifft. Dass der Facialis bei vielen Urodelen (so den Tritonen) durch die Ohrkapsel hindurchtritt und an der Austrittsstelle erst das Ganglion geniculi bildet, ist eine bekannte Thatsache, ebenso der gänzlich davon abweichende Verlauf bei den Anuren; doch existirt meines Wissens der Versuch einer Erklärung noch nicht. Und doch ist eine solche nicht schwer zu geben. Zwischen beiden Zuständen finden wir nämlich einen Uebergang — richtiger einen gemeinsamen Ausgang — in dem Verhalten, das mir ein Siredon zeigt, und das, wie ich einer mir soeben zugegangenen Mittheilung von Prof. KINGSLEY (29) entnehme, auch bei Amphiuma, — wahrscheinlich auch noch bei anderen niederen Urodelen — gefunden wird. Hier betritt der Facialis nur scheinbar mit dem Acusticus zusammen die Ohrkapsel,

thatsächlich passirt er durch einen ventral von der vorderen Kuppel gelegenen Knorpelcanal, dessen Dach von dem Boden der vorderen Kuppel,
dessen Boden von einer Fortsetzung des vorderen Theiles der Basalplatte
gebildet wird. Der Canal liegt also unter dem vorderen Abschnitt der
in sich geschlossenen Ohrkapsel. Denkt man sich hier die vorderste seitliche Verlängerung der Basalplatte und ihre Verbindung mit der Ohrkapsel weg, so bleibt das Verhalten übrig, das die **Anuren** zeigen;
nimmt man aber an, dass der Boden der vorderen Ohrkapselkuppel an
der Stelle, wo der Facialis unter ihm verläuft, eine Lücke erhält, so wird
offenbar der früher extracapsulär verlaufende Canal mitsammt dem Nerven
in das Innere der Ohrkapsel mit einbezogen und der frühere Boden des
Canals (= einem seitlichen vorderen Abschnitte der Basalplatte) erscheint
nun als Theil des eigentlichen Ohrkapsel-Bodens. In letzterem Falle
(Triton, Salamandra) läuft dann der Facialis „durch die Ohrkapsel hindurch", im ersteren hat er Gelegenheit, sich mit dem Trigeminus zu
verbinden, wie es bei den Anuren thatsächlich geschieht. Es folgt aus
dem Mitgetheilten die Thatsache, dass die Ohrkapsel der Tritonen nicht
völlig homolog ist der bei den Anuren. Sie stellt vielmehr die Verschmelzung zweier Räume dar, ist = der eigentlichen Ohrkapsel + dem
Facialis-Canal.

Die Ontogenese erleichtert das Verständniss der Umbildung wesentlich.
Der periotisch entstandene Knorpel bildet bei Rana die ganze vordere
Kuppel und ist erst hinter dem Facialis-Ganglion durch die „vordere
basi-capsuläre Verbindung" mit der Basalplatte vereinigt. Es ist nicht
schwer vorstellbar, dass noch v o r dem Facialis eine zweite vordere Verbindung beider Theile eintritt — und was ich bereits an jungen Stadien
von Siredon gesehen habe, entspricht dieser Auffassung völlig — und so
würde der Facialis-Canal gebildet sein. Kommt nun n u r die Verbindung
v o r dem Nerven zustande, nicht aber die hinter ihm, so ergiebt sich das
Verhalten von Triton und Salamandra. Die Unterscheidung von „perio-
tischem" und „parachordalem", oder überhaupt von peripher und central
entstandenem Knorpel wird dadurch um so berechtigter.

In dem Verhalten bei Siredon dürfte dann auch die Vermittelung
zwischen jenem bei den Selachiern einerseits und dem bei den **Anuren**
und Urodelenformen, wie den **Tritonen** andererseits zu suchen sein.

B. Operculum und Columella auris.

Literatur.

Schon über die Form des fertig ausgebildeten schallleitenden
Apparates bei den Anuren sind die Literatur-Angaben von sehr wechselnder Genauigkeit. Und doch hat schon CUVIER (9 p. 395) eine im

wesentlichen völlig richtige Schilderung gegeben. Er unterscheidet ganz
correct zwei Theile: eine knorpelige Scheibe und den mit dieser articu-
lirenden Stiel. DUGÈS (10, p. 39 ff.) kennt ebenfalls die das For. ovale
verschliessende Knorpelscheibe als einen mit dem Stiel gelenkig verbundenen Theil, ja er weiss sogar, dass ein Theil des M. occipito-sub-
scapularis sich an jener Knorpelscheibe befestige. Auch der Proc.
superior ist ihm bekannt, dagegen beruht wohl die Angabe, dass sich
zwischen dem äusseren und mittleren Abschnitte der Columella ein
Gelenk finde, auf Täuschung. (Ich habe ganz alte Thiere nicht untersucht; es wäre ja denkbar, dass hier eine Band-Verbindung sich ausbildet, doch wird sie von keinem Autor sonst erwähnt.)

Im ganzen genau sind die Verhältnisse von PARKER erkannt. Auch
PARKER hat (32, p. 170, 171, von den Fig. bes. Pl. IX Fig. IV) das
Operculum scharf von der Columella unterschieden, und erkannt, dass
das proximale Ende der letzteren den vorderen Abschnitt der „fenestral
or stapedial fossa" (p. 184) verschliesst, während die Fenestra ovalis
selbst durch das von der Columella getrennte Operculum abgeschlossen
wird. Die HUXLEY-PARKER'sche Nomenclatur (cf. PARKER p. 170)
habe ich absichtlich vermieden. Nach ihr heisst das Operculum „Stapes",
und die einzelnen Theile der Columella: Inter-, Medio-, Extra-, Supra-
Stapediale. Soweit mir bekannt ist, sind diese letzteren Bezeichnungen,
mit Ausnahme des „Interstapediale", von HUXLEY zuerst für die Theile
der Columella bei den Reptilien (Sphenodon) angewendet und von hier
aus erst auf die Frosch-Columella übertragen worden. Für die wirkliche
Homologie der so gleichbenannten Theile ist bisher aber ein Beweis
schlechterdings nicht erbracht worden, vielmehr waren es offenbar rein
äusserliche Aehnlichkeiten, aus denen die Berechtigung für jene Ueber-
tragung der Namen geschöpft wurde. Die Kürze und Bequemlichkeit
der Ausdrücke konnte gegenüber dem Nachtheile, dass sie etwas prae-
judicirten, was nicht bewiesen war, nicht in Betracht kommen.

Bei HASSE (22, p. 383) und RETZIUS (40, p. 205) wird das Operculum nicht als besonderer Theil beschrieben. Nach HASSE wird das
Vorhofsfenster, „durch die dritte Abtheilung der Columella, einer keulen-
förmigen, knorpeligen Verdickung derselben verschlossen". „Diese ist
der Basis stapedis et columellae anderer Wirbelthiere homolog, lagert
sich aber nicht, wie es noch bei den Schildkröten zu sehen, in das
Foramen vestibulare, sondern liegt demselben blos an, weit über die
Peripherie desselben nach allen Richtungen hinüberragend."

Im Grunde dieselbe Auffassung findet sich bei RETZIUS. Die Abbildung auf Taf. XXXIV (Fig. 13) stellt jedenfalls nur die Columella dar,
das mit c bezeichnete Stück kann nur die Pars interna allein sein, und die
Erklärung (Tafel-Erklärung), dass es die Fossa fenestrae ovalis und somit auch die Fenestra ovalis selbst decke, ist nicht zutreffend. Ausserdem haben in Folge der Isolation und Herausnahme der Columella die

einzelnen Theile ihre natürliche Lage verloren. Der lange mit a''' bezeichnete Fortsatz kann nur der Proc. superior sein, erhält also erst dann seine ihm zukommende Stellung, wenn man das ganze äussere Stück a' um den kurzen Hals a'' nach abwärts gebogen denkt. Die Biegsamkeit dieses Halses erwähnt RETZIUS selbst (p. 205). Mit Rücksicht darauf, dass die RETZIUS'sche Abbildung auch anderwärts, so in ECKER-WIEDERSHEIM's Frosch-Anatomie, Aufnahme gefunden hat, hielt ich es für nicht überflüssig, auf diese Fehler hinzuweisen.

COPE (8) ist jedenfalls darüber im Klaren, dass das Operculum eine Bildung per se ist, die nicht continuirlich mit der Columella zusammenhängt. Die Schilderung und Abbildungen, die er von letzterer giebt, sind mir nicht ganz verständlich; da er die knöcherne „Pars media" mit der knorpeligen „Pars interna" zusammen als „Interstapediale" bezeichnet, so bleibt mir unklar, was sein „Meso-" und „Epi-Stapediale" ist; für eine Trennung der Pars externa in zwei Abschnitte vermag ich keinen Grund einzusehen. Hervorgehoben sei, dass COPE einen M. stapedius beschreibt und auch abbildet, der am Operculum angreift. Ueber seinen Ursprung findet sich keine nähere Bemerkung. Die Schilderung, die VILLY (53) von dem schallleitenden Apparate der Frösche giebt, ist im wesentlichen zutreffend; seine Ergebnisse in betreff der Entwickelung jener Theile erwähne ich weiter unten.

Die Entwickelung der Theile des schallleitenden Apparates bei Fröschen ist noch keineswegs ein besonders sorgfältig bearbeitetes Gebiet, wie man vielleicht vermuthen könnte angesichts der grossen Literatur, die schon über die Gehörknöchelchen im allgemeinen und ihre Homologieen bei den einzelnen Wirbelthier-Klassen besteht. Auffallenderweise ist gerade in diesen wichtigen Fragen von der Erforschung und Benutzung embryologischer Thatsachen nur zu sehr und zu oft abgesehen und alle Erkenntniss von der vergleichenden Betrachtung allein erwartet worden. Die Herbeiziehung der Entwickelungsgeschichte hätte hier vor manchen Irrthümern bewahren können.

Thatsächlich ist denn auch der Forscher, dem wir die ersten genaueren Angaben über die Entwickelung jener Theile verdanken, RATHKE, bereits zu einer richtigen Auffassung der Verhältnisse gelangt. Bei ihm heisst es (37 p. 119, für Rana paradoxa): „Uebrigens muss ich noch bemerken, dass das Operculum, wie es mir geschienen hat, eigentlich nur ein losgetrennter Theil des Schläfenbeines, nicht aber ein ganz neu entstandenes Gebilde ist"; und weiter schildert R. die Anlage der Columella (p. 120) als einen harten, kurzen und meist nur schwer aufzufindenden Faden, „der von dem vorderen Theile des auf dem ovalen Fenster aufliegenden Deckels, in horizontaler Richtung — — — zum Quadratknochen hinläuft, jedoch ihn nicht ganz erreicht. An dem Deckel, mit dem er fest zusammenhängt, ist er am dicksten und wird nach vorne hin etwas dünner. Dieserhalb ist es wohl keinem

Zweifel unterworfen, dass der beschriebene Faden seinen Ursprung
von dem Deckel genommen hat." Und in einer Anmerkung (p. 121)
macht RATHKE den sehr wichtigen Zusatz: ..Nach dem, was ich über
die Bildung der Gehörknöchelchen des Frosches angegeben habe, können
diese Theile keineswegs, wie HUSCHKE [1] vermuthet hat, die Ueberreste
der Kiemenbogen sein". Die obige Angabe ist nur dahin zu berichtigen, dass jener „Faden", nachdem er verknorpelt ist, nicht continuirlich mit dem Operculum zusammenhängt, und dass er nicht eigentlich
von diesem aus, sondern direct von dem Verschluss-Gewebe des Foramen
ovale entspringt.

Sehr bestimmt spricht sich auch REICHERT (39 p. 45) darüber aus,
dass das Operculum nur ein Theil der Ohrkapsel sei; er stellt sich
vor, dass es sich aus der übrigen Masse herausgelöst habe. Doch hält
er es für wahrscheinlich, dass bei Rana fusca und den anderen Anuren,
bei denen sich Gehörknöchelchen finden, diese aus der oberen Abtheilung des zweiten Visceralbogens entstehen (p. 70).

Ebenso wie REICHERT bringt auch PARKER (32) das Operculum
und die Columella genetisch in einen Gegensatz zu einander: das
Operculum ist ihm ein „periotic segment", gehört zur Ohrkapsel, dagegen stammt die Columella vom Hyoid. Die Angabe über die Entstehung des Operculum lautet in PARKER's erster Arbeit (32 p. 157)
dahin, dass die Ohrkapsel erst eine Zeit lang völlig knorpelig bestehe
und dann erst das Operculum sich aus ihr herauslöse (also wie es
REICHERT annahm und auch WIEDERSHEIM 58 p. 500 für die Urodelen
beschrieben hat). Diese Angabe wird in der zweiten Arbeit (33 p. 621)
für Bufo dahin berichtigt, dass das Operculum als ziemlich spät auftretende Verknorpelung des Gewebes entstehe, das die Fenestra ovalis
verschliesst. Die Bildung dieser Fenestra selbst ist unverständlich.
Im Uebrigen erklärt PARKER auch hier noch (33 p. 622 Anm.): ..I yet
hold, most tenaciously, to my old view as to the homologies of the
parts; namely, that the „stapes" is a periotic, and the whole, com-
plex „columella" a hyoidean element".

Ohne weitere Prüfung findet sich die Ansicht, dass die Columella
zum Hyoidbogen gehöre, die wohl ursprünglich auf REICHERT zurückzuführen ist, von einer Anzahl Autoren übernommen, die daraufhin gelegentlich der Betrachtung der Gehörknöchelchen im allgemeinen
Hypothesen über die Homologieen aufstellen. (Columella = Hyomandibulare oder = Hyomandibulare + Symplecticum.) Auffallend ist mir,
dass selbst in einer neueren zusammenfassenden Arbeit von GADOW
(15) die Columella mitsammt dem Operculum bei Urodelen und Anuren
als Hyomandibulare bezeichnet wird; GADOW scheint demnach die

[1] Die hier angeführte Arbeit von Huschke konnte ich nicht erlangen.

Arbeit STÖHR's, in der die Entstehung des Operculum bei den Urodelen schon so genau geschildert wird, nicht gekannt zu haben.

COPE (8) macht einige sehr kurze, aber in den Thatsachen zutreffende Bemerkungen über die Bildung der Columella. Er hat zuerst darauf aufmerksam gemacht, dass der äussere Theil der Columella (sein „Epistapediale") eine selbständig verknorpelnde Bildung darstelle, der übrige Theil aber von der Ohrkapsel aus verknorpele. Leider giebt er keine genaue Schilderung. Ein merkwürdiger Widerspruch findet sich in den Bemerkungen COPE's über die Homologie der einzelnen Columella-Abschnitte (p. 304, 305). Nachdem er zunächst aus den embryologischen Untersuchungen folgert, dass die Gehörknöchelchen der Anuren von der Discussion über die Homologie derer bei den Säugern auszuschliessen sind, kommt er gleich darauf durch den Vergleich mit den Ganocephalen und Rhachitomi zu der Ansicht, dass das Interstapediale den proximalen, abgetrennten Abschnitt des Hyoid-Bogens repräsentire und dem Incus der Säuger homolog sei. Zudem hält er es für wahrscheinlich, dass sein „Epistapediale" zum Quadratum gehöre, mithin dem Malleus der Säuger entspreche.

Dass in den bekannten Arbeiten von P. ALBRECHT (2, 3) über diesen Punkt auch die Gehörknöchelchen der Anuren zur Sprache kommen, ist selbstverständlich; eine Auskunft über ihre Entwicklung und Natur erhalten wir darin nicht.

Erst in neuester Zeit ist die Entwickelung des schallleitenden Apparates bei den Anuren mit zureichenden Mitteln untersucht worden: von VILLY (53) und KILLIAN (28). Beide kommen zu dem Schluss, dass weder der Mandibular- noch der Hyoid-Bogen irgend etwas mit der Columella zu thun habe, sondern diese allein von der Ohrkapsel ihren Ursprung nehme.

Hinsichtlich des Haupt-Abschnittes der Columella zu demselben Ergebnisse gelangt, werde ich nur in betreff der Pars externa, die von COPE für wahrscheinlich gehaltene Abkunft vom Quadratum als immerhin möglich bezeichnen müssen.

I. Entwickelung des Operculum und der Columella.

Am schallleitenden Apparate sind zu unterscheiden:

1) Die Verschlussplatte des For. ovale, „Operculum";

2) der sich daran anschliessende Knorpelstab, „Columella", dessen distales Ende mit dem Trommelfell in Verbindung tritt, dessen proximales Ende bindegewebig mit dem Operculum vereinigt ist, und der durch Verknöcherung seines mittleren Drittels in drei Abschnitte zerfällt, die Theil I, Stad. IV genannt wurden.

In der Entwicklung geht das Operculum der Columella voraus; es bildet sich noch mitten während des Larvenlebens, während die Columella erst zur Zeit der Metamorphose auftritt, und selbst nach Beendigung derselben noch keineswegs fertig ausgebildet ist.

Schon auf dem zweiten von mir genauer geschilderten Stadium, von 29 mm Gesammtlänge, zeigen sich in dem Gewebe, welches das Foramen ovale verschliesst (,,Operculargewebe") die ersten Spuren der Verknorpelung, indem die mittleren Partien einen leicht violetten Grundton erhalten (Fig. 17) — die ersten Andeutungen auftretender Grundsubstanz. Diese stehen weder mit dem oberen noch mit dem unteren Umfang des For. ovale in unmittelbarem Zusammenhang, sondern treten selbstständig in dem Opercular-Gewebe auf.

Bei Larven von 31 mm finde ich das Operculum bereits verknorpelt, hinten schliesst es mit dem hinteren Rande des For. ovale ab, vorn erreicht es den vorderen Rand dieses Foramen nicht. Diese Thatsache muss besonders betont werden: das Operculum verschliesst nur den hinteren, allerdings bei weitem grössten Theil des For. ovale, und lässt vorn eine nur häutig geschlossene sichelförmige Lücke übrig. In dieser Lücke bildet sich später die „Columella" (Fig. 21).

Der untere Rand des Operculum liegt von vornherein etwas einwärts vom unteren Rande des For. ovale, zugleich aber von ihm durch eine ziemlich breite Spalte getrennt (Fig. 21), der obere Rand stösst an den unteren Umfang des äusseren Bogenganges, da wo dieser untere Umfang in den inneren übergeht (Fig. 17, 29). An keiner Stelle seines Randes ist das Operculum von vorneherein knorpelig mit der Ohrkapsel verbunden, sondern überall nur bindegewebig. Doch tritt — eine auffallende, aber an verschiedenen meiner Serien zu constatirende Thatsche — eine solche knorpelige Verbindung, und zwar eine Strecke weit am oberen Rande, vorübergehend auf. Ich finde sie bei Larven kurz vor Durchbruch der vorderen Extremitäten (ganze Länge 42 mm, davon Länge des Ruderschwanzes 26 mm, hintere Extremitäten sehr gross und kräftig, am Körper macht sich die Trennung von Kopf und Rumpf bemerkbar.) Auch auf meinem III. Stadium ist sie noch vorhanden. Nach der Metamorphose liegt der obere Rand des Operculum dem unteren Umfange des äusseren Bogenganges zwar sehr enge an, ist aber mit ihm nur durch eine sehr schmale Lage faserigen Gewebes verbunden.

Die Bildung der Columella beginnt, nachdem das Operculum bereits fertig verknorpelt ist und die Metamorphose anhebt, also zu einer Zeit, wo das Hyoid noch schlechterdings keine Beziehung zur Labyrinthregion hat, sondern in der vorderen Orbitalregion noch mit dem Quadratum articulirt.

Wie oben besonders hervorgehoben wurde, bleibt bei der Verknorpelung des Operculum zunächst ein vorderer sichelförmiger Ab-

schnitt des For. ovale frei, d. h. nur häutig geschlossen. In diesem
Verschluss-Gewebe nun finde ich zuerst bei Larven von c. 39 mm
Länge (mit kräftigen hinteren Extremitäten), einen selbstständigen
Knorpelkern auftreten. Ohne mit dem Operculum oder der Ohrkapsel
anders als bindegewebig verbunden zu sein, liegt das kleine Knorpel-
stückchen dicht unter dem unteren Umfange des äusseren Bogenganges
und über dem nach vorn abfallenden oberen Rande des Operculum
(Fig. 21). Dieses zuerst auftretende Knorpelstück ist die spätere Pars
interna columellae.

Ein weiterer Fortschritt zeigt sich in meinem III. Stadium. Die
bemerkenswerthesten Veränderungen sind folgende:

Der vorher rundliche Knorpelkern hat sich sowohl nach hinten
wie nach vorn weiter ausgedehnt und so die Form eines kleinen
Knorpelstabes angenommen. Mit seinem hinteren Ende hat er sich
dabei an die concave Innenseite des vordersten Theiles des Operculum
geschoben; sein vorderes Ende aber ist, unter geringer Abbiegung nach
aussen, über das Gebiet des For. ovale hinaus nach vorn gewachsen.
Zudem aber hat der Stab eine knorpelige Verbindung mit dem unteren
Rande des For. ovale vor dem Operculum erlangt, — durch die „Crista
praeopercularis“ — und giebt sich dadurch noch besonders als zur
Ohrkapsel gehörig zu erkennen (Fig. 28, 29). Das vordere Ende der
noch sehr kurzen Columella liegt jetzt in geringer Entfernung vor
dem For. ovale, medial neben der Thymus, und in unmittelbarer Fortsetzung des Knorpels erstreckt sich ein dichter Gewebszug, Lig. suspensorio-columellare, bis an den hinteren äusseren Umfang des Quadratum.
Direct über diesem Lig. vereinen sich der R. hyomandibularis des
Facialis und der R. communicans des Glossopharyngeus, und der aus
der Vereinigung hervorgehende Nerv tritt über das Ligament hinweg
nach aussen. Am hinteren äusseren Umfange des Quadratum verliert
sich das Ligament im umgebenden Gewebe, dorsal und etwas lateral
vom Anfangstheil der Tuba Eustachii, die kurz davor das Quadratum
erreicht (cf. Annulus tympanicus).

Unmittelbar nach der Metamorphose (nach völligem Schwunde des
Schwanzes) hat sich nun das Bild wesentlich geändert; einmal ist die
Verknorpelung noch weiter in dem Lig. suspensorio-columellare nach
vorn vorgedrungen (Fig. 40), und ferner hat der noch nicht verknorpelte Theil eine ganz besondere Beziehung zur Tube eingenommen.

Die ganze hintere Partie des Quadratums, zu der vorher das Lig.
suspensorio-columellare in Beziehung stand, ist zerstört und der frühere
Quadrat-Körper selbst hat sich jetzt an die Crista parotica angelegt
(cf. p. 348 und Fig. 40). Von der Befestigungsstelle an dieser steigt
er senkrecht herab. Mit dem Quadratum ist aber auch die Anlage
des Annulus tympanicus, sowie der von ihm umkreiste Tuben-Abschnitt
nach hinten gerückt; die Tube, die vorher einen nach vorn gerichteten

Verlauf hatte und sich bis in die vordere Orbitalregion erstreckte zieht jetzt fast rein transversal nach aussen und ihr blindes Ende liegt, umschlossen von dem viertelkreisförmigen Annulus tympanicus (Fig. 42) im Gebiete der vorderen Labyrinthregion. Dorsal über sie hinweg bis an den äusseren Umfang ihres blinden Endes zieht jetzt in unmittelbarer Fortsetzung der kurzen knorpeligen Columella der verdichtete Gewebsstrang, der nach seinen früheren Beziehungen als Lig. suspensorio-columellare bezeichnet wurde. Der distale Abschnitt dieser Anlage, der etwas schärfer begrenzt ist, als der mittlere, liegt, wie schon bemerkt, aussen vom blinden Tuben-Ende, d. h. ziemlich subcutan, umzogen vom Annulus tympanicus, und da wo sie unterhalb der Crista parotica wegzieht, macht sich bereits die Anlage des zu dieser Leiste hinstrebenden „Proc. superior columellae" bemerkbar. Dieses Stadium ist nun so ungemein wichtig, weil hier die Frage entschieden werden muss: Ist wirklich der ganze Gewebszug, dessen distales Ende jetzt bis unter die Haut am äusseren Tubenumfang reicht, nur das frühere Lig. suspensorio-columellare, oder ist noch eine neue Anlage hinzugekommen? Dass dies keine müssige, sondern sehr wichtige Frage ist, ergiebt sich aus einer Beobachtung, die man im weiteren Gange der Verknorpelung machen kann.

Cope (8) hat zuerst beschrieben, dass der äusserste Abschnitt der Columella, um den sich später das Trommelfell bildet, für sich selbständig verknorpelt, und dass der im Lig. suspensorio-columellare centrifugal vorschreitende Knorpel sich erst secundär mit diesem Aussenstücke verbindet. An diese Beobachtung hat er (p. 305) eine Vermuthung geknüpft, die er zwar nicht für bewiesen, sondern nur für möglich hält, die aber, wenn sie sich als richtig herausstellte, die ganze Frage von der Homologie der Gehörknöchelchen aufs Neue sehr compliciren würde: da jener äussere Theil der Columella in der Nähe des Quadratum liege, so stamme er möglicherweise von diesem ab und sei vielleicht dem Malleus der Säuger zu homologisiren.

Hierzu muss ich nun bemerken, dass ich in der That die Cope'sche Beobachtung von der selbständigen Verknorpelung der Pars externa an einigen meiner Serien bestätigt sehe. Ich gestehe offen, dass ich erst nach Lesen der Cope'schen Arbeit bei einer speciell darauf gerichteten Durchmusterung aller Serien den Befund machte.[1]) Das ist aber leider bisher auch Alles, was ich noch feststellen konnte, dagegen bin ich über die Bedeutung der Thatsache bisher noch nicht ins Klare gekommen.

Dass die Anlage jener Pars externa columellae nicht etwa an Ort und Stelle, also erst in der Labyrinthregion vom Quadratum aus er-

---

[1]) Daher ist auch in meinem auf der Versammlung der anatomischen Gesellschaft in Wien 1892 gehaltenen Vortrag noch nichts davon erwähnt.

folgt, lässt sich sicher behaupten; eine andere Möglichkeit war jedoch nicht a priori von der Hand zu weisen: dass sich nämlich der äusserste Theil der Columella differenzirt aus der gleichen Anlage wie der Annulus tympanicus.

Diese macht sich, wie an anderer Stelle gezeigt ist, bei Larven von c. 12 mm bemerkbar als Wucherung vom Quadratum aus, seitlich vom vordersten Abschnitt des Processus muscularis, und bildet um das blinde Tuben-Ende herum, das jetzt noch in jener Gegend liegt, eine dichte Ansammlung von Zellen, aus der erst während der Metamorphose die Anlage des Annulus sich schärfer hervorhebt. Nun rückt mit dem gesammten Quadratum auch das blinde Ende der Tube nach hinten, indem diese selbst in einzelne Stücke zerfällt, die zu Grunde gehen. Es musste also als möglich erscheinen, dass jenes Gewebe, das unmittelbar nach der Metamorphose am äusseren blinden Umfang der Tube als Pars externa columellae verknorpelt, mit der Tube aus der vorderen Orbitalgegend nach hinten gerückt sei und sich mit dem nach Zerstörung des hinteren Quadrat-Abschnittes frei gewordenen distalen Ende des Lig. suspensorio-columellare verbunden habe. —

Bestätigt gefunden habe ich diese Annahme bisher nicht. Verlangen müsste man offenbar, dass sich, schon während das Quadratum im Zurückweichen begriffen ist, eine deutliche circumscripte Anlage am blinden Tuben-Ende erkennen lasse. Das war mir aber bisher nicht möglich; scharf umgrenzt finde ich die Anlage der Pars externa columellae erst, wenn sie verknorpelt, und dann steht sie schon mit dem früheren Lig. suspensorio-columellare in Verbindung und es lässt sich nichts Triftiges anführen, das verhinderte, sie nur als den distalen Abschnitt jenes Ligaments zu betrachten. Wie vor der Metamorphose das Ende des Ligaments am Quadratum noch im vorderen Gebiet der Labyrinthregion lag, so jetzt die Anlage der Pars externa; die ganze Länge des knorpelig-bindegewebigen Zuges von der Ohrkapsel an ist auch, soweit sich das beurtheilen lässt, dieselbe geblieben, und was die Lage zur Haut anlangt, so lag zwar die Befestigungs-Stelle am Quadratum etwas mehr in der Tiefe, aber zwischen ihr und der Hautoberfläche befand sich nur der N. hyomandibularis und im übrigen indifferentes Gewebe.

Die Stadien, auf die es ankommt, und die mir gerade fehlen, liegen zwischen dem in Fig. 38 und Fig. 40 dargestellten. Die Weiterbildung erfolgt in dieser späten Zeit der Metamorphose so rasch, dass ein gut Theil Glück dazu gehört, verschiedene, an einander schliessende Zustände zu Gesicht zu bekommen. Ich will demnach die Möglichkeit, dass doch vielleicht die Pars externa columellae zum Quadratum gehört, offen lassen, und hoffe recht bald etwas Definitives darüber berichten zu können.

Um für den Augenblick keinen Zweifel über meine Stellung zu der Frage zu lassen, resumire ich mich dahin, dass jedenfalls der bei Weitem grösste Theil der Columella durch Verknorpelung des früheren Lig. suspensorio-columellare entsteht, dessen distales Ende nach Zerstörung des hinteren Quadrat-Abschnittes seine Beziehung zu diesem verlor, danach in ein engeres Verhältnis zu der Tube trat und mit der Verlaufsänderung dieser ebenfalls nach der Haut abgelenkt wurde. Ob die Pars externa, die einen selbstständigen Knorpelkern erhält, auch schon in der Anlage etwas Verschiedenes ist, ist noch weiter zu prüfen. —

Das übrige lässt sich nun rasch erledigen. Die Pars externa verbindet sich sehr schnell knorpelig mit dem von der Ohrkapsel aus verknorpelnden Abschnitt [1]) und nach dieser Vereinigung verknorpelt auch sehr bald jener Gewebszug, der aufwärts zur Crista parotica aufsteigt (Proc. superior columellae. Fig. 42. Col. s.), und zwar zu jenem Theile der Crista, der schon dem Quadratum angehört. Diese Verbindung bildet sich neu; dass sie etwa nur ein Rest der früheren Verbindung mit dem Quadratum sei, lässt sich nicht feststellen; es sind ja auch die Partien des Quadratums, bis zu denen das Lig. suspensorio-columellare früher reichte, jetzt ganz zerstört und ein Abschnitt, der früher viel weiter vorn lag, ist mit der Crista parotica verbunden.

Ich habe natürlich auch die Möglichkeit in Betracht gezogen, dass dieser Proc. superior columellae vom Quadratum stamme, aber auch dies erwies sich als unbegründet. Die Anlage wird von der Columella aus deutlich und verknorpelt auch im Anschluss an sie; nur eine kurze Strecke weit schiebt sich auch vom Quadratum her Knorpel in sie ein.

In das Trommelfell wächst die Pars externa columellae von oben her hinein, — diesen Process, sowie die Bildung des Trommelfelles selbst, habe ich nicht mehr verfolgt.

Es sei nur noch erwähnt, dass mit der Stellungsänderung des Quadratums auch die Columella immer mehr in eine rein transversale Lage aus der ursprünglichen, nach vorwärts gerichteten, gedrängt wird (vergl. Fig. 40 mit 42).

Die definitive Form der Columella habe ich oben so ausführlich beschrieben, dass ich hier nur auf jene Schilderung zu verweisen brauche.

Der Proc. sup. (Fig. 42. Col. s.) ist auch auf meinem IV. Stadium noch durchweg knorpelig, später stellt er einen knorpeligen Fortsatz der Columella dar, der nur fibrös mit der Crista parotica verbunden ist. In gleicher Weise wandelt sich auch die knorpelige Verbindung

---

[1]) Daher haben KILLIAN (28) und VILLY (53) die selbstständige Verknorpelung überhaupt nicht zu Gesicht bekommen.

der Pars interna col. („Pseudoperculum") mit dem unteren Rande der Fovea fenestrae ovalis zu einer nur bindegewebigen Befestigung um.

Kurz berührt sei hier noch einmal die interessante Bildung der „Fovea fenestrae ovalis". Es bleibt nämlich nicht die ganze Fenestra, wie wir sie (Fig. 21) beim Auftreten der ersten Columella-Spuren fanden („secundäres Foramen ovale": ungefähr das Gebiet der Aussenwand einnehmend, das, auf die Innenwand bezogen, vom Vorderrande des For. acusticum bis zum Vorderrande des For. perilymphaticum sup. reicht), als Oeffnung bestehen, sondern die vordere Hälfte wird noch verschlossen. Dieser Verschluss geschieht durch eine senkrechte Wand, die im Anschluss an den Vorderrand des secundären For. ovale nach hinten wächst, doch so, dass zwischen der Pars interna columellae und ihr ein Raum bleibt. Ja, die Ausdehnung dieser Wand geht sogar nach hinten zu noch an die mediale Seite des Operculum, auch zwischen diesem und sich selbst einen schmalen Raum lassend (Fig. 42, 43, 44). In diesem Raum, der hinten mit dem Ohrkapselraum zusammenhängt, und der, wenn man das Operculum und die Pars interna columellae wegnimmt, als flache Grube an der äusseren Ohrkapselfläche erscheint (Fig. 41), liegt der Ductus fenestrae ovalis von RETZIUS. Im hinteren Abschnitt der Grube öffnet sich das bedeutend reducirte „definitive" Foramen ovale; jener ist dadurch entstanden, dass der ursprüngliche untere Rand des For. ovale aussen vom Operculum in die Höhe gewachsen ist. Die Pars interna columellae deckt als ein „Pseudoperculum" den vorderen Theil der Fovea fenestrae ovalis, das wahre Operculum allein deckt das definitive For. ovale, ragt aber über dessen Ränder, besonders den vorderen, hinaus.

Zusammenfassung.

Bei der ersten Anlage der Ohrkapsel wird von dieser und der Basalplatte eine grosse Lücke begrenzt: das primäre Foramen ovale. Dieses primäre For. ov. verkleinert sich im Laufe der Entwickelung zunächst auf ein secundäres Foramen ovale. In dem Verschlussgewebe des secundären For. ov. treten auf

1) das Operculum,
2) die Pars interna columellae.

Das Operculum ist eine selbständige Verknorpelung des Gewebes, das den grösseren hinteren Abschnitt des secundären For. ovale verschliesst. Dieselbe findet schon ziemlich früh statt (Larven von ca. 30 mm).

In dem vorderen sichelförmigen Abschnitt des secundären Foramen ovale, der vom Operculum frei gelassen ist, entsteht als selbständige

Verknorpelung die Pars interna columellae, die aber bald in knorpeligen Zusammenhang mit dem unteren Rande des Foramen tritt. Die Verknorpelung beginnt erst gegen das Ende der Metamorphose und folgt dem Zuge dichteren Gewebes, der sich vom For. ovale zum Quadratum erstreckt (Lig. suspensorio-columellare). Durch die Stellungsänderung des Quadratums, die mit einer Zerstörung seiner hinteren Abschnitte beginnt, gelangt das distale Ende dieses Gewebszuges in engere Beziehungen zur Tuba Eustachii und wird von dieser zur Haut abgelenkt. Die Verknorpelung des äussersten Theiles erfolgt etwas früher, bevor die im übrigen Abschnitte des Ligamentes centrifugal vorschreitende bis hierher gedrungen ist. Die Möglichkeit wenigstens ist offen zu lassen, dass diese Pars externa vom Quadratum abstammt. Zwischen der Pars externa columellae und dem Theil der Crista parotica, der genetisch zum Quadratum gehört, tritt eine secundäre Verbindung durch den Proc. superior columellae auf.

Bei dem ersten Auftreten der Columella befindet sich das Hyoid noch in der vorderen Orbitalregion in Verbindung mit dem Quadratum; es hat zur Columella-Bildung durchaus keine Beziehungen.

Nach der Metamorphose findet eine Verengerung des „secundären" Foramen ovale auf ein „definitives" For. statt, das nur ungefähr der hinteren Hälfte des secundären entspricht. Der vordere Abschnitt des secundären For. ovale wird in eine Grube verwandelt, in der der Ductus fenestrae ovalis (RETZIUS) liegt, und die von der Pars interna columellae (Pseudoperculum) ebenso bedeckt ist, wie das Foramen ovale selbst vom wahren Operculum.

2. Allgemeine und vergleichende Bemerkungen.

In vergleichend anatomischer Hinsicht wäre natürlich gerade über dieses Kapitel sehr viel zu sagen, indessen liegen darüber zwar sehr viel Hypothesen, aber nur sehr wenige brauchbare Beobachtungen vor und zudem bin ich selbst für die Columella der Anuren wieder in Zweifel hinsichtlich ihrer Zusammensetzung gerathen (s. oben). Ich halte es daher gerade hier für nothwendig, möglichst vorsichtig mit Deutungen zu sein und werde mich auf sehr Weniges beschränken.

Zunächst sei auf eine kleine Differenz in der Bildung des Operculum bei den Anuren und Urodelen hingewiesen. Wie STÖHR (49, p. 501) zuerst beschrieb, verknorpelt das Operculum bei den Urodelen vom vorderen Umfange des Foramen ovale aus, geradezu als ein Fortsatz dieses vorderen Umfanges, beim Frosch dagegen tritt der Knorpel ohne Beziehung zu dem Umfang des For. ovale selbstständig im Opercular-Gewebe auf, und erst später lässt sich vorübergehend ein knorpeliger Zusammenhang mit dem hinteren oberen Rande

nachweisen. Ich erwähne diese Differenz nur; ein besonderes Gewicht
wird man ihr nicht beilegen können. Bei den Urodelen erscheint nur
die ursprüngliche Zugehörigkeit des Operculums zur Ohrkapsel noch
deutlicher ausgedrückt.

Was dann die Columella der Anuren betrifft, so wird man wohl
nicht fehlgehen, wenn man sie, mindestens zum grössten Theil, als ver-
knorpeltes Ligamentum suspensorio-columellare (Lig. susp.-stapediale)
der Urodelen auffasst, das ja auch bei diesen schon hin und wieder
knorpelig wird (Menopoma z. B.) mit der Maassnahme, dass es beim
Frosch infolge der veränderten Stellung des Quadratum mit seinem
distalen Ende zur Haut abgelenkt wird. Doch muss an die Thatsache
erinnert werden, dass bei den Anuren die Columella gar nicht continuirlich knorpelig mit dem Operculum zusammenhängt, sondern eine
selbständige davor gelegene Bildung ist, an der sich auch wieder
eine besondere Deckplatte, ein „Pseudoperculum", ausbildet. Dagegen
erscheint auf den Abbildungen bei WIEDERSHEIM (58) die „Columella",
wo eine solche vorhanden ist, (z. B. Amphiuma, Menopoma) immer
als directer Fortsatz des Operculum, diesem central aufsitzend. Hier
bleibt also ein Punkt, der noch der Aufklärung bedarf, wenn ich ihm
auch kein sehr grosses Gewicht beilegen möchte. Vielleicht ist das
Verhalten bei Salamandra geeignet, Licht in die Frage zu bringen;
nach WIEDERSHEIM (58 p. 504) ruht hier die „Columella", (i. e. das
Operculum) „in dem von zwei dicken wulstigen Lippen eingefassten
Foramen ovale. Diese Lippen nun ziehen sich nach vorn und aussen
in einen dünnen Knorpelstiel aus und dieser hängt mit der Cartilago
quadrata zusammen, gewiss eine merkwürdige Variation der oben geschilderten Verhältnisse." Nach der oben gegebenen Entwickelung
der Columella bei den Anuren könnte man auch hier das Verhältniss
so auffassen, dass sich die untere vordere Lippe, die das Foramen
ovale umfasst, „in den Knorpelstiel der Columella auszieht". Leider
konnte ich Salamandra bisher noch nicht selbst untersuchen und bei
dem mir zu Gebote stehenden Triton taeniatus vermochte ich etwas
Aehnliches nicht zu finden. Interessant ist mir mit Bezug auf diesen
Punkt noch, aus der Fig. 7 bei GADOW (15, Pl. 71) zu ersehen, dass
bei Menobranchus das Lig. suspensorio-columellare (GADOW's hyoman-
dibulo-quadrate-ligament l. c. p. 461) nicht die unmittelbare Fortsetzung jener kleinen „Columella" ist, sondern vor derselben von der
Platte des Operculum selbst, und wie der Text hinzusetzt „with a few
fibres from the cranium" entspringt.

Es zeigt sich jedenfalls, dass selbst bei den Urodelen hier mannigfache Variationen vorkommen, die bei dem Vergleich mit den Anuren
und weiterhin mit den Reptilien in Betracht gezogen werden müssen.

Schon dieser Vergleich des schallleitenden Apparates der Reptilien
mit dem der Anuren stösst auf Schwierigkeiten. Es geht jedenfalls

nicht an, wie von vielen Seiten geschehen ist, die Homologie der Columella bei den Reptilien und Anuren a priori vorauszusetzen: das Problem der Gehörknöchelchen-Morphologie bietet viele Seiten dar, die unabhängig von einander behandelt werden können und müssen. Die Aufgabe ist zunächst, festzustellen, von welchen Theilen des Schädels die einzelnen Abschnitte des schallleitenden Apparates ihren Ursprung nehmen; auf Grund des gewonnenen Resultates wird weiterhin erst anzugeben sein, ob und inwieweit die einzelnen schallleitenden Elemente bei den verschiedenen Thieren einander homolog sind, und eine ganz besondere Frage ist es dann noch, inwieweit als homologe Bildung bei den Fischen der als Hyomandibula bezeichnete Skelet-Theil in Betracht kommt. Die Homologie speciell zwischen der Anuren- und Saurier-Columella darf nicht eher gefolgert werden, als bis die Entwickelungsgeschichte die Angaben HOFFMANN's (26) widerlegt hat, dass nur der proximale Theil der Saurier-Columella aus der Ohrkapsel, der distale dagegen vom Hyoid entsteht. Ich kann meinerseits nur bemerken, dass ich auf Grund meiner bisherigen Erfahrungen, die allerdings noch nicht vollständig genug sind, die Richtigkeit der HOFFMANN'schen Angabe, d. h. die Zusammensetzung der Saurier-Columella aus zwei genetisch verschiedenen Theilen (Otostapes und Hyostapes) für wahrscheinlich halte. Dass bei den Sauriern die Verhältnisse doch erheblich andere geworden sind, als sie bei den Anuren waren, scheint mir schon auf Grund des Nervenverlaufes angenommen werden zu müssen. Bei den Anuren überschreitet der Facialis einmal, und zwar in der Richtung von vorn nach hinten, die Columella; bei den Sauriern dagegen, ebenso wie auch weiter bei den Säugern, zweimal, 1. dicht am Cranium in der Richtung von vorn nach hinten, als „Stamm des Facialis", und 2. weiter lateralwärts in der Richtung von hinten nach vorn als „Chorda tympani".

Es kann nicht wohl fraglich sein, dass der Vorläufer der „Chorda tympani" der R. mandibularis des Facialis bei den Amphibien ist. Dieser tritt aber zur Ohr-Columella in gar keine Beziehungen. Sein Verlauf bei den Reptilien bleibt völlig unverständlich, wenn man ihn nicht in Zusammenhang zu bringen vermag mit Verschiebungen der Skelet-Theile. Dies im Einzelnen zu thun, kann erst bei einer speciellen Bearbeitung des Saurier-Schädels versucht werden.

Die genaue Untersuchung der Verhältnisse bei den Reptilien, und zwar bei allen Ordnungen derselben — denn es ist noch gar nicht bewiesen, dass die „Columella" innerhalb dieser völlig homolog sei — kann dann erst das Verständniss für die Verhältnisse bei den Säugern eröffnen, wo auch der Mandibularbogen sich zweifellos an der Bildung der schallleitenden Elemente betheiligt.

III. Orbital-Region.

In diesem Kapitel soll die Bildung der in der Orbitalregion auftretenden cranialen Skelet-Theile — B o d e n , S e i t e n w a n d , D e c k e — besprochen werden. Trotzdem es sich dabei um im Grunde sehr einfache Verhältnisse handelt, kommen doch manche Fragen in Betracht, die nicht so ganz kurz abzumachen sind. Ich bemerke, dass die Bildung der E t h m o i d a l p l a t t e , die eigentlich schon hier zur Sprache kommen sollte, doch erst bei dem Kapitel „Ethmoidalregion" abgehandelt werden wird, im Zusammenhange mit der Bildung der Nasenkapsel.

Literatur.

Wie für alle·Theile des Anurenschädels, so verdanken wir auch für die Grundlagen der Orbitalregion, die erste Anlage der Trabekel und ihrer vorderen Verbindungs-Platte, Stöhr die wichtigsten Angaben. Stöhr stellte die paarige Anlage der Trabekel sowie die Bildung der vorderen Trabecularplatte durch secundäre Verschmelzung jener beiden fest (50, p. 85). Die Bezeichnung „Planum trabeculare anticum statt „Internasalplatte" schien mir zweckmässiger, weil die Platte sich nur zwischen kurze Strecken der Choanenabschnitte der Nasensäcke einschiebt. Bei Parker führt die Platte den Namen: „trabecular commissure".

Die weitere Bildung von Seitenwand, Decke und Boden der Orbitalregion findet bei Parker und Goette Erwähnung. Parker sagt nur kurz (32, p. 153), dass die Trabekel „by upward continuous growth of cartilaginous laminae, enclose the fibrous sac" (damit ist wohl der Dural-Sack gemeint), und p. 154: „The outer edges of the trabeculae, also, are growing upwards so as to form a cartilaginous wall outside the fibrous brain-sac." Die Verengung der basi-cranialen Fontanelle, also die Bildung des B o d e n s , erfolgt nach P. „by the closing-in of the trabeculae and the formation of the commissure" (p. 154). Endlich nimmt P., nach einer Bemerkung auf p. 163 zu schliessen, die Bildung der von mir als „Taenia tecti transversalis" bezeichneten Knorpelspange von den Ohrkapseln aus an. („The cranial roof . . . . is now roofed-in with an extension forwards of the pterotic cartilage.")

Bei Goette heisst es (p. 630), dass die Seitentheile der vorderen Hirnkapsel im Anschlusse an den Wirbelbogen [1]) gerade aufwärts

---

[1]) Als „Wirbelbogen" bezeichnet G. die Trabekel. Diese Auffassung darf wohl heute ebenso als historische Erinnerung angeführt werden, wie die Parker's, nach der die Trabekel „the first or preoral visceral arch" waren.

wachsen, und dies wird p. 709 noch dahin präcisirt, dass dieses Wachsthum nur bis zu einem gewissen Grade ganz bestimmt aus den cylindrischen Wirbelbögen hervor stattfände, „da diese sich zusehends abplatten", nicht weniger aber auch durch Anlagerung neuer Bildungselemente an die Ränder jener. Die Angabe, dass ein Theil der Schädelseitenwand vor der Ohrkapsel durch den „Schläfenflügelknorpel" (i. e. den Processus ascendens quadrati) gebildet werde, ist schon von Stöhr zurückgewiesen worden. Die Bildung der von mir als Taenia tect. transvers. bezeichneten Spange bringt Goette in Verbindung mit dem „kleinen oder Orbitalflügel-Knorpel" (p. 633), das ist mit jener Partie der Schädelseitenwand, die ziemlich spät entstehend, sich unmittelbar an den vorderen inneren Umfang der Ohrkapsel anlegt (cf. p. 136). Von hier aus soll nach hinten hin der Einfassungs-Saum der Ohrkapsel (Taenia tect. marg.) sich fortsetzen, nach innen aber (p. 634) ein schmaler Knorpelzipfel hervorwachsen, „welcher in querer Richtung unter dem häutigen Schädeldache ... mit dem anderseitigen zu einer queren Brücke zusammenstösst." Von ihrer Mitte aus nach hinten soll, wenigstens theilweise, die Bildung der Taenia tecti medialis erfolgen. Ich kann in dem „kleinen oder Orbitalflügel-Knorpel" Goette's eine selbständige Bildung, die einen besonderen Namen rechtfertigte, nicht erkennen, und auch in Betreff der Deckenbildung bin ich zu einer anderen Anschauung gekommen.

I. Entwickelung von Boden, Seitenwand, Decke der Orbital-Region.

Die früheste sehr unvollkommene knorpelige Begrenzung des Schädel-Cavums in der Orbitalregion wird gebildet durch die beiden Trabekel, die hinten mit den Seitentheilen der Basalplatte, vorn mit der „vorderen Trabecularplatte" zusammenhängen und mit diesen beiden Platten zusammen die grosse „basi-craniale Fontanelle" begrenzen (Fig. 1). Genau am unteren äusseren Rande des Schädel-Cavums gelegen, schaffen sie mit ihren schräg nach innen abfallenden Fächen den ersten knorpeligen Abschluss nach abwärts wie nach der Seite, und die Weiterbildung des knorpeligen Bodens wie der Seitenwand geschieht, wenigstens zum grossen Theile, im Anschluss an sie. Im übrigen ist der Boden, wie die das Gehirncavum seitlich und dorsal begrenzenden Wände, häutig; diese Theile befinden sich in dem Zustande, der gewöhnlich als „häutiges Primordial-Cranium" bezeichnet wird.

a. Boden (Solum interorbitale).

Die Veränderungen am Boden, für die mein Stadium I den Ausgang bildet, sind folgende:

1. Im Anschluss an die Ränder der basi-cranialen Fontanelle bildet sich ein knorpeliger Boden, dessen Vollendung erst ziemlich spät (nach der Metamorphose) zu Stande kommt.

2. Eine Zeit lang ist dieser neugebildete Boden von den Trabekeln deutlich abgesetzt, dann aber unterliegt der Knorpel der Trabekeln einer partiellen Resorption, so dass letztere später als besondere Elemente nicht mehr innerhalb des übrigen Knorpels unterscheidbar sind. Ein kurzer Abschnitt der Trabekel geht ganz zu Grunde.

ad 1.

Die Verengerung der basi-cranialen Fontanelle erfolgt zunächst von vorne her und von den Seiten, während ihre Ausdehnung nach hinten hin eine Zeit lang unverändert bleibt. In der Hauptsache bildet sich der knorpelige Boden im Anschluss an die beiden Trabekel-Innenränder, also von beiden Seiten nach der Mittellinie hin vorschreitend. Nur in den vordersten Partieen erfolgt die Verknorpelung zum Theil auch von den mittleren Partieen der vorderen Trabecularplatte nach hinten hin.

Schon auf meinem zweiten Stadium (Fig. 12, 13) ist die Reduction der ursprünglichen basi-cranialen Fontanelle eine beträchtliche, nicht nur in sagittaler, sondern auch, wenn auch nicht so bedeutend, in transversaler Richtung. Ihre Seitenränder werden dann nicht mehr von den Trabekeln selbst, sondern von neu entstandenen dünnen Knorpelleisten gebildet, deren Grenze gegen die ursprünglichen Trabekel durch die Foramina carotica prim. und cranio-palatina bestimmt ist (p. 43). Ich bemerke noch, dass auch hier am Boden durchaus kein Anhalt dafür gefunden werden kann, den neuen Knorpel etwa für einen „Abkömmling" des Trabekel-Knorpels zu halten, vielmehr handelt es sich auch hier offenbar nur um die Verknorpelung einer vorher schon vorhanden gewesenen häutigen Anlage.

Ein Vergleich des Stadiums III (Fig. 25, 26) mit II ergiebt, dass nun auch eine Verkleinerung der Fontanelle von hinten her erfolgt ist, während vorher (II) das primäre For. caroticum nasalwärts vom Hinterrande der Fontanelle lag, fällt jetzt (III) dieser mit dem Hinterrand des vereinigten Oculomotorius-Carotis-Loches zusammen in dieselbe Frontal-Ebene (Fig. 12—25). Demnach ruht auch jetzt die Hypophyse, die vorher ganz im Bereich der Fontanelle lag, mit ihrer hinteren Hälfte dem knorpeligen Boden auf.

Schliesslich, einige Zeit nach der Metamorphose, hat sich auch diese letzte Lücke geschlossen, so dass das Primordial-Cranium des jungen Frosches in der Labyrinth- und Orbital-Region einen continuirlichen knorpeligen Boden besitzt.

ad 2.

In Bezug auf den zweiten Punkt, das Schicksal der Trabekel, ist Folgendes zu bemerken.

Nachdem der Boden des Primordial-Cranium in grösserer Ausdehnung verknorpelt ist und auch knorpelige Seitenwände aufgetreten sind (bei Larven mit sehr grossem und kräftigem Ruderschwanz, aber noch sehr kleinen hinteren Extremitäten: von 39 mm Gesammt- und 25 mm Schwanz-Länge), zeigen sich an den Trabekeln die ersten Spuren einer regressiven Metamorphose. Wie auch an andern Stellen auseinandergesetzt, leitet sich dieselbe ein durch Verschwinden der färbbaren Grundsubstanz, so dass die den Knorpelhöhlen entsprechenden polygonalen Felder, innerhalb derer die Zellkörper nur sehr undeutlich, die Kerne dagegen scharf begrenzt sichtbar sind, nur durch sehr blass gefärbte Linien von einander abgegrenzt werden.

In dieser Weise „gezeichnet" sind jetzt der Abschnitt des Trabekels jeder Seite, der das primäre Foramen caroticum vom For. oculomotorii trennt, sowie an dem ganzen davor gelegenen Abschnitt bis zur vorderen Trabecularplatte die unteren äusseren Partieen des Trabekels.

Diese Partieen gehen nun in der Folge thatsächlich zu Grunde. Dadurch wird der vordere Theil des Trabekels immer mehr dem Boden und der Seitenwand gleich gemacht, so dass er von diesen später nicht mehr unterscheidbar ist. (In Fig. 26 noch zu erkennen.) Auch der kurze Abschnitt zwischen For. caroticum und For. oculomotorii geht zu Grunde und ist durch alle Stadien der Auflösung zu verfolgen. Das Hauptinteresse, das sich an diese Thatsache knüpft, betrifft das Verhalten der Art. carotis int. (Vergl. nebenstehende Schemata.)

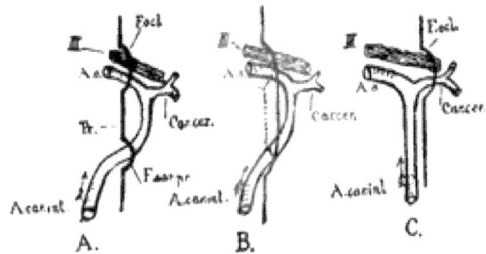

Schemata für den Verlauf der Art. carotis int. im Larvenleben und beim ausgewachsenen Thier. A. Larve. B. Metamorphosen - Stadium. C. Umgewandeltes Thier. A. car. int. Carotis interna. A. o. Art. ophthalmica. Car. cer. Carotis cerebralis. F. car. pr. Primaeres Foramen caroticum. F. ocl. For. oculomotorii. III. N. oculomot. Tr. Trabekel zwischen For. carot. und For. oculomotorii, geht in B. zu Grunde.

Solange der Trabekel noch intact ist (A) betritt die Art. den Schädelraum durch das primäre For. carot. (F. car. pr.), steigt dicht am

Trabekel liegend in die Höhe und verlässt den Schädelraum wieder
durch das For. oculomot., um sich in der Orbita als **A. ophthalmica**
(A. o. der Schemata) zu verzweigen. Unmittelbar am For. oculomotorii
giebt sie noch den Gehirnast nach innen ab (Car. cer.). Durch die
Zerstörung des zwischen jenen beiden Foraminibus gelegenen Knorpels (B.) kommt nun das ursprünglich intracraniell verlaufende Stück
des Gefässes in die Orbita zu liegen, und nur der Gehirnast dringt
jetzt durch das For. oculomotorii in die Schädelhöhle ein (C.). Den
Uebergang hierzu bildet das auf p. 325 geschilderte Verhalten, wo noch
ein Zug kernreichen Zerfall-Gewebes den Eintritt der Art. carotis in
die Schädelhöhle von ihrer Austritts-Stelle aus derselben trennte. Das
am Knorpelschädel entstandene grosse gemeinsame Foramen (Fig. 25)
wird weiterhin wieder verkleinert auf ein Foramen, durch welches dicht
über einander beim jungen Frosch der N. oculomotorius aus und der
Gehirnast der Art. carotis in die Schädelhöhle dringen (Fig. 41; C.
der Schemata). Eine secundäre Trennung dieses Foramens in zwei
kommt vor (cf. p. 75), scheint aber Ausnahme zu sein.

In den nebenstehenden Schematen habe ich versucht, die Umwandlung klarer zu machen.

Hinsichtlich des Astes der Art. carot. int., der, wie p. 313 geschildert, intracraniell abgegeben wurde und nach seinem Austritt
durch das For. cranio-palatinum als Gaumengefäss weiter verlief, kann
ich nur bemerken, dass es mir nicht möglich war, ihn bei etwas
älteren umgewandelten Fröschen (Stad. IV) aufzufinden. Unmittelbar
nach der Metamorphose ist er noch vorhanden, nachher dürfte er obli-
teriren. Auch das Foramen cranio-pal. ist später nicht mehr zu
finden.

b. Seitenwand.

Die ersten Anfänge einer über das Niveau der oberen Trabekelkante sich erhebenden knorpeligen Seitenwand der Schädelhöhle in der
Orbitalregion treten jederseits an zwei räumlich weit von einander getrennten Stellen auf (Fig. 1): entsprechend der vorderen und hinteren Verbindung des Quadratums mit dem Trabekel. (Commissura
quadrato-cranialis anterior und Proc. ascendens.) Entsprechend dem
Ansatz der Commissura quadrato-cranialis sind schon auf meinem
ersten Stadium die Seitenränder des hintersten Theiles der vorderen
Trabecularplatte etwas nach aufwärts verlängert, und an der Anlagerungs-Stelle des Proc. ascendens ist dies in so bedeutendem Maasse
der Fall, dass ein bis zum Niveau des oberen Gehirn-Umfanges reichen-
der Seitenwand-Pfeiler hier besteht. An beiden Stellen ist die Knorpel-
structur innerhalb des gesammten Seitenwand-Querschnittes ganz gleichmässig, man kann nicht etwa in dem Trabekel und dem auf ihm
befindlichen Wand-Abschnitte verschiedene Gebilde sehen.

Die knorpelige Umschliessung des N. oculomotorius und der Art. ophthalmica, die beide vor dem hinteren Seitenwand-Pfeiler über den Trabekel verlaufen, ist die erste Veränderung, die sich hier vollzieht. Der Knorpel breitet sich von hinten her über sie aus und legt sich vor ihnen an die Innenseite der oberen Trabekelkante an. Bei Larven von 23 mm ist dieses knorpelig begrenzte Foramen gebildet.

Im vorderen Abschnitte der Orbitalregion hat sich gleichfalls die Seitenwand sagittal weiter ausgedehnt. Ihre Bildung bleibt zunächst aber nur auf das Stück des Trabekels beschränkt, mit dem die Commissura quadr.-cran. verbunden ist; nasalwärts reicht sie bis zum N. olfactorius, der später von ihr überwachsen wird. Der N. orbito-nasalis, welcher der häutigen Schädelwand im vordersten Orbital-Abschnitte enge anlag, erzeugt oft bei der Bildung der knorpeligen eine seichte Rinne in derselben, dicht über der ursprünglichen Kante der vorderen Trabekularplatte. Im übrigen ist eine deutliche Grenze zwischen dem ursprünglichen Trabekel und der neu sich bildenden Seitenwand nicht zu erkennen; beide gehen continuirlich in einander über. —

Chronologisch erfolgt jetzt erst die Verbindung des hinteren Seitenwand-Pfeilers mit der Taenia tecti marginalis, die vom Vorderrande der synotischen Decke aus nach vorn sich entwickelt. Alsdann ist das Stadium erreicht, das Fig. 12 darstellt, und auf dem auch noch der grösste Abschnitt der Schädel-Seitenwand nur häutig ist.

Die Bildung der continuirlichen, nur von den Nerven-Löchern durchbrochenen knorpeligen Seitenwand findet nun nicht etwa durch weitere Apposition von Knorpel an die oberen Trabekelränder statt, sondern in eigenthümlicher Weise. Es verknorpelt nämlich zunächst auch hier, in der Orbitalregion, eine „dorsale Randspange" d. h. ein den obersten Abschnitt der häutigen Seitenwand einnehmender Streifen, der die oberen Theile der vorderen und hinteren Seitenwandpartien mit einander verbindet, und dem der laterale Rand des sehr frühzeitig auftretenden Fronto-parietale aufliegt. So wird während einer kurzen Dauer der Schädel-Entwicklung (Larven von ca. 30 mm) von dem Trabekel, der vorderen und hinteren Seitenwand-Partie und der dorsalen Randspange ein knorpeliger Rahmen gebildet, in dem die häutige Wand befestigt ist. Die Verknorpelung dieser erfolgt alsdann theils im Anschluss an den Trabekel von unten her, theils im Anschluss an die obere Spange. Dabei wird ein sehr kleines Foramen pro N. trochleari und ein sehr viel grösseres For. opticum gebildet. Bei Larven von ca. 37 mm ist die Verknorpelung der Seitenwand vollendet.

Ein wichtiger Vorgang ist dann noch die Verbindung der oberen Hälfte ihres ursprünglich freien Hinterrandes (der „Crista trabeculae" der Autoren) mit der Ohrkapsel, ein Process, der erst etwas später vollendet ist als die Verknorpelung der gesammten Seitenwand.

Er erfolgt, nachdem die Taenia tecti marginalis der Labyrinthregion sich mit dem oberen Rande der Ohrkapsel verbunden hat (cf.
p. 112). theils im Anschluss an diese Leiste, von der aus sich der
Knorpel von oben her an dem vorderen Ohrkapsel-Umfang herabschiebt,
theils im Anschluss an den Hinterrand der orbitalen Schädelseitenwand.
Die Ohrkapsel hat sich unterdessen nicht unbedeutend weiter nach
vorn verschoben (cf. Fig. 25 mit Fig. 12), so dass das Trigemino-
Facialis-Ganglion von ihr ganz überwölbt ist. An ihren inneren Umfang oberhalb des Ganglion lagert sich der neue Knorpel [1]) von vorn
und oben her an und ist zunächst deutlich von dem Knorpel der Ohrkapsel unterscheidbar. ˙ Erst später gleichen sich die Unterschiede
völlig aus. Durch die Verbindung der orbitalen Schädelseitenwand
mit der Ohrkapsel wird das Trigemino-Facialis-Ganglion in ein knorpelig begrenztes Foramen eingeschlossen.

Die starke Ablenkung der vorderen Ohrkapselkuppel nach aussen,
die wohl wesentlich durch das Trigemino-Facialis-Ganglion bedingt ist,
bringt es mit sich, dass hier die Schädelhöhle besonders stark seitlich
erweitert ist. Zwischen ihren Wandungen und dem Gehirn bleibt ein
grosser Zwischenraum, der von grossen weiten Lymphräumen eingenommen ist.

Dass aber überhaupt die ganze Schädelhöhle sich beträchtlich
erweitert hat, ergiebt, wie p. 325 erwähnt, ein Vergleich der Lage des
For. carot. prim. auf Fig. 12 und 25. Die Veränderungen dieses For.
caroticum sind schon erwähnt. Im übrigen ist nach der Verbindung
der orbitalen Seitenwand mit der Ohrkapsel der definitive Zustand jener
erreicht.

c. Decke.

Eine knorpelige Decke kommt in der Orbitalregion erst ziemlich
spät und auch nur in sehr beschränkter Ausdehnung zur Entwicklung.

In der Regel vereinen sich die beiden vor den Ohrkapseln befindlichen Seitenwände bei Larven während der Metamorphose eine
Strecke weit dorsal mit einander. (Taenia tecti transversalis.) Die
Verknorpelung schreitet dabei von den oberen Rändern jener Seitenwände nach innen vor. Erst nachdem dies schmale Dach gebildet
ist. setzt sich die mediale von der synotischen Decke ausgehende
Deckenspange mit seinem Hinterrande in Verbindung (Fig. 41).

Ist dies nun auch die Regel, so ist es doch nicht der einzige
Weg, den die Bildung der knorpeligen Decke nehmen kann. Vielmehr

---

[1]) Es ist dies der Theil der Schädelseitenwand, den GOETTE (21, p. 633) „kleiner
oder Orbitalflügel-Knorpel" nennt. Ich sehe keinen Grund ein, ihn als besonderen
Abschnitt der Seitenwand aufzufassen.

zeigt Fig. 25, dass auch gelegentlich die Bildung eines isolirten Knorpelplättchens an der Decke statt hat, das zunächst weder mit den Seitenwänden noch mit der medialen Dorsalspange in Verbindung steht. Dass eine solche Verbindung nachträglich noch erfolgt, darf wohl angenommen werden.

Das abweichende Verhalten, analog dem bei der Bildung der synotischen Decke als normal beschriebenen, beweist, dass es sich auch hier handelt um eine Verknorpelung des vorher vorhanden gewesenen häutigen Abschlusses, nicht aber etwa um ein wörtlich zu nehmendes „Vorwachsen" des Knorpels bereits vorhanden gewesener Partieen.

Von dem Vorderrande der Taenia tecti transversalis schiebt sich noch eine kurze Strecke weit eine mediale Spange nach vorn, zu einer Trennung der frontalen Fontanelle kommt es aber nicht. In beschränkter Ausdehnung verknorpelt auch noch die Deckenpartie über dem vordersten Theil des Gehirns im Anschluss an den oberen Rand der Ethmoidalplatte und der Seitenwände.

Zusammenfassung.

Der Boden verknorpelt im Anschluss an die Ränder der basicranialen Fontanelle und zwar hauptsächlich von vorn her und von den Seiten. Erst nach der Metamorphose ist die basi-craniale Fontanelle vollständig geschlossen.

Die ersten Abschnitte der Seitenwand entstehen auf der vorderen und hinteren Verbindungsstelle des Quadratums mit dem Trabekel. Die zwischen diesen beiden Stellen ausgespannte häutige Schädelbegrenzung verknorpelt nur zum Theil im Anschluss an den Trabekel nach aufwärts, zum Theil von einer oberen Randleiste, die sich zwischen den oberen Theilen jener zuerst entstandenen Wandstücke bildet.

Die Decke verknorpelt nur sehr unvollständig in der Form einer queren Spange, Taenia tecti transversalis, die nur in der Regel durch gleichmässiges Vorschreiten der Verknorpelung von den oberen Rändern der Seitenwände nach innen entsteht, durch das hin und wieder zu beobachtende Auftreten eines isolirten Schlussstückes über der Epiphyse aber sich auch als selbständige Verknorpelung der häutigen Decke zu erkennen giebt.

Die Trabekel werden während der Metamorphose auf die Dicke des Bodens und der Seitenwände reducirt, ein Stück (zwischen For. oculomotorii und For. caroticum prim.) geht ganz zu Grunde.

2. Allgemeine und vergleichende Bemerkungen.

Ueber die Theile der Orbitalregion habe ich nur sehr wenige allgemeine Bemerkungen zu machen. Sie betreffen hauptsächlich die Rolle der Trabekel. Diese wird manchmal so aufgefasst und geschildert, als ob „von ihnen aus" die Bildung des Bodens und der Seitenwand ausgehe. Dieses „von ihnen aus" kann ich nur gelten lassen, wenn damit ein rein räumliches Verhalten zum Ausdruck gebracht werden soll. Dagegen finde ich keine Anhaltepunkte, die mich bestimmen könnten, die Trabekel etwa als die Bildungsstätte von Boden und Seitenwand, diese selbst als „Abkömmlinge" jener aufzufassen. Letztere sind meiner Ansicht nach nichts weiter als in Knorpel übergeführte Theile des „häutigen Primordialcranium", deren Entstehung zwar manchmal, aber keineswegs immer im Anschlusse an die Trabekelränder vor sich geht und in deren Auftreten und Anordnung sich eine gewisse Gesetzmässigkeit erkennen lässt; die Trabekel dagegen sind nur die Abschnitte des Chondrocranium, die zuerst entstehen und wegen der Function, die ihnen während des Larvenlebens zufällt, eine so bedeutende Mächtigkeit erlangen.

Interessant ist in Bezug auf den ersten Punkt die Bildung der Seitenwand. Auch hier zeigt sich nämlich eine Erscheinung, auf die ich schon bei der Bildung der Ohrkapsel hinwies (p. 377): der Gang, den die Entstehung des Knorpelschädels nimmt, lässt zuerst die Bildung eines „Gerüstes" erkennen, das in grossen Zügen die definitive Form vorzeichnet und sich aus einzelnen Spangen zusammensetzt, welche die Nerven- und sonstigen Oeffnungen [1]) weit umkreisen. Vom Zweckmässigkeitsstandpunkte aus erscheint ein solcher Vorgang durchaus geboten bei Thieren, die schon in so früher Periode auf ein freies Larvenleben angewiesen sind. Schon mein erstes Stadium ist in dieser Hinsicht interessant; die Ohrkapseln, der Seitenwandpfeiler vor derselben und die Erhebung des Trabekels an der vorderen Trabecularplatte bilden einen leidlich brauchbaren Rahmen für das häutige Schädeldach und sichern schon den Schutz, den dieses dem Gehirn gewährt. Noch mehr ist das der Fall bei Stad. II (Fig. 12), wo ausser den Deckenbildungen in der Labyrinthregion noch besonders im vorderen Abschnitt der Orbitalregion die Bildung der Seitenwand Fortschritte gemacht hat; jener Rahmen ist dadurch noch verstärkt. Er wird vollständig durch die dorsale Randleiste, die den vorderen und hinteren Seitenwandabschnitt mit einander verbindet und nun auch

---

[1]) Es entspricht dies der Thatsache, auf die SAGEMEHL (43, p. 207) aufmerksam macht, dass in der Phylogenese Fenestrationen des Chondrocraniums meist von diesen Oeffnungen ausgehen.

für die durch die häutige Schädelwand tretenden Nerven und Gefässe
einen wirksameren Schutz bildet. Es scheint mir daher, dass das
Auftreten getrennter Spangen aus Zweckmässigkeitsrücksichten ganz
verständlich wird. Voraussetzung für die Geltendmachung des erwähnten
Gesichtspunktes ist natürlich, dass das „häutige Primordial-Cranium"
als solches die Möglichkeit zur Verknorpelung besitzt. Dass das thatsächlich der Fall ist, und dass ein gleichmässiges Vorschreiten der
Verknorpelung von einem Ausgangspunkte nicht nothwendig ist, beweist
ausser der Entstehung der synotischen Decke und der Seitenwand-
leiste der Orbitalregion auch noch die Bildung der „Taenia tecti transversalis", wie sie in Fig. 25 dargestellt und auf p. 137 geschildert ist.
So spricht Alles dafür, die Verknorpelungen im prächordalen Theile
des Schädels (vergl. auch Ethmoidalregion) als durchaus unabhängig
von den Trabekeln und nach eigenen im wesentlichen statischen
Gesichtspunkten sich vollziehend anzunehmen. Die Schnellig-
keit und der Umfang der Knochenentwicklung werden dabei in
erster Linie für die Fortbildung zum continuirlich knorpeligen Zustand
(Anuren) oder für das Stehenbleiben auf der Stufe des ersten Gerüstes
(Urodelen, Saurier) ausschlaggebend sein.

Es ist nun noch auf einen Unterschied hinzuweisen, der sich im
Verhalten des Seitenwand-Knorpels zeigt. Dass derselbe im grösseren
Abschnitte der Orbitalregion sich in einem rein appositionellen Verhalten zu den Trabekeln befindet, wird sehr deutlich, wenn man Stadien
untersucht, wo er eben aufgetreten ist und die Trabekel noch ihre
frühere Mächtigkeit besitzen. (Larven von ca. 39 mm Gesammt-, 14 mm
Körperlänge, mit nicht sehr starken hinteren Extremitäten.) Hier
setzt sich der Knorpel der Seitenwand ziemlich scharf von dem Trabekel ab. Anders ist es dagegen an den zuerst auftretenden Wand-
partien vor der Ohrkapsel und im hinteren Theile der vorderen Trabecularplatte. Hier bildet der gesammte Wand-Querschnitt ein
zusammenhängendes Ganzes, der Knorpel zeigt durchweg gleiche Structur,
und man könnte also hier wenigstens sagen, dass diese Seitenwand-
partie nichts weiter sei als der nach oben erhöhte Trabekel selbst.
Aber der Grund dieser Differenz ist von vornherein klar : er liegt in
der zeitlichen Verschiedenheit im Auftreten des Knorpels. Der grösste
Theil des Seitenwand-Knorpels tritt erst auf, nachdem die Trabekel
schon sehr lange bestanden und den histologischen Charakter des „alten"
Knorpels angenommen haben; es ist natürlich, dass der junge sich
daran ansetzende mit seinen sehr viel kleineren Zellen sich scharf von
ihm unterscheidet. Die beiden zu allererst entstehenden Seitenwand-
Abschnitte dagegen treten auf zu einer Zeit, wo auch die Trabekel
noch den Charakter des jungen erst kürzlich entstandenen Knorpels
tragen, und demnach kann hier von einer scharfen Grenze nicht die
Rede sein.

Sind somit die Trabekel des sie umgebenden Nimbus, als „Bildungsstätten" für irgendwelche Theile des Knorpelschädels, zu entkleiden, so bleiben sie jedoch immer noch sehr wichtige und bedeutungsvolle Elemente, wie schon die grosse Mächtigkeit, die sie bei den Anuren erlangen, beweist. Bilden sie doch während einer längeren Zeit des Larvenlebens fast allein die cranialen Skelet-Theile in der Orbitalregion, vor Allem das feste Widerlager für den Suspensorial-Apparat der larvalen Unterkiefer-Elemente. Dass hierin ihre Hauptbedeutung liegt, erhellt daraus, dass sie in dem Maasse an Mächtigkeit verlieren, als die Verknorpelung des Gesammtcranium Fortschritte macht, und dass sie schliesslich als besondere Elemente verschwunden sind, wenn der Suspensorialappart seine Befestigung von ihnen ganz auf die Ohr- und Nasenkapsel verlegt hat. Dann stellen sie nur noch Abschnitte der ventro-lateralen Begrenzung des Schädelcavums dar. In dieser Wandlung, die sie durchmachen, bieten sie ein interessantes Beispiel für die auch am Trabekelhorn und dem Unterlippenknorpel zum Ausdruck kommende Erscheinung, dass für die Larvenperiode der Anuren gewisse Theile massiger angelegt werden, als für das Bedürfniss des definitiven Zustandes nöthig ist, und dass erst in der Metamorphose die Reduction auf das nothwendige Maass erfolgt, dadurch dass, wie ich es an einer anderen Stelle ausdrückte, die definitive Form, „wie aus dem Block" erst herausgearbeitet wird. —

Auf Vergleiche mit den Primordial-Cranien anderer Vertebraten will ich hier nicht näher eingehen, und nur darauf aufmerksam machen, dass den Urodelen zwar ein „Tectum synoticum", aber, soweit mir wenigstens bekannt, keine „Taeniae tecti" zukommen, offenbar weil sie durch die rasche und kräftige Knochenentwicklung unnöthig sind, sowie dass der geschilderte Modus der Seitenwandentwicklung uns das Verständniss für das Saurier-Cranium erleichtert, wo keine continuirliche knorpelige Seitenwand, sondern nur einzelne Spangen angelegt werden. Es bleibt das Saurier-Cranium gewissermassen auf dem Zustande eines „vorläufigen Gerüstes" stehen; zu einer ausgedehnten Verknorpelung kommt es nicht, da bei dem Wegfall des Larvenlebens jener Zustand ausreicht, bis der definitive knöcherne Schädel gebildet ist. —

Bei der von mir als „Taenia tecti transversalis" bezeichneten Knorpelspange liegt es nahe, an die „Epiphysarleiste" der Teleostier zu denken.

Schliesslich dürfte die Thatsache, dass ein Abschnitt der Art. carotis interna während des Larvenlebens intracraniell verläuft und erst bei der Metamorphose aus dem Schädel herausgedrängt wird, für eine vergleichende Betrachtung des Gefässsystems von Interesse sein; diesen Punkt näher zu verfolgen, lag mir augenblicklich zu fern.

IV. Ethmoidal-Region.

Literatur.

Es ist wohl nicht nöthig, eine ausführliche Uebersicht über die Literatur zu geben, die so lange gekannte Gebilde, wie die Trabekel-hörner und die Oberlippenknorpel betrifft. Ueber ihre erste Entwick-lung verdanken wir Stöhr (50) die wichtigsten Angaben, vor Allem den Nachweis, dass beide Gebilde genetisch zusammengehören. Goette (21) schildert allerdings auch beide als zusammengehörig, trennt sie aber überhaupt gar nicht von einander. Seine Darstellung (p. 649), die auch Born (4) Schwierigkeiten hinsichtlich der Deutung machte, kann wohl nicht anders aufgefasst werden, als dass Goette das mediale Stück des Oberlippenknorpels für verwachsen hält mit dem Trabekelhorn und zusammen mit ihm als „Zwischenkiefer" bezeichnet, während seine „Oberkieferknorpel" laterale, durch einen Einschnitt davon getrennte Stücke darstellen. Schon Born (p. 599) vermuthet, dass vielleicht hierin Stücke zu sehen seien, die den „Adrostralia" (Dugès) der Pelobates-Larven entsprechen. Leider konnte ich nie Bombinator-Material zur Ent-scheidung dieser Frage erhalten. Die Schilderung von Goette wird dadurch noch merkwürdiger, dass Goette noch an einer anderen Stelle (p. 688) mit Bestimmtheit den Zusammenhang seiner Oberkiefer-, Zwischen-kiefer-Knorpel und der beiden „Wirbelbogenhälften" (i. e. der Trabekel-hörner) Dugès gegenüber betont. Sollte Goette mit seiner Schilderung Recht haben, so würde sie doch sicher nur für Bombinator gelten, während Dugès Pelobates untersuchte.

In den Parker'schen Arbeiten bilden die „Oberlippenknorpel" einen wunden Punkt. In der ersten Arbeit (32, p. 162) wird allerdings ganz richtig angegeben, dass sie verschwinden, in der darauf folgenden (33) dagegen werden einmal statt eines Oberlippenknorpels für den er-wachsenen Frosch zwei auf jeder Seite beschrieben und ferner dieselben in Verbindung mit dem Aufbau des Nasenskeletes gebracht. Der „erste" Oberlippenknorpel (p. 604) entspricht offenbar dem Nasenflügelknorpel plus Born'schen Knorpel meiner Schilderung, der „zweite" kann nichts Anderes sein, als die „Cartilago obliqua". Beide haben aber nichts mit dem larvalen Oberlippenknorpel zu thun. Dieselbe Auffassung ergiebt sich aus der Schilderung für Bufo (p. 606). Den „Wiedersheim'schen Knorpel" (Cart. praenasal. inf.), den Parker in der ersten Arbeit nicht gesehen hat, schildert er, durch Huxley, der jenen: „prorhinal process" nennt, aufmerksam gemacht, in der zweiten und bezeichnet ihn als „Cornu trabeculae". Es ist das zwar nicht richtig, aber, wie wir sehen werden, immerhin begreiflich. Nicht recht verständlich ist die Darstellung in

der „Morphology of the Skull". Hier ist in Fig. 40 offenbar mit p.
rh. die Cart. praenasal. inf. gemeint; im Text wird dagegen die Bezeichnung Prorhinalknorpel sowohl für den oben erwähnten Fortsatz
(deutsche Uebers. p. 165), wie für den Nasenflügelknorpel (p. 149) gebraucht. Der Nasenflügelknorpel wird auch hier mit dem BORN'schen
Knorpel zusammen als vom Oberlippenknorpel stammend dargestellt (p. 165).
    Die genaueste Schilderung der Nasenkapsel der Anuren und
ihrer Bildung hat BORN (4) gegeben: ich werde mich ihr in den meisten
Punkten anschliessen können. Hauptsächlich in Betreff der hinteren
Abschnitte des Ethmoidal-Skeletes kann ich dagegen die BORN'schen
Angaben durch einige Thatsachen erweitern (Antorbitalfortsatz, Proc.
maxillaris post.) über die ich einen vorläufigen Bericht schon an anderer
Stelle gab (17).

I. Bildung und Umbildung der Ethmoidal-Region.

a) Erste Zustände.

    Während des grössten Theiles der Larvenperiode bestehen in der
Ethmoidalregion nur die beiden aus der „vorderen Trabecularplatte"
heraustretenden „Cornua trabecularum", die an ihren vorderen
Enden die „Oberlippenknorpel" tragen. Sowohl über Trabekelhörner und die Oberlippenknorpel, wie ihre Verbindung unter einander,
sind die nöthigen Angaben hinsichtlich der Form u. s. w. schon oben
gemacht. So sei hier nur noch bemerkt, dass die Oberlippenknorpel zunächst paarig vorhanden sind (Stad. I), dann aber mit einander verwachsen, so dass sie eine breite Platte mit unterem scharfen Rande
bilden, dem die obere Hornlippe ansitzt (Stad. II).
    Das Schicksal der Trabekelhörner und Oberlippenknorpel wird
weiter unten behandelt. Zunächst sei die Bildung der Nasenkapsel
besprochen.

b) Bildung der Nasenkapsel.

    Eine Schilderung der ganzen Schädelentwicklung wird zunächst
aufmerksam zu machen haben auf die grosse zeitliche Differenz zwischen
dem Auftreten des Nasenskelets und dem der Ohrkapsel. Diese ist
längst abgeschlossen, bevor von jenem die ersten Spuren sich zeigen.
Solche treten erst auf, wenn schon hier und da am Knorpelschädel Erscheinungen der beginnenden Metamorphose sich geltend machen. Während
der Larvenperiode prävaliren demnach die Ohrkapseln ganz bedeutend,
und erst mit der Metamorphose ändert sich dies dahin, dass die Ohrkapsel immer mehr zurücktritt (cf. Fig. 25 mit Fig. 41 und die auf
p. 71 gegebenen Zahlen).

a) Ethmoidalplatte und Pars plana; Antorbitalfortsatz.

Der Anlage des eigentlichen Nasenskelets geht voraus die Bildung der knorpligen Ethmoidalplatte. Wie mein II. Stadium illustrirt, beginnt diese vordere Abgrenzung des Schädel-Cavums in der Weise, dass sich auf dem vordersten Theile der vorderen „Trabecularplatte" jederseits ein „Ethmoidalpfeiler" (Fig. 25. Col. ethm.) erhebt und sich seitlich über den neben ihm liegenden Olfactorius neigt, um über diesem Nerven mit dem nach innen gewandten vordersten Abschnitt der Schädelseitenwand zu verschmelzen. So entstehen die beiden Knorpelringe um die Olfactorii und die mittlere „Fenestra ethmoidalis" (Fig. 25). Die Ethmoidalpfeiler sind schon bei Larven von 21 mm Länge vorhanden; diese frühe Entwicklung bringt es mit sich, dass ihr Knorpel sehr bald von dem der vorderen Trabecularplatte nicht mehr zu scheiden ist.

Die Fenestra ethmoidalis ist zunächst von Schleimgewebe geschlossen, das aber sehr rasch verknorpelt. Die Ueberführung in Knorpel finde ich bei Larven von 31 mm vollendet. Auf Frontalschnitten, die für die frontal gestellte Platte Flächenschnitte sind, kann man noch eine Zeit lang ihre Zusammensetzung aus drei Abschnitten erkennen: die beiden Ethmoidalpfeiler heben sich durch ihre grösseren Zellen (älterer Knorpel) mit spärlicher Grundsubstanz scharf von der mittleren Partie ab, die den Charakter des jüngeren erst kürzlich entstandenen Knorpels trägt.

Ich erwähne diese Thatsache besonders, weil sie durchaus dem entspricht, was BORN bei Pelobates festgestellt hat; die davon abweichende Schilderung für Rana esculenta, in der die dreifache Zusammensetzung der Ethmoidalplatte nicht mehr zur Sprache kommt, dürfte dadurch bedingt sein, dass BORN etwas zu alte Stadien untersuchte, so dass er den Process der eigentlichen Bildung der Ethmoidalplatte gar nicht mehr beobachtet hat. Ich habe zwar Rana esculenta nicht untersucht, glaube aber nicht, dass die Verhältnisse hier andere sind als bei R. fusca. Wenn hier von einer „Ethmoidalplatte" die Rede war, so war damit immer nur der zwischen beiden Olfactorius-Löchern gelegene Abschnitt der Platte gemeint; eine laterale Ergänzung erhält er dadurch, dass sich der vorderste Theil der Schädelseitenwand etwas nach einwärts wendet und über dem Olfactorius mit jenem mittleren Abschnitt zusammenfliesst. Dann kann man von einer Ethmoidalplatte reden, die von den beiden Riechnerven durchsetzt wird. Im Anschluss an den mittelsten Abschnitt derselben, der durch Verknorpelung des Schleimgewebes in der Fenestra ethmoidalis entstanden ist, bildet sich später das Septum nach vorn.

Alsdann ist die Entstehung der Scheidewand zwischen Orbita und Nasenhöhle, der „Pars plana", wie sie oben genannt wurde, zu betrachten, die auch chronologisch der Bildung der Ethmoidalplatte nachfolgt. Für das Verständniss der Entwicklung dieser Pars plana ist es nothwendig, darauf zu achten, dass dieselbe erfolgt zu einer Zeit, wo die Commissura quadrato-cranialis anterior noch völlig intact ist, die Choane dicht vor ihr, die Nasenhöhle aber in ganzer Ausdehnung lateral vom Trabekelhorn liegt, ohne jedoch bis zum vordersten Ende desselben zu reichen.

Aus der Thatsache, dass die Choane dicht vor der Commissura quadrato-cranialis anterior liegt, folgt, dass die Bildung der Scheidewand zwischen Orbita und Cavum nasale noch lateral vom vordersten Abschnitt des Schädelcavum stattfindet, das etwas über den Vorderrand jenes Knorpelbalkens hinaus nach vorn reicht (Fig. 25).

Thatsächlich treten nun hier um den hintersten Abschnitt des Nasensackes die ersten Verknorpelungen auf: es bildet sich gleichzeitig (bei Larven von ca. 31 mm Länge) die Hinterwand und eine Decke der Nasenhöhle.

Die Anlage der hinteren Wand macht sich bemerkbar als eine Knorpelwucherung ganz vorn in dem Winkel, den die Commissura quadrato-cranialis ant. mit der Schädelseitenwand bildet. Der neugebildete Knorpel ist anfangs scharf von dem benachbarten unterscheidbar, erstreckt sich dem oberen Rande der Commissur aufliegend hinter dem Choanenblindsack nach aussen und biegt hier an dessen äusseren Umfang nach vorn um.[1]

Es kann wohl kein Zweifel darüber herrschen, dass wir hierin die homologe Bildung des „Antorbitalfortsatzes" (oder der „Cartilago palatina") der Urodelen zu sehen haben, deren verspätetes Auftreten durch die lange Larvenperiode und die dafür bestimmten larvalen Einrichtungen der Trabekel und der Commissura quadrato-cranialis anterior verständlich wird. (Genaueres siehe weiter unten.)

Die Decke des hinteren Abschnittes, die gleichzeitig mit dem Antorbitalfortsatz auftritt, entsteht im Anschluss an den vordersten Abschnitt der Schädelseitenwand, die, wie p. 404 geschildert, schon sehr frühzeitig in unmittelbarer Fortsetzung des Trabekels auftritt. Nach vorn bis zur Ethmoidalplatte oberhalb des For. olfactorium, soweit also überhaupt das Gehirn-Cavum reicht, findet die Bildung dieses Deckenstreifens über dem hinteren Nasenabschnitt in unmittelbarem Zusammenhange mit der oberen Kante des vordersten Schädelwand-Stückes statt. Die neu entstandene Decke erstreckt sich nach aussen über den R. nasalis des Trigeminus hinweg und verschmilzt lateral von diesem mit dem Antorbitalfortsatz. Dieser wächst ihr in der Regel etwas nach innen aufwärts entgegen — und so erklärt sich die Angabe Born's (4, p. 605),

---

[1] Erwähnen will ich, dass GOETTE (21, p. 654) einen „Orbitalfortsatz des Nasenknorpels" schildert, der sich mit dem „Gaumenbeinknorpel" verbindet und den N. nasalis umschliesst. Auf die vergleichend-anatomische Bedeutung ist GOETTE nicht eingegangen.

dass aus dem inneren Theile des Pterygopalatinbalkens ein gekrümmter dünner Knorpelstreifen hervorwachse, der von aussen den R. primus quinti umgiebt und sich mit dem Dache des Ethmoidalschlitzes in Verbindung setzt. Der „Pterygopalatinbalken" ist die Commissura, von der der neu aufgetretene Antorbitalfortsatz nicht getrennt ist. Mit dem Stamm des R. nasalis — als welchen ich den R. septi narium betrachte — wird der R. externus narium in vielen Fällen zusammen knorpelig umschlossen, häufig genug fand ich ihn aber auch gesondert umwachsen werden. Auch ein R. frontalis wird bei der Bildung der Decke meist knorpelig umwandet.

Nach der Verbindung mit dem Antorbitalfortsatz bildet die urprünglich getrennt entstandene Decke die obere Randpartie der vom Trigeminus durchbrochenen „Pars plana". Wie schon bei der Schilderung der Schädelseitenwand bemerkt wurde, setzt sich die Decken-Bildung über dem R. nasalis noch eine kurze Strecke weit caudalwärts von der Nasen-Hinterwand fort, so eine schmale Leiste über diesem Nerven bildend. (Fig. 24, 25.)

Um die Schilderung nicht zu sehr zu zerreissen, führe ich zunächst die Weiterbildung· der Hinterwand bis zu Ende, bemerke aber, dass jetzt auch schon Verknorpelungen des Septum und der Decke in ausgedehnterem Maasse statthaben. —

Es wurde schon bemerkt, dass der Antorbitalfortsatz erst längs der Hinterwand des Choanenblindsacks sich bildet und dann an dessen äusserem Umfang nach vorn umbiegt. Mit diesem nach vorn ziehenden Stücke verbindet sich die Decke, die lateralwärts vorwächst, nur noch eine kurze Strecke weit; ein grösseres Stück schiebt er sich noch über diese Verbindungs-Stelle hinaus frei nach vorn vor und schafft so für die Kieferhöhle, die jetzt vom Hauptraum der Nasenhöhle abgesetzt wird, eine laterale Begrenzung (Fig. 22, 23). Dabei wird er, der hinten ziemlich hoch ist, immer niedriger, und schliesslich endet er verjüngt als „vorderer Oberkieferfortsatz", der später vom knöchernen Maxillare umschlossen wird.

Eine Verbindung des Processus antorbitalis mit dem Pterygoidfortsatz des Quadratum bildet sich erst gegen das Ende der Metamorphose aus. Voraus geht ihr die Bildung eines stark verdichteten Gewebszuges, der von dem mit der Nasenhöhlendecke verbundenen Theile des Antorbitalfortsatzes ausgeht und hakenförmig — mit nach innen und unten sehender Concavität — gekrümmt, sich an die Spitze des Proc. quadrato-ethmoidalis, des Vorläufers des Proc. pterygoideus — anlegt. Dieser Gewebszug bildet nach seiner Verknorpelung einen gekrümmten Fortsatz, „Proc. maxillaris post.", der mit dem Proc. quadrato-ethmoidalis zunächst durch kernreiches prochondrales Gewebe verbunden ist (vergl. Fig. 22, 24, 25). Im Augenblicke, wo diese Verbindung sich herstellt, ist die Stellung des Quadratums noch unverändert,

die Commissura quadrato-cranialis noch intact, der Proc. quadrato-
ethmoidalis sehr kurz und dementsprechend findet man die Verbindung
desselben mit dem „Proc. maxillaris posterior" noch vor der Nasen-
Hinterwand.

Erst wenn nach Zerstörung der Commissura quadrato-cranialis ant,
das Quadratum sich nach hinten zurückzieht, wird auch die Richtung
des Proc. maxillaris posterior eine andere: er krümmt sich dann nach
unten und hinten. (Vergl. Fig. 24 mit 25.) Nach der Metamorphose
ist jede Grenze gegen den Proc. pterygoideus verwischt (Fig. 41).

β. Die übrigen Theile der Kapsel (Septum, Decke, Boden).

Waren die bisher geschilderten Thatsachen theils als solche, theils
der Auffassung nach neu, so ist die Bildung der übrigen Wände der
Nasenkapsel — Septum, Decke, Boden — im wesentlichen schon
von BORN sehr ausführlich geschildert worden. Ich werde daher von
einer ganz speciellen Aufzählung von Einzelheiten absehen können, mehr
die Hauptpunkte zusammenfassen und die etwaigen Abweichungen von
der BORN'schen Schilderung hervorheben. Der Gang, den die Nasen-
kapselentwicklung nimmt, ergiebt von selbst eine Gliederung der Darstellung in drei Abschnitte:

1. Die Anlage der knorpeligen Kapsel über den intacten Trabekeln;
   das Endstadium dieser Epoche ist gegeben durch den Zustand,
   den Fig. 22 veranschaulicht.
2. Die Vorgänge während der Zerstörung der Trabekelhörner und
   der Oberlippenknorpel.
3. Letzte Veränderungen des Nasenskeletes, Herstellung des definitiven Zustandes.

1. Anlage der Nasenkapseln über den intacten Trabekeln.

Ich gehe hier von dem Stadium, das in Fig. 12 dargestellt ist und
oben (Stad. II) genauer beschrieben wurde, aus. Die Nasensäcke verhalten sich fast noch ebenso wie in Stadium I (Fig. 6, 7, 8, 9) d. h. sie
beschränken sich nur ungefähr auf die hintere Hälfte der Trabekelhörner,
liegen seitlich [1]) von denselben, ragen aber dorsal über ihre obere Kante
empor. Beide Trabekel sind durch das deutliche Lig. intertrabeculare
inf. verbunden, im übrigen liegt zwischen und unmittelbar über ihnen,
soweit sich nicht schon die Schläuche der Gl. nasalis inf. über sie her-
übergeschoben haben, nur indifferentes Schleimgewebe, dorsalwärts durch

---

[1]) Wenn Born (4 p. 605) angiebt, dass sie von vornherein über den
Trabekeln liegen, so ist das nicht ganz zutreffend; erst später dehnen sie sich
mehr nach innen über die Trabekel aus.

das sogenannte „Lig. intertrabeculare sup." abgegrenzt, das aber weniger
ein dichterer Strang, wie das Lig. intertrabeculare inferius, als vielmehr
ein Pigmentzellen-Zug ist [1] (Fig. 6—8). Das den Nasensack unmittelbar umgebende („perirhinische") Gewebe ist etwas verdichtet.

Bei wenig älteren Stadien zeigen sich nun die Skeletanlagen deutlicher. Man kann drei verschiedene Anlagen unterscheiden, in denen
weiterhin die Verknorpelung selbständig vorschreitet: 1. eine mediane
unpaare „Septal-Anlage", 2. die paarigen „perirhinischen" Anlagen.

Was zunächst die erste betrifft, so entsteht sie durch eine Verdichtung des intertrabeculären Schleimgewebes, die sehr bald die Form
eines T annimmt. Der obere Schenkel dieses T zieht sich von der Decke
des einen Nasensackes quer herüber zu der des anderen, bildet also ein
sehr deutlich hervortretendes „Lig. intertrabeculare sup.", der senkrechte
Schenkel schliesst sich unmittelbar an die mittelste Partie der Ethmoidalplatte an, die durch Verknorpelung der Fenestra ethmoidalis entstand.
Dieser senkrechte Schenkel, die Anlage des eigentlichen Septum, ist der
am deutlichsten hervortretende Theil der ganzen Anlage, in ihm beginnt
auch die knorpelige Differenzirung und schreitet von ihm aus erst auf
die oberen Querschenkel fort. Die Anlage des Septum wird zuerst hinten,
dicht vor dem Schlussstück der Ethmoidalplatte, deutlich und differenzirt
sich erst von hier aus nach vorn weiter. Mit ihrem unteren Rande erreicht sie zunächst weder das Lig. intertrabeculare inf. noch die Trabekel
selbst, sondern endet frei (vgl. die Schemata auf p. 148).

Die beiden paarigen Anlagen, die Verdichtungen des perirhinischen Gewebes darstellen, bleiben im hinteren Abschnitt der Nasenhöhlen auf die Decken derselben beschränkt. Diese Decken-Anlage
setzt sich unmittelbar an die an, die im hintersten Abschnitt der Nasenhöhle sehr früh, im Anschluss an den oberen Rand der Schädelseitenwand, entsteht (p. 144). Medialwärts hängt sie allerdings mit dem
Querband zwischen beiden Nasensäcken, dem Lig. intertrabec. sup. zusammen, die Differenzirung schreitet in ihr aber selbständig vor und
setzt sich nicht etwa vom Septum aus auf sie fort. Während so im
hinteren Abschnitte der Nasenhöhle die Verdichtung des perirhinischen
Gewebes auf die Decke beschränkt bleibt, sich aber nicht auf den inneren
Umfang fortsetzt — hier schiebt sich allmählich die untere Nasendrüse

---

[1]) Der Name „Lig. intertrabeculare sup.", den BORN dem Ligament zunächst
für Pelobates gegeben hat, passt bei Rana eigentlich nur im vorderen Abschnitte
der Trabekelhörner, wo das Lig. sup. dem Lig. inf. unmittelbar aufliegt, also thatsächlich zwischen beiden Trabekelhörnern liegt. Im Bereiche der Nasensäcke wird
es durch diese weit von den Trabekeln abgehoben (BORN p. 604). Der erwähnte
Pigmentzellenzug ist übrigens nichts weiter als ein Theil der grossen ausgedehnten
Lage von Pigmentzellen, die in allen Regionen des Kopfes das subcutane Schleimgewebe der Rücken- und Seitenfläche nach innen zu abgrenzt (cf. z. B. Fig. 2 u. 3,
wo es über der Ohrkapsel und der häutigen Schädeldecke eingezeichnet ist).

bis gegen die Septal-Anlage vor, und ventral bildet das Trabekelhorn
einen vorläufigen Boden — umzieht im vorderen Abschnitte der Nasenhöhle das verdichtete Gewebe nicht nur die Decke, sondern auch den
inneren Umfang des oberen Blindsackes, und setzt sich zwischen dem
oberen und unteren Blindsack fort — Anlage der späteren „Crista intermedia" (vgl. Schema A. und B.).

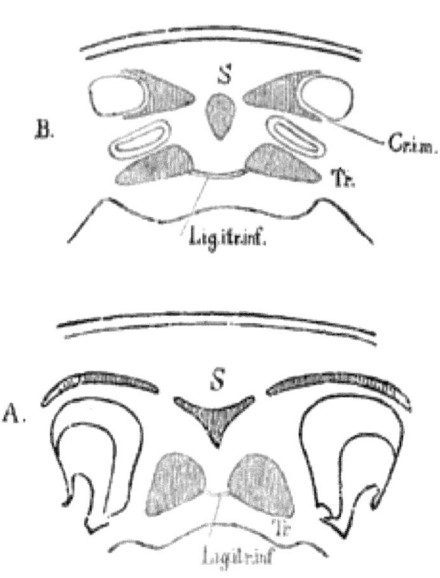

Schemata für die Bildung des Septum und der Decke der Nasenkapsel.
A. Im hinteren, B. im vorderen Abschnitt. Bei A. fehlt eine
eigene Innenwand, und der Nasenraum reicht bis an das unpaare
Septum, bei B. besitzt der obere Raum eine eigene Innenwand,
die erst secundär mit dem Septum sich verbindet.

Nur im vordersten Abschnitte erhält also der häutige obere Nasen-
blindsack eine selbständige Innenwand, die zunächst von der Septal-
Anlage getrennt ist, hinten dagegen kommt eine eigene mediale Begrenzung überhaupt nicht zu Stande, sondern diese wird von vornherein
durch die unpaare Anlage des Septum gebildet. Wie im hinteren Abschnitte die ganze Nasenhöhle, so verhält sich aber auch im vorderen
Abschnitt der u n t e r e Raum, auch dieser entbehrt einer selbständigen
medialen Wandung, er dehnt sich demnach bis zum Septum aus
(Schema B.) — der Grund dürfte auch hier in der Entwicklung der
Glandula nasalis inferior liegen, die sich am medialen Umfang des Nasensackes ausbreitet. —

Ich glaubte diese Thatsachen etwas ausführlicher behandeln zu
müssen, weil man nach der Schilderung bei BORN (4, p. 610) zu der

Anschauung kommen könnte, dass auch im hinteren Abschnitte eine eigene Innenwand der Nasenkapsel, gesondert vom Septum, vorhanden sei, die nur sehr innig mit dem Septum verwachse.

Bald nachdem die erwähnten „Anlagen" aufgetreten sind, findet auch schon ihre Verknorpelung statt (bei Larven von 37 mm finde ich dieselbe im Werden). Sie erfolgt rasch und im Allgemeinen ziemlich gleichzeitig an allen Punkten, doch kann man bei ihrem Beginn wenigstens beobachten, dass sie von hinten nach vorn vorschreitet. Nach dem schon Gesagten geschieht dieses Vorschreiten, abgesehen von der Verknorpelung des Bodens und der complicirten Theile im vorderen Abschnitte, in drei ungefähr parallelen Linien: im Septum und den beiden Decken. Doch tritt auch sehr bald die knorplige Verbindung der Deckenanlagen mit dem oberen Querschenkel der T förmigen Septal-Anlage ein, so dass sich die Unterschiede sehr bald verwischen.

Es sei nun noch der Gang, den die Verknorpelung an den einzelnen Abschnitten nimmt, kurz berührt.

1. Das Septum verknorpelt von hinten nach vorn und zugleich von oben nach unten im Anschluss an den mittelsten Abschnitt der Ethmoidalplatte, der aus der Verknorpelung des Schleimgewebes der Fenestra ethmoidalis hervorging. Oben erstreckt sich die Verknorpelung beiderseits auch in den Querschenkel der T förmigen Anlage und geht in den Knorpel über, der auf dem oberen Umfang des Nasensackes entsteht. Vorn, wo der obere Blindsack eine eigene Innenwand besitzt, bleibt zwischen dieser und dem Septum zunächst ein Zwischenraum, und erst secundär findet die knorpelige Verbindung beider Theile statt. So erklärt sich die Bildung des dicken Knorpelwulstes, der den oberen Blindsack von der Mittellinie abdrängt (Fig. 31). Der selbstständige Boden des Cavum sup. wird zur „Crista intermedia".

Mit seinem unteren Rande passt das Septum dicht vor der Ethmoidalplatte, wo der Abstand zwischen beiden Trabekelhörnern noch sehr gering ist, in den letzteren gerade hinein; weiter vorn ist das bei der Divergenz der Trabekel nicht mehr möglich und die Verbindung wird hergestellt durch das Lig. intertrabeculare inf., dem sich der untere Rand des Septum verbindet und das alsdann nach beiden Seiten hin bis an die Trabekel verknorpelt. Auch dieser Prozess der Verbindung des Septums mit den Trabekeln schreitet von hinten nach vorn vor, und zwar etwas langsamer als die Verknorpelung des Septum selbst. Daher bleibt zunächst immer zwischen dem freien unteren Rande desselben und dem Trabekel jeder Seite eine schmale Spalte.

2. Die Verknorpelung der Decke schreitet, wie schon erwähnt, ebenfalls von hinten nach vorn vor und schliesst hinten unmittelbar an das knorplige Dach, das über dem Choanenblindsack, seitlich vom vordersten Abschnitt der Schädelseitenwand, gleich zu Anfang auftrat. Mit dem oberen Schenkel der T förmigen Septal-Anlage verbindet sich die

Eigendecke des Nasensackes sehr rasch, und die Grenzen verwischen sich bald.

Nach BORN (4, p. 610) soll die Decke des oberen Blindsackes mit seiner Innenwand von vorn nach hinten verknorpeln und sich dann erst mit der von hinten nach vorn sich bildenden verbinden. Da die Ueberführung des perirhinischen Gewebes in Knorpel sehr rasch erfolgt und jedenfalls nur sehr geringe zeitliche Differenzen in der Verknorpelung der einzelnen Abschnitte bestehen, so ist es grosse Glückssache, die kritischen Stadien zu treffen; ich habe, trotzdem ich nachgerade genug Serien des in Frage kommenden Stadiums (ca. 37 mm Länge, Schwanzlänge 21 mm: hintere Extrem. klein) untersucht habe, doch mich nicht von der obigen Angabe überzeugen können.

Die Cartilago obliqua bildet sich lateral vom oberen Nasenraum an Ort und Stelle, und setzt sich erst etwas später mit dem Boden des Cavum medium in Verbindung.

3. In der ersten Zeit bilden die Trabekel den Boden der Nasenhöhlen fast ganz allein. An ihrem äusseren Umfange tritt jedoch bald, ungefähr von der Mitte der Nasenhöhle an, eine Knorpelleiste („basaler Randknorpel") auf (Fig. 22, 23), die weiter vorn sich mehr auf die Oberfläche des Trabekels wendet, mit der inzwischen entstandenen Vorderwand des unteren Cavum zusammenhängt, und sich noch über dieselbe hinaus nach vorn als „Cartilago praenasalis inferior" („WIEDERSHEIM'scher Kn.") fortsetzt, welcher der Oberfläche des Trabekelhornes aufliegt und dasselbe fast bis zu seinem vorderen Ende begleitet.

4. Die Hauptcomplicationen zeigen die vordersten Partieen der Nasenhöhle. Hier liegen die Trabekel sehr weit seitlich, unterhalb des unteren Blindsackes, und um die medial und dorsal gelegenen Räume bilden sich eigene Verknorpelungen. Dass der obere Blindsack hier eine eigene Innenwand besitzt, die sich erst secundär mit dem Septum verbindet, wurde p. 418 schon bemerkt. Durch diese Innenwand geht die Decke in den Boden des oberen Blindsackes über, der zugleich die Scheidewand zwischen diesem und dem Cavum inferius bildet, d. h. den Anfangstheil der Crista intermedia darstellt. Boden und Decke des Cavum medium (Lamina inferior u. sup.) scheinen etwas früher zu entstehen, als die Crista intermedia selbst, und sich erst secundär mit ihr zu verbinden. Noch einmal sei hier betont, dass dem Cavum inferius eine eigene Innenwand nicht zukommt, dass es vielmehr bis an das Septum heranreicht.

Die gemeinsame Vorderwand für den mittleren und unteren Raum endet zunächst mit freiem ventralen Rande, von dem Trabekel durch einen schmalen Zwischenraum getrennt und nur seitlich mit dem basalen Randknorpel verbunden. Erst später wächst dieser noch mehr nach innen und erzeugt so einen secundären definitiven Boden für den unteren Nasenraum.

Im Zusammenhange mit der Vorderwand des oberen Nasenraumes entsteht der das Eingangrohr umgreifende Nasenflügelknorpel mit dem „Born'schen" Knorpel („Cart. praenasalis sup.").

Alle die letztgenannten Verknorpelungen entstehen in loco aus dem perirhinischen Gewebe und zwar ziemlich gleichzeitig; von einer Betheiligung der Trabekel kann keine Rede sein. Diese verharren vielmehr noch eine Zeit lang in unverändertem Zustande.

Eine Nasenkapsel, welche die geschilderten Theile bei völlig erhaltenen Trabekeln erkennen lässt, zeigt Fig. 22. Die Oberlippenknorpel, die auch noch in ihrer ursprünglichen Form vorhanden sind, sind weggelassen. Zu beachten ist unter Anderem, dass das Septum im vorderen Abschnitte mit unterem freien Rande endet, in einem kleinen Abstande von den Trabekeln, die, gut erhalten, fast allein den Boden der Nasenkapseln bilden. Der hintere Oberkieferfortsatz hat seine Verbindung mit dem Proc. quadrato-ethmoidalis des Quadratum noch nicht erlangt, sondern endet frei. Die Cartilago obliqua hat sich noch nicht mit dem Boden des mittleren Nasenraumes verbunden.

2. Die Vorgänge während der Zerstörung der Trabekelhörner und der Oberlippenknorpel.

Von dem in Fig. 22 dargestellten Zustande aus zu einem dem definitiven ähnlichen führen, abgesehen von der schon oben erledigten Verbindung des Proc. max. post. mit dem Proc. pterygoideus, noch folgende Veränderungen:

a) Der vordere Nasenhöhlen-Abschnitt erhält einen knorpeligen Boden, dessen Verknorpelung theils vom unteren Rande des Septum aus nach aussen, theils von dem „basalen Randknorpel" aus nach innen vorschreitet.

b) Die Trabekel werden in ihrem vordersten Abschnitte gänzlich zerstört, ihr hinterer Theil dagegen wird zur Bildung eines Theils des definitiven Kapselbodens verwendet.

c) Die Oberlippen-Knorpel werden zerstört und resorbirt.

ad a) Vom Trabekel unabhängige Bodenbildung im vordersten Abschnitte der Nasenhöhle.

Der ganze vordere Theil der Nasenhöhle erhält einen erst ziemlich spät fertig ausgebildeten knorpeligen Boden. Es war oben bemerkt, dass die basale Randleiste in ihrem hinteren Abschnitte rein seitlich dem Trabekel ansitze, weiter vorn dagegen mehr auf seine Oberfläche übergreift (Fig. 22). Ein entsprechendes Verhalten zeigt der aus dem Lig. intertrabeculare inferius entstandene Knorpel, der den Raum zwischen

Septum und Trabekel einnimmt, und der auf dem vorigen Stadium erst
wenig weit nach vorn entwickelt war.

Während er nämlich im hinteren Abschnitte durchaus dem inneren
Umfange des Trabekels ansitzt, schiebt er sich weiter vorn auf die Oberfläche des Trabekels. Indem nun hier der von der basalen Randleiste
und der vom Septum kommende Knorpel sich auf der Oberfläche des
Trabekels einander entgegenwachsen, wird letzterer ventralwärts verdrängt, und geht, soweit dies der Fall ist, in der Folge zu Grunde. Auf
diese Weise entsteht eine Strecke weit für den vorderen Nasenhöhlen-
Abschnitt ein neuer „supratrabeculär" sich bildender Boden.

Mit der Ausweitung der Nasenhöhle nach vorn wird nun aber die
Ebene ihrer Vorderwand nach vorn, und damit der seitliche Abschnitt
des Cavum inf. über den Anfangstheil des WIEDERSHEIM'schen Knorpels
hinweg nach vorn verschoben. Dieser vorderste Abschnitt muss demnach
einen Boden erhalten, der von vornherein ganz ohne Beziehung
zum Trabekel ist, lateral den bisher freien Rand der Vorderwand
des Cavum inf. mit dem supratrabeculär entstandenen Boden verbindet
und medial die naso-basale Fontanelle von unten her begrenzt. Die
Verknorpelung dieses Bodenabschnittes folgt dem Zuge verdichteten Gewebes, der schon vorher den freien Rand des Septum mit der basalen
Randleiste und der Vorderwand des Cavum inf. in Verbindung setzte,
und zwar schreitet sie von aussen nach dem Septum zu vor. Die Wurzel
des WIEDERSHEIM'schen Knorpels, die vorher in einer Ebene mit der
Vorderwand des Cav. inf. lag, gelangt dadurch an die Unterfläche desselben, und giebt zugleich die vordere Grenze an, bis zu der der Boden
der Nasenkapsel einst Beziehung zu den Trabekeln hatte.

ad b) Schicksal der Trabekelhörner.

Ungefähr die ganze vordere Hälfte des ursprünglichen Trabekelhornes geht zu Grunde. Der Zerstörung verfällt demnach der Theil,
der noch auf dem Stadium der Fig. 22 frei vor den Nasenkapseln vorragte
und dem der WIEDERSHEIM'sche Knorpel auflag,[1]) dazu ein sich caudalwärts anschliessender Theil am Boden des vorderen Nasenhöhlenabschnittes
über dem, wie oben geschildert, sich „supratrabeculär" ein neuer Boden
gebildet hat.

Die hintere Hälfte des Trabekelhornes, die vorher den Boden des
hinteren Nasenhöhlenabschnittes bildete, wird hier zur Bildung des definitiven Bodens verwandt.

---

[1]) Wenn PARKER also in seiner zweiten Arbeit über den Batrachierschädel
die WIEDERSHEIM'schen Knorpel als „Cornua trabecularum" bezeichnet, so ist das
zwar nicht richtig, aber doch ein verständlicher Irrthum (33, Fig. 1 u. 2 auf Pl. 54
von Rana, sowie 3, 1, 5 von Bufo).

Hierbei lässt sich nun eine merkwürdige Erscheinung beobachten. Das Trabekelhorn zeigt nämlich vorübergehend auf seinem gesammten Querschnitte Veränderungen, als ob es in toto zerstört werden sollte. Die Grundsubstanz hat ihre Färbbarkeit fast verloren, die ganze Gewebspartie erscheint demnach sehr hell, die Kapselhöhlen sind nur durch sehr blasse Linien von einander getrennt. Gleiche Veränderungen zeigen die den Trabekeln entsprechenden Abschnitte der Ethmoidalplatte, deren Zusammensetzung auf diese Weise vorübergehend wieder deutlich wird.

Dann aber beginnt sowohl vom Septum, resp. der Leiste zwischen diesem und dem Trabekel, als auch von der basalen Randleiste aus, die sich unterdessen bis zur Ethmoidalplatte nach hinten fortgesetzt hat, eine Art Regeneration des mittleren den Trabekel quer durchsetzenden Streifens, der in unmittelbarer Verbindung zwischen den genannten beiden juxtatrabeculären Gebilden liegt (Fig. 23).

Wenigstens vermag ich die Querschnittbilder nicht anders zu deuten: während bei Larven, die erst die linke vordere Extremität befreit haben, der Gesammtquerschnitt des Trabekels auf Hämatoxylinpräparaten blass erscheint, bemerkt man bei solchen, bei denen auch die rechte vordere Extremität vorhanden ist, die an die septale und laterale Knorpelleiste unmittelbar anstossenden mittleren Trabekelpartien wieder tief dunkel violett. Bei etwas älteren Thieren erstreckt sich die gefärbte Zone durch den ganzen Trabekelquerschnitt von der lateralen Randleiste bis zum Septum, und darüber wie darunter beginnt das überschüssige Trabekelgewebe zu zerfallen und resorbirt zu werden. So bleibt an Stelle des ursprünglich sehr voluminösen Trabekels nur ein schmaler Streifen stehen, der aussen in die laterale Leiste und innen in das Septum übergeht, mit diesen beiden Gebilden zusammen den definitiven Boden im hinteren Nasenhöhlenabschnitte bildend.

Ein ähnlicher Vorgang spielt sich ab an den Seitentheilen der ursprünglichen „vorderen Trabecularplatte", wo die laterale Randleiste unmittelbar in den Knorpel des Antorbitalfortsatzes übergeht. Die „Regeneration"[1]) findet hier statt im Anschluss an den medialen Theil der Ethmoidalplatte und die Randleiste. Der ganze hintere Abschnitt der Nasenhöhle wird durch Zerstörung des in ihn vorspringenden Trabekelwulstes geräumiger.[2])

Einen Zustand der Nasenhöhle, nachdem sich die eben geschilderten Vorgänge abgespielt haben, zeigt mein III. Stadium. Hier sind alle

---

[1]) Das histologische Geschehen bei diesem Vorgange war bei meinen Präparaten nicht zu studiren, und so soll mit dem Ausdrucke auch nur das Grobe der Erscheinung bezeichnet werden.

[2]) Dass die Angabe GOETTE's, der „Zwischenkieferknorpel" (der nach 21 p. 649 u. 655 nichts Anderes sein kann als das Trabekelhorn nebst einem Theile des Oberlippenknorpels) verknöchere und bilde das aufgerichtete mediale Stück des Os intermaxillare (p. 659 u. 688), falsch ist, wurde schon von BORN festgestellt.

wesentlichen Theile angelegt, nur die Dimensionen weichen noch von den definitiven ab.

ad c) Zerstörung der Oberlippenknorpel.

Diese beginnt kurz vor dem Durchbruch der vorderen Extremitäten und zwar zunächst an den vorderen mittleren Partien. Die lateralen, nach hinten gerichteten Arme bleiben längere Zeit erhalten. Der Zerstörung gehen die an anderen Orten geschilderten Veränderungen und Schrumpfungen des Knorpels voraus. — Die Ansicht PARKER's, dass der Oberlippenknorpel sich am Aufbau des definitiven Nasenskeletes betheilige, wurde oben berührt; sie ist sicher falsch.

3. Letzte Veränderungen des Nasenskeletes. Herstellung des definitiven Zustandes.

Schon während der Schwanz der Larve noch im Schwinden begriffen ist, sind die vorderen Hälften der Trabekelhörner zerstört, über den hinteren haben sich die Nasenkapseln mit allen wesentlichen Einzelheiten angelegt, und die Trabekelhörner sind hier auch schon fast ganz auf die Dicke der übrigen Abschnitte der Kapselwandung reducirt.

Die wichtigsten Veränderungen, die sich noch vollziehen, sind die Ausweitungen der Dimensionen. Vor allen Dingen findet eine solche in recht erheblichem Grade in sagittaler Richtung statt, so dass an dem Cranium eines etwas älteren Frosches die Ethmoidalregion einen bei weitem grösseren Antheil an der Gesammtlänge besitzt, als bei einem solchen gleich nach der Metamorphose (cf. die auf p. 71 gegebenen Zahlen). Aber auch die Breitenausdehnung wird bedeutender, so dass z. B. der untere Blindsack später sich — hinter dem freien Rande der ihm zukommenden Seitenbegrenzung, — bis auf das knöcherne Maxillare ausdehnt, hier weiter caudalwärts die Kieferhöhle bildend.

Das Aufgeben des Wasserlebens hat dann aber auch eine sehr bedeutende Entwicklung der Glandula intermaxillaris zur Folge. und da dieser durch das unpaare Nasenseptum das Einwuchern zwischen beiden Nasenhöhlen verwehrt ist, so weitet sie sich das Cavum pränasale noch aus, indem sie unter den Boden der Nasenkapsel herunter wächst. Hier wird für sie eine besondere subnasale Fortsetzung des Cavum pränasale geschaffen durch die Crista subnasalis, die demnach eine sehr späte Bildung darstellt. Die Einzelheiten ihrer Form und Lage sind oben (p. 77) so genau geschildert worden, dass ich auf eine Wiederholung verzichten kann.

Schliesslich sei noch erwähnt, dass, bevor die Verknöcherung dieser Gegend eintritt, sich im Anschluss an die Ethmoidalplatte eine Strecke weit nach hinten ein knorpeliges Septum zwischen den beiden Olfactoriis bildet, so dass auf diese Weise schon der vorderste Abschnitt der ursprünglichen Schädelhöhle in zwei Theile getheilt, jeder Olfactorius aber in einen knorpeligen Canal eingeschlossen wird. Daraus resultirt dann bei der Verknöcherung die oft beschriebene Form des „Os en ceinture".

Zusammenfassung.

Die ersten Skeletgrundlagen der Ethmoidalregion bilden die Trabekelhörner und die Oberlippenknorpel. Von diesen gehen während der Metamorphose die Oberlippenknorpel ganz, von den Trabekelhörnern die vordersten Hälften zu Grunde. Ueber den hinteren Hälften der Trabekelhörner bildet sich das Nasenskelet. Der Abschluss des präcerebral gelegenen Intertrabecular-Raumes gegen das Cavum cranii wird bewirkt durch die Ethmoidalplatte. Diese setzt sich zusammen aus drei Theilen: den zwei Ethmoidalpfeilern, die zunächst eine mittlere Fenestra ethmoidalis begrenzen, und einem mittleren Schlussstück, das durch Verknorpelung des jene Fenestra verschliessenden Schleimgewebes entsteht. Lateral vom Olfactorius findet die Ethmoidalplatte ihren Abschluss durch die Schädelseitenwand. Die Scheidewand zwischen Orbita und Nasenhöhle, die Pars plana, wird gebildet unter Betheiligung eines neu auftretenden „Antorbitalfortsatzes", mit dem sich die Decke der Nasenhöhle verbindet und der sich durch den Proc. maxillaris posterior mit dem Proc. pterygoideus quadrati vereinigt.

Das gesammte davor gelegene Nasengerüst entsteht aus einer unpaaren medianen und zwei seitlichen paarigen Anlagen. Das unpaare Septum bildet sich im Anschluss an die Ethmoidalplatte nach vorn durch Verknorpelung des intertrabecularen Schleimgewebes; die beiden seitlichen Anlagen verdichten sich aus dem perirhinischen Gewebe, das die Nasensäcke umgiebt. Im hinteren Abschnitt der Nasenhöhle bildet sich von hinten nach vorn nur eine Decke, deren Innenrand secundär mit der Septal-Anlage verschmilzt; im vorderen Abschnitt erhält der obere Raum eine eigene Innenwand, die sich ebenfalls secundär mit dem Septum verbindet.

Vom Boden bildet sich ein Theil (der hinterste Abschnitt) unter Aufnahme des Trabekelhornes, der ganze vordere Theil dagegen durch Knorpelneubildung über dem Trabekelhorn. Dieses geht in seiner vorderen Hälfte zu Grunde.

Der vordere complicirte Abschluss der Nasenhöhle entsteht durch locale Verknorpelung des perirhinischen Gewebes.

Die Nasenkapsel legt sich zu einer Zeit an, wo die Trabekelhörner noch völlig intact und die Oberlippen-Knorpel noch in Function sind, erlangt aber erst, nachdem letztere und die vorderen Hälften der Trabekelhörner zerstört sind, ihre volle Ausdehnung.

2. Allgemeine und vergleichende Bemerkungen.

Vor Allem möchte ich hier einige Worte über das Verhältniss der Nasenkapseln zu den Trabekeln anführen.

Soviel ist wohl aus der gegebenen Schilderung zweifellos zu erkennen, dass das Nasenskelet unabhängig von den Trabekelhörnern entsteht und nicht etwa aus ihnen „auswächst". Das ist nun freilich schon von Born seiner Zeit festgestelt worden; aber gerade diese Thatsache hat Born und auch anderen Autoren Schwierigkeiten bereitet, da für die Urodelen sich das Gegentheil zu ergeben schien. Born selbst sagt (4, p. 636), bei den Urodelen wachsen die Nasenkapseln „beinahe in der ganzen Länge der Trabekeln aus dem oberen und äusseren Rande derselben nach allen Seiten aus". Ebenso lässt Wiedersheim (58, p. 361) die Nasenkapseln der Urodelen aus der „Ethmoidalplatte" hervorwachsen, d. i. der durch Concrescenz der Trabekel entstandenen vorderen Trabecularplatte. Born erkennt den Grund für die verschiedenartige Bildung in der bei den Anuren eingeschobenen langen Larvenperiode, während der die Trabekelhörner in besonderer Weise verwandt werden und dadurch die Fähigkeit verlieren, die Nasenknorpel aus sich herauswachsen zu lassen. Den Kernpunkt der ganzen Frage trifft er offenbar mit der Bemerkung (p. 637): „wohl aber ist noch dasselbe Gewebe vorhanden, das im Anschlusse an den unteren und oberen Rand desselben" (i. e. des Trabekels) „um die Nasenhöhle herum verknorpelte, ich meine das Spindelzellengewebe, welches in diesem Stadium die Nasenhöhle umzieht, die Verknorpelung desselben tritt nur viel später auf und ist von den eigenartig weiter entwickelten Trabecularknorpeln losgelöst." Die ganze Frage wird gegenstandslos, sobald man die, soviel ich sehe, durch nichts bewiesene Anschauung fallen lässt, dass die „Trabekel" besondere Bildungs-Stätten für irgend welche Theile des Craniums sein müssten. Ich habe schon oben, bei Besprechung der Theile der Orbitalregion, die Auffassung vertreten, dass die Trabekel nur die zuerst verknorpelnden Partien des Primordial-Craniums seien, die nur dadurch, dass ihnen während eines langen Larvenlebens eine so bedeutende Function zufällt, auch eine mächtige Entwickelung erfahren. Die Beobachtungen bei den Urodelen sagen doch nur, dass hier der Boden und die Innenwand der Nasenhöhle im Anschluss an den Umfang des Trabekelhornes verknorpeln und zwar zeitlich so frühe, dass die Grenzen sich bald verwischen. Lediglich als ein etwas früher verknorpelter Theil der Nasenhöhlen-Wandung erscheinen die Trabekelhörner bei den Urodelen aber auch dadurch noch, dass sie von vornherein in den Dimensionen angelegt werden, in denen sie, ohne vorher eine Reduction zu erleiden, in die Knorpelwände der Nasenkapseln

einbezogen werden. Dass sie doch etwas früher verknorpeln als die
übrigen Abschnitte der Nasenkapsel, ist wohl von dem oben erwähnten
Gesichtspunkte aus zu verstehen, dass die Verknorpelung des Primordial-
Craniums überhaupt nach mechanisch-zweckmässigen Regeln erfolgt, und
dass überall zunächst das wichtigste Grundgerüst in Form von einzelnen
Spangen angelegt wird. Dass bei den Urodelen aber die Nasenkapsel
so bald ganz verknorpelt und dadurch die Trabekelhörner keine so selbstständige Entwickelung und Bedeutung erlangen, wie bei den Anuren,
hängt in letzter Linie wohl auch damit zusammen, dass bei den Urodelen-
larven schon der definitive Kieferapparat in Wirksamkeit tritt und nicht
erst eine besondere larvale Einrichtung, wie bei den Anurenlarven. So
kann die ganze Ethmoidalregion bei jenen schon früher in den definitiven
Zustand übergehen.

Betrachtet man nun aber wirklich die „Trabekelhörner“ nur als
Theile der continuirlichen Nasenwand ohne besondere, sozusagen „gene-
rative“ Bedeutung, so ergeben sich bei einem Vergleiche der Nasenhöhlen
bei den Urodelen und Anuren viel interessantere Fragen, die noch der
definitiven Beantwortung harren. Sie betreffen den Internasalraum,
die eigene Innenwand der Nasenkapsel, die Entstehung des Septum.
Ich muss in Betreff des letzten Punktes noch einmal auf die Differenz
zwischen meiner Schilderung und der von BORN für Rana gegebenen hinweisen. BORN betont (4, p. 609) besonders, dass bei Rana das Septum
aus Theilen entsteht, die genetisch in directem Zusammenhange mit den
Trabekeln stehen. Zu dieser Auffassung gelangt er durch die (p. 605)
gegebene Schilderung, dass der Theil der Ethmoidalplatte zwischen
beiden Olfactoriis sich von vornherein als unpaares Gebilde auf der
vorderen Trabecularplatte erhebe — während ich andererseits auch für
Rana die Bildung zweier Ethmoidalpfeiler, einer Fenestra ethmoidalis
und den erst secundär erfolgenden Verschluss dieser Fenestra beobachtet
habe. —

Dass das Septum bei Rana[1]) eine besondere Bildung ist, die mit
den seitlichen Anlagen der Nasenkapseln nichts zu thun hat, folgt aus der
getrennten Anlage, in der auch die Verknorpelung ihren besonderen
Gang geht, aus der erst secundären Verbindung mit den „Eigenknorpeln“
der Nase, schliesslich aus der Thatsache, dass im vorderen Abschnitte
der Nasenhöhle nicht nur ein Septum, sondern auch noch, davon getrennt, eine eigene Innenwand des Cavum superius vorhanden ist. Wie
es dann zu verstehen ist, dass dem grösseren Theile der Nasenkapseln
bei den Anuren eine eigene Innenwand fehlt, wird noch genauer zu untersuchen sein — vielleicht kommt hier die mediale Ausdehnung der Drüsen

---

[1]) Dass auch vielen Urodelen eine knorpelige Trennung beider Nasenhöhlen
zukommt, ist mir wohl bewusst (cf. WIEDERSHEIM 58, p. 512 ff.), doch scheint mir
dieselbe bei Siredon etwas anders zu Stande zu kommen, als bei Rana.

in Betracht — einige vergleichende Thatsachen über diesen Punkt möchte ich hier aber schon anführen.

So ist es zwar bekannt, aber nicht recht gewürdigt, dass auch bei manchen Urodelen, wie den Tritonen, eine eigene Innenwand der Nasenkapsel, also ein Abschluss nach dem Cavum internasale hin, nur im vorderen, allerdings bei weiterem grösseren, Abschnitte sich findet, dass dagegen im hinteren Abschnitte eine recht beträchtliche **Fensterbildung** vorhanden ist, die nach hinten hin an das Olfactorius-Foramen anschliesst. Denkt man sich an einer in der Entwicklung begriffenen Nasenkapsel von Rana die Septalanlage mit dem zwischen beiden Olfactoriis gelegenen vorderen Abschluss des Schädelcavums fort, so erhält man offenbar als Rest eine Kapsel, die nur im vordersten Abschnitte eine eigene Innenwand (für ihren oberen Theil) besitzt, in ihrem hinteren Theile dagegen medialwärts offen ist. Auch hier hätte man dann eine grosse Lückenbildung in der medialen Wand, die sich nach hinten zu in das For. olfactorium fortsetzte. Der einzige Unterschied wäre der, dass bei den Urodelen der Abschnitt mit eigener Innenwand sehr gross ist, bei den Anuren dagegen sehr klein ausfiele.

Für die Auffassung, dass bei den Anuren das Septum eine ganz selbständige Bildung ist und dass die eigene Innenwand der Nasenkapsel im grösseren hinteren Abschnitte nicht zur Ausbildung gelangt, spricht auch das, was BORN über die Entwicklung der Nasenkapsel bei Pelobates festgestellt hat. Hier besitzt ja die Nasenhöhle während der Larvenperiode eine vollständige Innenwand, die mit Rücksicht auf die speciellen Larvenbedürfnisse zur Bildung des „Trabekelhornes" verwandt ist (BORN l. c. Taf. XI, Fig. 7, 8), und zwischen den Innenwänden der beiden Nasenkapseln besteht ein ganz regulärer „Internasalraum", wie bei vielen Urodelen. Erst durch die Metamorphose wird diese ursprüngliche Innenwand zum Theil zerstört und es würde eine freie Communication mit dem Internasalraum eintreten, wenn nicht in diesem durch Verknorpelung des Schleimgewebes, das ihn erfüllt, eine Neubildung, das Septum, aufträte. Bei Rana besteht nur der Unterschied, dass der Theil des Knorpels der Nasenkapsel, der zum Trabekel verwendet wird.[1]) geringere Ausdehnung besitzt, nicht die ganze Höhe des inneren Umfanges einnimmt, sondern wesentlich auf den Boden beschränkt bleibt, eine vollständige Innenwand somit gar nicht erst zur Ausbildung gelangt, und daher **von vornherein** die Ausdehnung der Nasenhöhlenräume medialwärts bis an das Septum reicht.

So zeigt sich auch hier der Vergleich sofort vereinfacht und erleichtert, wenn man in den Trabekelhörnern nichts Anderes sieht, als Abschnitte

---

[1]) Worauf die verschiedene Mächtigkeit der Trabekelhörner bei Rana- und Pelobates-Larven beruht, hat BORN (4, p. 634) in scharfsinniger Weise auseinandergesetzt.

der knorpeligen Begrenzung der Nasenhöhlen, die vor den anderen nichts weiter voraus haben, als dass sie, weil an den statisch wichtigsten Stellen gelegen, zuerst verknorpeln, dabei aber ihre Ausdehnung durchaus nach den jeweiligen speciellen Bedürfnissen bestimmend. (Demnach bei Pelobates grösser als bei Rana.)

Eine andere Frage ist dann die, ob die Nasenkapseln specifische Sinneskapseln, etwa wie die Skleroticalknorpel des Auges, sind. Auf Grund ihrer von den Trabekeln ganz unabhängigen Entstehung musste GOETTE (21, p. 654) diese Frage bejahen, zumal gerade er den Trabekeln, der vorderen Trabecularplatte („Stammplatte") und den Trabekelhörnern eine ganz besondere Bedeutung für die Genese des Kopfskeletes beilegt. Da ich ihnen nur eine mechanische, wenn man will „architektonische" Bedeutung zuerkennen kann, so fällt für mich jener Grund fort. Ein Stadium, wie es Fig. 22 zeigt, verlockt ja allerdings sehr zu jener Auffassung, dazu kommt die ganz selbständige Entstehung des Septum, zu dem die Nasenkapsel zunächst in einem rein appositionellen Verhalten steht, und die zum Theil selbständige Entstehung des Bodens.

Ich möchte aber doch zunächst nichts weiter sagen, als dass die Kapsel sich dem eingeschlossenen Sinnesorgane innig anpasst, ihm somit eigenthümlich ist; daraus aber etwa einen Schluss auf die Phylogenese des Schädels zu ziehen, halte ich, zumal im Hinblick auf die Urodelen,[1] für unthunlich. Die Frage muss an anderem Material entschieden werden; bei den Anuren mit ihrem langen Larvenleben wird Alles „appositionell" erscheinen, was erst in späterer Zeit verknorpelt und zu den Trabekeln, der vorderen Trabecularplatte und den Trabekelhörnern in Beziehung tritt. Diese lange Larvenperiode, in der der Schädel, sit venia verbo, „unter dem Zeichen des Trabekels" steht, ist aber etwas den Anuren Eigenthümliches, und ihre Einrichtungen dürfen darum nicht zu Rückschlüssen allgemeingültiger Natur verwendet werden.

Einen speciellen Vergleich des complicirten Nasengerüstes mit dem niederer und höherer Formen verspare ich mir für spätere Arbeiten.

Nur über eine Bildung seien noch einige Bemerkungen gemacht: den Antorbitalfortsatz und die Verbindungen seines Proc. maxilaris posterior mit dem Processus pterygoideus quadrati.[2]

---

[1] Nur Menobranchus und Proteus könnten auch der GOETTE'schen Auffassung das Wort reden, doch wissen wir nichts über die Entwicklungsgeschichte der Nasenkapseln bei denselben. WIEDERSHEIM (58, p. 510) spricht sich direct dahin aus, dass die Trennung der Nasenkapseln von den Trabekeln bei diesen Urodelen etwas Secundäres sei. Das wäre auch an sich nicht ohne Analogon: löst sich bei jenen doch auch der Antorbitalfortsatz vom Trabekel los. Aber die Frage mag immerhin in dubio bleiben.

[2] In einer mir soeben vom Verf. freundlichst übersandten Arbeit von KINGSLEY (29) findet sich in Bezug auf den Antorbitalfortsatz von Amphiuma die Bemerkung:

Als „Antorbitalfortsatz" habe ich oben einen Knorpel ange-
sprochen, der bei den Anuren ziemlich spät und unter ganz besonderen
Verhältnissen auftritt, aber durch sein Verhalten zu den Choanen sich
durchaus als das Homologen des Gebildes darstellt, das bei den Urodelen
unter dieser Bezeichnung geht und das wohl auch dem gleichnamigen
Gebilde bei den Fischen entspricht. Darin, dass ich seine obere Grenze
als durch das Foramen pro N. nasali bestimmt angebe, folge ich
WIEDERSHEIM (58).

Ueber die Homologie des Knorpels bei Anuren und Urodelen kann
meiner Ansicht nach kein Zweifel herrschen; der Unterschied, dass der
Antorbitalfortsatz der Urodelen nur eine schmale untere Randleiste
der hinteren Nasenwand — falls er nämlich in die Bildung derselben
eingeht — darstellt, während er bei den Anuren diese ganze Wand fast
allein bildet, kommt angesichts der Uebereinstimmungen gar nicht in
Betracht.

Die WIEDERSHEIM'sche Monographie über den Urodelenschädel bietet
eine schöne Uebersicht über die verschiedenen Formen, in denen sich der
Knorpel bei den Urodelen vorfindet. Von dem ganz freien Verhalten
bei Menobranchus und Proteus, über Menopoma weiter, wo er mit dem
äusseren Umfange der Nasenkapsel zusammenfliesst, bis zu den Salamandrinen, wo er den Unterrand der hinteren Wand der Nasenkapsel bis zum
For. pro N. nasali bildet, liesse sich eine continuirliche Reihe construiren,
von der es nur fraglich ist, in wie weit sie den Gang der Phylogenese
zum Ausdrucke bringt. Denn im allgemeinen wird man ja bei der Beurtheilung des Primordial-Craniums aller mit knöchernem Schädel versehener Vertebraten von der Ansicht ausgehen dürfen, dass der voll-
kommenere, complicirtere Zustand der ursprüngliche, der scheinbar einfache dagegen erst der secundäre, reducirte, ist. Das gilt ja auch schon
für das gesammte Primordial-Cranium der Urodelen, das gegenüber den
mächtig entwickelten secundären Gebilden, den Knochen, bei vielen For-

---

„The lower process may retain the name, antorbital, usually applied to it, for Amphiuma presents no evidence that it is the palatine cartilage as GAUPP interprets it"
(p. 672). Hierzu möchte ich bemerken, dass ich die beiden Namen „Antorbitalfortsatz" und „Cartilago palatina" durchaus für dasselbe Gebilde gebraucht habe
(17, p. 115: „die Cartilago palatina" oder wie die englischen Autoren HUXLEY und
PARKER den Knorpel nennen, den „Processus antorbitalis"). Als „Processus palatinus"
wird der Knorpel aber z. B. von FRIEDREICH und GEGENBAUR bezeichnet (14, p. 29)
auch HERTWIG (24) nennt ihn auf den Figuren „Cartilago palatina" (C. p.), und
WIEDERSHEIM (58, p. 483 spricht von einem Antorbitalfortsatz oder „Gaumenfortsatz"
der deutschen Autoren. Da ich beide Bezeichnungen in der Literatur vorfand, so
erwähnte ich sie auch beide, habe aber nicht etwa einem bekannten Gebilde eine
neue Deutung geben wollen. KINGSLEY scheint unter „Palatine cartilage" hier
etwas Besonderes zu verstehen; was das ist, kann ich aus seinen Angaben nicht
ersehen.

men auf ein ganz einfaches „Gerüst" reducirt ist, — d. h. zeitlebens auf dem Zustande des vorläufigen Gerüstes stehen bleibt. — Für das Verhalten des Proc. antorbitalis bei den Anuren, wo er einen Oberkieferfortsatz entwickelt, der mit dem Proc. pterygoideus zusammenfliesst, bietet unter den Urodelen nur Ranodon eine Analogie; doch ist es gar nicht unmöglich, dass dieser Zusammenhang beider Knorpel früher häufiger war und für das Verhalten bei manchen Formen den Ausgangspunkt darstellte. Thatsächlich werden Fortsatzbildungen, wie die am Nasenskelet von Spelerpes (WIEDERSHEIM, Fig. 108) viel verständlicher, wenn man sie als Andeutung dafür auffasst, dass sie einst der Verbindung mit dem Processus pterygoideus quadrati dienten (cf. auch das über den Proc. pteryg. Gesagte).

Damit will ich natürlich nicht sagen, dass eine solche Verbindung bei allen Urodelen bestanden habe; ebenso brauche ich wohl kaum besonders zu erwähnen, dass diese Verbindung des äusseren Endes des Antorbitalfortsatzes mit dem Proc. pterygoideus absolut nichts zu thun hat mit der primären Verbindung zwischen Antorbitalfortsatz und Quadratum, wie wir sie bei den Anuren und weiter zurück bei den Teleostiern und Knochenganoiden finden. Von dieser ist bei den Urodelen gar keine Spur mehr vorhanden. Ja, die Entstehung der secundären Verbindung zwischen Proc. maxillaris post. und Proc. pterygoideus ist gar nicht anders erklärbar, als dass nach Aufgabe der primären Befestigung das Quadratum sich aus der Ethmoidalregion, in die es bei den Teleostiern hineinreicht, zurückzog, und dabei mit seinem vordersten frei gewordenen Ende eine neue Befestigung erlangte. —

Vielleicht lässt sich übrigens die Bildung des „Oberkieferfortsatzes" des Proc. antorbitalis auch von einer viel älteren Einrichtung herleiten: die Aehnlichkeit, die der von GEGENBAUR (19, p. 102 sq.) als „Schädelflossenknorpel" bezeichnete Skelettheil bei Hexanchus und Heptanchus (vergl. Taf. I. u. X. Fig. 1 u. 2 M.) mit unserem Oberkieferfortsatz besitzt, ist frappant. Doch weise ich zunächst nur auf die Thatsache hin. [1])

Höher hinauf wird die Verbindung zwischen Nasenkapsel und dem Chondropterygoid nicht vererbt, doch findet sich der „hintere Oberkieferfortsatz" zweifellos wieder bei den Sauriern (Lacerta agilis, vivipara, Anguis fragilis, Platydactylus maur.) in dem von SOLGER (47) zuerst entdeckten Knorpelfortsatz, dessen caudales Ende sich sehr weit auf das

---

[1]) Da zur Erwerbung einer neuen Erkenntniss gar nicht genug empirisches Material herbeigeschafft werden kann, so möchte ich hier darauf hinweisen, dass ich (16, p. 112 Anm.) bei Sauriern einen Abschnitt des Oberkieferfortsatzes sich selbständig anlegen sah; ferner, dass PARKER (33, p. 607) bei Bufo ein vom Antorbitale getrenntes „Ethmopalatinum" beschreibt.

knöcherne Maxillare nach hinten schiebt, ohne jedoch den Processus pterygoideus zu erreichen (cf. auch 16).

Ueber das Verhalten bei den Säugern besitze ich keine eigenen Erfahrungen. —

Zwar sehr verständlich in ihrer mechanischen, aber sehr unklar in ihrer morphologischen Bedeutung sind die „unteren Pränasalknorpel" (WIEDERSHEIM'sche Knorpel).

Auch die Urodelen (Triton) besitzen sie, wenn auch sehr gering entwickelt. Aber — und das ist ein interessanter Punkt — bei den letzteren stellen sie die vorderen Enden der „Trabekelhörner" dar, während sie bei den Anuren selbständig über den Trabekelhörnern angelegt werden. Es kann das wohl, ebenso wie der Umstand, dass ein Theil des Trabekelhornes ganz aus der Bildung der Nasenkapsel ausgeschlossen wird und statt seiner ein neuer Boden sich bildet, nicht anders aufgefasst werden, wie als specielle Anpassung der Anuren, bei denen die Trabekelhörner ganz in der larvalen Bestimmung aufgehen.

Bei der Betrachtung der unteren Pränasalknorpel der Anuren drängt sich unwillkürlich der Gedanke an das „Rostrum" mancher Selachier auf, — doch will ich mich auch hier vorläufig mit dem blossen Hinweise begnügen.

Welche Stellung und Bedeutung vergleichend-anatomisch den Oberlippenknorpeln zuzuerkennen ist, wird erst eine erneute entwicklungsgeschichtliche Untersuchung der bei den Fischen mit diesem Namen belegten Gebilde ergeben können.

Die von STÖHR festgestellte Thatsache, dass die Oberlippenknorpel der Anuren zusammen angelegt werden mit den Trabekelhörnern, wird dabei für die Beurtheilung ausschlaggebend sein.

V. Kieferbogen.

Von den Skelet-Gebilden, die sich am Aufbau des Knorpelschädels betheiligten, beanspruchen die Elemente des Kieferbogens ein ganz besonderes Interesse, angesichts der ungemein wechselnden Form, Lage und Beziehung zum Cranium, in denen sie uns bei den verschiedenen Thierklassen gegenüber treten. Nicht erst bei den Säugern machen sich die Complicationen bemerkbar durch Ausschaltung eines Theiles jener Elemente aus dem Kauapparat, sondern sie beginnen schon viel tiefer in der Wirbelthier-Reihe und bedingen schon hier eine ausserordentliche Mannigfaltigkeit der Gestaltung und Anordnung jener Theile. So treffen wir bei den Selachiern die ligamentöse Vereinigung der Vorder-Enden der Palato-Quadrata, ein Verhalten, an das sich das bei den Sturionen anschliesst. Schon die Knochenganoiden zeigen dann die Trennung der beiderseitigen

Vorder-Enden durch die ganze Breite des Cranium, und die Gelenkverbindung des Palato-Quadratums mit der Unterfläche des Antorbitalfortsatzes. Bei den Teleostiern ist dann schliesslich aus der einfachen
Befestigung eine doppelte geworden: mit dem Antorbitalfortsatz und der
davor gelegenen Ethmoidalregion des Schädels.

Von welcher dieser eben kurz skizzirten Formen bei den Fischen man
dann die Verhältnisse bei den Amphibien herleiten sollte, war so lange
eine schwierige Frage, als die Betrachtung wesentlich von den einfachen
und daher für primär gehaltenen Zuständen bei den Urodelen ausging.
Durchaus berechtigt war es, wenn WIEDERSHEIM (59, p. 130) im Anschluss an PARKER sich dahin ausspricht: „In Berücksichtigung des
ontogenetisch relativ spät auftretenden, knorpeligen Pterygoids ist man
zu der Annahme berechtigt, dasselbe für eine von den Urodelen neu erworbene Bildung zu halten, die mit dem Palatoquadratbogen der Fische
nichts zu schaffen hat. In dem fast vollständigen Schwund des letzteren
liegt einer der Hauptdifferenzpunkte zwischen dem Fisch- und Urodelen-
schädel". Ebenso berechtigt war es, solange man mit PARKER den
larvalen Subocularbogen der Anuren sich direct in den definitiven um-
bilden liess, in diesem merkwürdigen Entwicklungsgange auch zwischen
Anuren und Urodelen einen nicht unwesentlichen Unterschied zu er-
blicken.

Hier haben mich nun meine Untersuchungen zu Resultaten geführt,
über die ich schon vor einiger Zeit kurz berichtete, und die geeignet erscheinen, die bestehende Lücke in durchaus befriedigender Weise aus-
zufüllen. Nicht die Urodelen mit ihren scheinbar so primären Verhältnissen im Bau des Quadratums sind geeignet, den Uebergang von den
Fischen zu vermitteln, sondern die Anuren, deren Besonderheiten im
Schädelbau nun eine ganz besondere Bedeutung erlangen. Diese An-
schauung gründet sich auf die Erkenntniss der Vorgänge, die |den Sub-
ocularbogen der Kaulquappe in den des erwachsenen Frosches über-
führen. —

Von dieser Bedeutung in vergleichend-anatomischer Hinsicht abgesehen, ist aber der ganze Process der Stellungsänderung des Quadratums
bei den Anuren schon an sich eine ausserordentlich interessante Erscheinung, und der Modus, nach dem sich dieser Wechsel der Organisations-
Verhältnisse vollzieht, ein Problem, dessen Lösung bisher noch keineswegs befriedigend gelungen war.

Die beiden Gesichtspunkte, den rein ontogenetischen und den vergleichend-anatomischen, habe ich im Nachfolgenden, wie auch in den
andern Kapiteln, streng von einander getrennt.

Als genetisch zum Quadratum gehörig ist hier noch mit zu besprechen der A n n u l u s t y m p a n i c u s, der im ersten Theil (Stad. IV)
bei der Labyrinth-Region Erwähnung fand; ich lasse seiner Beschreibung

die des Kieferapparates (Quadratum, MECKEL'scher Knorpel, Unterlippen-knorpel) vorangehen.

A. Quadratum, Meckel'scher Knorpel, Unterlippen-Knorpel.

Literatur.

Von den bisherigen Literatur-Angaben will ich nur die wesentlichsten hervorheben. Die erste Anlage des Quadratum's sowie der MECKEL'schen und Unterlippen-Knorpel hat STÖHR (50) beschrieben und unter Berücksichtigung der Angaben von DUGES, REICHERT, PARKER, GOETTE, behandelt. Die selbstständige Anlage des Quadratums, die Natur des Proc. ascendens, die Zusammengehörigkeit des MECKEL'schen und des Unterlippenknorpels sind von STÖHR festgestellt worden. Ueber die ersten Anlagen hinaus hat jedoch STÖHR den Gegenstand nicht verfolgt, und so führt auch die „Commissura quadrato-cranialis anterior" noch, entsprechend der seinerzeit von PARKER gegebenen Schilderung, die Bezeichnung: „Pterygopalatin-Fortsatz".

Ueber die Stellungsänderung des Quadratums macht schon REICHERT (39) einige in manchen Punkten ganz zutreffende Bemerkungen. So giebt er z. B. ganz richtig an, dass der ganze hintere Abschnitt des Quadratums verkümmere (p. 51), so das auch „das Gelenkstück für das Suspensorium des Zungenbeinkörpers verloren geht und letzteres sich häutig an den Knorpel des Gehörorgans anheftet". Die Frage, von wo wohl die Kraft ausgehe, die auf einmal den ganzen Suspensorial-Apparat in Bewegung setzt, hat sich REICHERT nicht vorgelegt, daher er denn auch meint: „Der MECKEL'sche Knorpel mit dem knöchernen Unterkieferstreifen vergrössert sich in dem Maasse, als der Quadratbeinknorpel zurückgeht" (p. 53), während die Reihenfolge der Erscheinungen gerade die umgekehrte ist.

Die Schilderung PARKER's (32) von der Umwandlung des subocularen Bogens ist zu bekannt, als dass ich nöthig hätte, sie nochmals auseinander zu setzen. So möchte ich nur noch anfügen, dass PARKER auch in seinen späteren Veröffentlichungen (33 und 34) den Proc. ascendens der Larve mit pd. (= Pediculus) bezeichnet, und für die Commissura quadrato-cranialis anterior die Benennung „Pterygopalatin" beibehält.

Die Darstellung, die GOETTE (21) von der Umwandlung des subocularen Bogens giebt, ist so unverständlich, dass ich auf sie nicht näher eingehen kann. Einige unrichtige Angaben, so jene von der Betheiligung des Processus ascendens („Schläfenflügelknorpel") an der Bildung der Schädel-Seitenwand, sind schon von STÖHR richtig gestellt worden. Eine Bildung, auf die ich in meiner Schilderung Werth lege, das Lig. quadrato-ethmoidale, hat GOETTE, ebenso wie übrigens auch schon PARKER, richtig gesehen.

Auf Einzelheiten werde ich im Verlaufe der Schilderung aufmerksam zu machen haben.

I. Larvales Verhalten und Umbildung des Kieferapparates.

a) Bis zum Beginn der Stellungsänderung des Quadratums.

Durch die Untersuchungen STÖHR's (50) ist die erste Anlage des Quadratums, sowie des MECKEL'schen und Unterlippenknorpels klargestellt und sind diese Theile nach ihrer Verknorpelung verfolgt worden bis zu einem Zustande, der meinem ersten Stadium entspricht. Ich kann daher gleich mit diesem beginnen.

Das Quadratum ist hier bereits eine doppelte Verbindung mit dem Cranium eingegangen

1. vor der Ohrkapsel durch den Proc. ascendens;
2. dicht hinter der „vorderen Trabecularplatte" durch die Commissura quadrato-cranialis anterior (über den Namen vergl. unten, sowie 17, p. 117).

Zwischen diesen beiden Verbindungen erstreckt es sich als ein in dorso-ventraler Richtung abgeplattetes Band parallel der Schädelaxe, trägt im vorderen Abschnitte auf seinem lateralen Rande den Proc. muscularis, an der Unterfläche die Anlagerungsstelle für das Hyoid, und erstreckt sich auch mit seiner Pars articularis über die vordere Schädel-Verbindung hinaus nach vorn, so dass das Quadrato-Mandibular-Gelenk in gleicher Ebene mit der Vorderfläche des Trabekelhornes steht. Hinten endet es zunächst mit freiem abgerundeten Rande. —

Der erste Fortschritt, der sich nun vollzieht, ist die Bildung eines primären „Proc. oticus" (Fig. 12). Dieser tritt auf bei Larven von ca. 21 mm Gesammtlänge am äusseren hinteren Umfange des Quadratums, und bildet sich schräg nach innen und oben, um mit dem am meisten nach vorn aussen vorspringenden Theile der Ohrkapsel (Gegend der Macula der äusseren Ampulle) zu verschmelzen. Die Bildung eines verdichteten Gewebszuges geht der Verknorpelung voraus. Diese findet übrigens nicht allein im Anschluss an das Quadratum statt, sondern auch von der Ohrkapsel aus schiebt sich ein kurzer stumpfer Knorpelfortsatz in jenes Band hinein vor und verschmilzt mit dem vom Quadratum aus kommenden. Bei Larven von 23 mm ist eine feste Verbindung erfolgt, eine Trennung der beiden Antheile nicht mehr möglich. Der primäre Ohrfortsatz stellt zunächst einen drehrunden Stiel dar, der weder an der Ohrkapsel, noch am Quadratum eine Verbreiterung zeigt.

Dies verändert sich während des Larvenlebens dadurch, dass seine Befestigung an der Ohrkapsel sich in sagittaler Richtung bedeutend verbreitert und zwar caudalwärts, so dass eine der Ohrkapsel aussen
ansitzende Leiste, Crista parotica, entsteht, mit deren vorderstem Theile
der Proc. oticus verbunden ist (Fig. 25, 27).

Die Bildung dieser Leiste dürfte hauptsächlich — wenn nicht ausschliesslich — von der Ohrkapsel selbst erfolgen. In diesem Zustande
verharrt dann der primäre Proc. oticus bis gegen das Ende der Metamorphose, wo er sehr rasch zerstört wird. Doch bildet sich nach dem
Schwunde des Schwanzes der Froschlarve eine neue, definitive Befestigung des unterdessen in Form und Stellung stark umgewandelten Quadratum mit der Ohrkapsel aus, auf die ich zurückkomme.

Erst nachdem der primäre Proc. oticus seine Befestigung an der
Ohrkapsel erlangt hat, beginnt die Bildung des Proc. quadrato-
ethmoidalis. Ich habe in meiner früheren Veröffentlichung (17)
diesen Fortsatz bereits als Proc. pterygoideus bezeichnet, halte es
aber, namentlich auch mit Rücksicht auf die vergleichend-anatomischen Ergebnisse für zweckmässig, jenen oben angegebenen Namen zu gebrauchen.
Denn der bleibende Proc. pterygoideus wird auch zum Theil noch
von einem Reste der Commissura quadrato-cranialis anterior gebildet, der
Proc. quadrato-ethmoidalis stellt nur sein vorderes Stück dar. Der
letztere Name wurde gewählt mit Rücksicht darauf, dass der Fortsatz
sich in das Lig. quadrato-ethmoidale vorschiebt und wahrscheinlich einem
Fortsatz bei den Teleostiern, auf den jener Name ebenfalls ganz gut
passt, zu homologisiren ist.

Das oben erwähnte Lig. quadrato-ethmoidale ist schon auf meinem
jüngsten Stadium deutlich nachweisbar und erstreckt sich ungefähr von
der Mitte des Vorderrandes der Commissura quadrato-cranialis ant. dicht
vor der Choane vorbei zur unteren äusseren Trabekelkante, vor der vorderen Trabecularplatte (Fig. 13 L. q.-ethm.). Es sei hier gleich angeführt, dass PARKER (23 u. 24) das Band bei einer ganzen Anzahl von
Anuren beschreibt und abbildet; es führt bei ihm den Namen „prepalatine ligament“.[1] Da PARKER, wie oft, so auch hier, mit demselben
Namen ganz verschiedene Dinge belegt, — so heisst bei ihm auch mein
„Proc. maxillaris anterior“ der Nasenkapsel „prepalatine spur“ —, so
glaubte ich von dieser Nomenclatur ganz absehen zu müssen. Die Bezeichnung „quadrato-ethmoidale“ dürfte sich am besten vergleichend-
anatomisch verwerthen lassen. Die Beziehung zum bleibenden Proc.
pterygoideus ist übrigens PARKER unbekannt geblieben.

In dieses Band hinein schiebt sich bei Larven von ca. 25—30 mm
vom Quadratum aus der Proc. quadrato-ethmoidalis vor, zunächst noch

---

[1] Auch GOETTE hat von Bombinator das Ligament abgebildet und beschrieben,
ebenso SEWERTZOW (46, p. 5) von Pelobates.

durch die vordere Hälfte des Ligaments mit dem Trabekel verbunden, und verharrt längere Zeit als ein sehr kurzer Fortsatz am Vorderrande der Commissura quadrato-cranialis ant. (Fig. 12 u. 13). Allmählich bildet sich jedoch eine knorpelige Nasenkapsel über den Trabekelhörnern aus und damit zugleich ein mit der Hinterwand derselben in Verbindung stehender „Processus maxillaris posterior", ein hakenförmig gekrümmter Fortsatz mit nach aussen gerichteter Convexität der Krümmung und freiem nach unten innen gekehrtem Ende. Dieses legt sich dann (Fig. 24) an die Aussenseite des Proc. quadrato-ethmoidalis des Quadratums an und wird mit diesem durch kernreiches „prochondrales" Gewebe verbunden. Wenn die neue secundäre Verbindung des Proc. quadrato-ethmoidalis mit der Nasenkapsel sich ausbildet, geht die alte, durch das Ligament hergestellte, mit dem Trabekel zu Grunde. Das geschieht, während noch das Quadratum fast seine frühere Stellung beibehalten hat, und die Commissura quadrato-cranialis ant. noch vorhanden ist. Ein solches Stadium giebt ein ausserordentlich instructives Bild, das den Uebergang von der ichthyoiden Larvenstellung des Quadratums zu der des umgewandelten Thieres auf's Klarste illustrirt (cf. Fig. 24).

Die weitere Ausbildung zum bleibenden Proc. pterygoideus ist bei der Darstellung der Metamorphose geschildert (p. 169).

Als eine Bildung von nur vorübergehender Existenz und zunächst noch ganz unbekannter Bedeutung erscheint dann bei Larven von ca. 30 mm Länge ein kurzer Fortsatz, der sich vom Hinterrande der Commissura quadrato-cranialis anterior aus, nahe dem Trabekel, nach hinten hin erstreckt. Er schiebt sich in die Membran vor, die zwischen dem Innenrande des Quadratums und der unteren äusseren Kante des Trabekels ausgespannt ist und das suboculare Fenster verschliesst (Membrana subocularis). Ich will ihn als Processus pseudo-pterygoideus bezeichnen. Er wurde oben bei Schilderung der einzelnen Stadien noch nicht erwähnt, da er bei dem zweiten (von 29 mm) noch nicht, bei dem dritten (Frosch in der Metamorphose) nicht mehr vorhanden war. Bei Beginn der Metamorphose geht er spurlos zu Grunde.

Die bisher genannten Bildungen entstehen während der Larvenzeit und sind, mit Ausnahme des Proc. quadrato-ethmoidalis, der erst kurz vor der Metamorphose auftritt und als Theil des bleibenden Proc. pterygoideus in den erwachsenen Schädel hinübergenommen wird, auch auf die Larvenperiode beschränkt. Sehen wir von dem Proc. pseudo-pterygoideus ab, der seiner Bedeutung nach noch unklar ist und nur eine ganz vorübergehende Existenzdauer besitzt, so ist also das Quadratum der Kaulquappe durch drei knorpelige Fortsätze, den Proc. oticus, ascendens und die Commissura quadrato-cranialis mit dem Cranium fest verbunden. Es bildet auf diese Weise eine ausserordentlich feste Skelet-Grundlage für die sehr kräftig entwickelten Muskeln des Kauapparates der Larve. Auf die Anordnung dieser Musculatur näher einzugehen, würde mich

hier zu weit geführt haben; so muss ich vorläufig auf die Schilderungen
bei DUGÈS und GOETTE verweisen. Dem letzteren bin ich in der Bezeichnung der Muskeln gefolgt.

Eine Neubearbeitung der Kiefermusculatur wird vor Allem auch
die Verhältnisse beim erwachsenen Thiere zu revidiren und eine ratio-
nelle Nomenclatur, wie sie von C. K. HOFFMANN (25) bereits in Angriff
genommen ist, zu schaffen haben. Die Verwirrung, die hier durch das
Operiren mit den Ausdrücken der menschlichen Anatomie (Temporalis,
Pterygoideus, Masseter) herbeigeführt ist, lässt die gänzliche Aufgabe
dieser Bezeichnungen als durchaus nothwendig erscheinen. Für die
Muskeln der Larve wird sich dann die Bildung einer speciellen Nomenclatur ebenfalls nicht von der Hand weisen lassen.

Ueber den MECKEL'schen und Unterlippen-Knorpel ist an dieser
Stelle kaum noch etwas hinzuzufügen; sie verharren während des ganzen
Larvenlebens in dem Zustande, der oben bei Besprechung des Stadium I
geschildert ist. Aus den Untersuchungen von STÖHR wissen wir, dass
die erste Anlage beider Gebilde gemeinsam ist. Das Vorhandensein
eines besonderen unpaaren Copulare zwischen beiden Unterlippenknorpeln,
das bei Larven von ca. 20 mm hyalinkorpelig wird, ist bisher nicht genügend beachtet worden (cf. Fig. 9 u. 12).

b) Stellungsänderung und secundäre Befestigungen des Quadratums, Umformung des MECKEL'schen und Unterlippen-Knorpels.

Die ersten Veränderungen, die die Umbildung des Kieferapparates
einleiten, machen sich am Unterlippenknorpel bemerkbar (bei Larven
von ca. 39 mm Gesammtlänge, 14 mm Körperlänge, mit starken hinteren
Extremitäten. — Die Bildung der Nasenkapsel hat begonnen). Hier
treten ausgedehnte Zerstörungsprocesse auf, und zwar hauptsächlich in
den vorderen oberen Partien, die über das Niveau der Verbindung mit
dem Quadratum emporragen. Ebenso wie diese Theile gehen aber auch
zu Grunde die nach hinten vorspringenden Abschnitte der unteren Enden.
So wird die ursprünglich hohe Platte des Unterlippenknorpels umgewandelt in einen drehrunden Stab, der mit dem der anderen Seite durch
das mehrfach erwähnte Copulare verbunden ist und, indem er sich ganz
in die Horizontale einstellt, die beiden MECKEL'schen Knorpel auseinander treibt. Wie auch an anderen Stellen des Anuren-Cranium wird
hier aus einer ursprünglich viel umfangreicher angelegten Masse — wie
aus dem Block — durch Entfernung des Ueberschüssigen erst die definitive Form herausgearbeitet.

Das Quadratum zeigt, wenn die Umwandlung des Unterlippenknorpels beginnt, erst am hinteren Rande der Commissura quadrato-
cranialis ant. und am Proc. ascendens Spuren der beginnenden Er-

weichung des Knorpels, derselbe verliert seine färbbare Grundsubstanz, die einzelnen an Grösse und Form ungemein variirenden Knorpelhöhlen werden nur noch durch blasse Linien von einander getrennt.

Dem Unterlippenknorpel folgt unmittelbar der MECKEL'sche Knorpel nach. Auch er geht aus der S förmig gekrümmten Gestalt in die eines drehrunden gestreckten Stabes über, die vorspringenden Convexitäten der Krümmung werden zerstört. An ihm macht sich dann weiterhin ein sehr erhebliches Längenwachsthum bemerkbar, das eine Auseinander- drängung der beiden Quadrata zur Folge hat.

Vom Quadratum wird zuerst völlig zerstört und resorbirt der Proc. ascendens (Fig. 24, wo noch seine beiden früheren Befestigungs- stellen, die am Quadratum und am Schädel, deutlich vorspringen): die Commissura quadrato-cranialis dagegen bleibt etwas länger bestehen. Ihre Zerstörung erfolgt, wie schon bemerkt, vom hinteren Rande aus, der Proc. pseudo-pterygoideus geht ebenfalls sehr früh zu Grunde. Der völligen Zerstörung geht, wie überall, das Verschwinden der Knorpel- Grundsubstanz voraus, und dass dadurch der ursprünglich feste Knorpel weich und nachgiebig wird, lässt sich gerade hier an der Commissura quadrato-cranialis ant. sehr deutlich erkennen. Fig. 24 zeigt einen Zu- stand, wo die Zerstörung noch nicht weit gediehen ist, die Commissur ist zwar schon bedeutend schmäler geworden, stellt aber immer noch einen ganz kräftigen Balken dar. Trotzdem ist das Quadratum schon ein ganzes Stück zurückgewichen, wie aus der Stellung des Quadrato- Mandibular-Gelenks sowie aus gewissen Faltungserscheinungen am hinteren Quadratabschnitte hervorgeht (MECKEL'scher und Unterlippenknorpel sind horizontal gestreckt) — ein Beweis, dass das Gewebe der Commis- sura quadrato-cranialis ant. nachgegeben hat, dass der Balken in sich geknickt wurde. Und in der That zeigt derselbe jetzt bei mikroskopi- scher Untersuchung jenes helle fast gar nicht gefärbte Gewebe, von dem eine solche Weichheit schon von vornherein vermuthet werden konnte. Die Auflösung des medialen Abschnittes der Commissur schreitet nun rasch weiter und ist bald ganz beendet. Dabei wird jedoch aus ihrem an dem Quadratum befestigten Abschnitte ein die rückwärtige Verlänge- rung des Proc. quadrato-ethmoidalis bildendes Stück geschont, also eben- falls wieder aus der massigeren Anlage „herausgearbeitet". Der Proc. quadrato-ethmoidalis hat dadurch einen Zuwachs in caudaler Richtung erhalten und entspringt nun als Proc. pterygoideus unmittelbar an dem Innenrande des Quadratkörpers selbst (vergl. Fig. 24 mit Fig. 25). Der bleibende Proc. pterygoideus besteht demnach aus dem erst ziemlich spät entstandenen Proc. quadrato-ethmoidalis und einem Reste der Commissura quadrato-cranialis ant.

Nach der Zerstörung der Commissura quadrato-cranialis ant. kann nun die Verschiebung des Quadratums sehr viel rascher und ergiebiger vor sich gehen. Da jedoch die Ohrkapsel einen festen Widerstand dar-

bietet, der primäre Proc. oticus auch zunächst noch erhalten bleibt, so
kommen in der That nur zwei principiell verschiedene Möglichkeiten für
ein solches Zurückweichen in Betracht: es könnte sich, unter Abknickung
am Proc. oticus, das Quadratum in irgend einer Ebene winklig zur
Schädelaxe stellen, das Quadrato-Mandibular-Gelenk also nach aussen,
oben oder unten ausweichen – in diesem Falle könnte die Integrität
des ganzen Stückes gewahrt bleiben — oder aber das Quadratum in
sich selbst unter Zerstörung seiner Substanz zusammengeschoben werden,
demnach in der Hauptsache immer parallel seiner ursprünglichen Richtung bleiben.   Die erstere Anschauung findet sich bei PARKER vertreten.
P. geht von der irrigen Anschauung aus, dass die Commissura quadrato-
cranialis ant. („pterygo-palatine bar“) sich bedeutend verlängere und secundär in den Palatin- und Pterygoid-Abschnitt gegliedert werde, von denen der
letztere eine in der Hauptsache nach hinten gehende Richtung einnehme
und durch sein Auswachsen den Körper des Quadratums nach hinten dränge.
Letzterer stelle sich zunächst senkrecht zur Schädelaxe und schliesslich
so, dass das Quadrato-Mandibular-Gelenk nach hinten gerichtet ist (cf.
PARKER, 32, Pl. VII, Fig. I, III, V und Pl. X der schematischen Figuren).
Diese Schilderung PARKER's ist nicht richtig, vielmehr geht in der
Hauptsache das Zurückweichen des Quadratums nach dem zweiten von
mir oben als möglich bezeichneten Modus vor sich, und im Anfang wenigstens ist nur eine geringe Neigung des vorderen Abschnittes gleichzeitig
wahrnehmbar.   Erst später wird diese beträchtlicher.

Die Fig. 24 zeigt bei a die Stelle, von der aus der Proc. ascendens entsprang, und unter b eine in der Richtung des Pfeiles beginnende
Einfaltung des Quadratums, das hier in seinen hinteren Partien die
charakteristischen Erweichungsvorgänge zeigt.   Auf Fig. 27 ist die Einfaltung vollzogen, das Gewebe der Falten bereits theilweise zerstört und
ihre Umrisse nur noch durch das Perichondrium erkennbar.   Diese
Faltenbildung am hinteren Abschnitte des Quadratums zeigt wohl ganz
deutlich, dass der Anstoss zu der Stellungsänderung von vorne her
ausgeht, wie ja auch die ersten Veränderungen am Unterlippen- und
MECKEL'schen Knorpel bemerkbar waren.   Thatsächlich sind sie auf dem
Stad. der Fig. 24 schon weit vorgeschritten.   Eine leichte Neigung des vorderen Quadratendes ist zweifellos, hauptsächlich aber giebt sich doch der
Mechanismus so zu erkennen, dass unter dem von vorne her wirkenden
Drucke das Quadratum nach hinten gedrängt und, da die Resorption
der hinteren Partien mit dem Auswachsen des MECKEL'schen Knorpels
nicht gleichen Schritt hält, die erweichten Theile rein mechanisch in
„Stauungsfalten“ übereinandergeschoben werden.   Dieses Princip macht sich
nun noch weiter geltend.   Die entstehenden „Falten“ werden völlig resorbirt und damit verliert das Quadratum auch seine Verbindung mit der
Ohrkapsel.   Der Proc. oticus geht ebenfalls zu Grunde.   Eine völlige
Selbständigkeit des Quadratums ist damit allerdings nicht bewirkt, da die

Verbindung des Proc. pterygoideus mit der Nasenkapsel bereits besteht. Diese Verbindung gestattet jedoch das Zurückweichen des Quadratums dadurch, dass hier der Proc. pterygoideus sehr bedeutend in die Länge wächst. Dieses Auswachsen des Proc. pterygoideus als das Primäre bei der Verschiebung anzunehmen — was ja natürlich auch denkbar wäre — erscheint mir darum nicht zulässig, weil schon, bevor die Verbindung zwischen ihm und der Nasenkapsel besteht, die ersten Faltungsvorgänge am Quadratum sich zeigen. Ich glaube deshalb die Veränderungen des MECKEL'schen und Unterlippenknorpels als die Causa movens ansehen zu müssen. Nach der Zerstörung der zuerst entstandenen Falten und Lösung der Ohrkapselverbindung schreitet der entsprechende Process weiter vor, immer die hintersten Partien zuerst ergreifend. Doch glaube ich nach Feststellung des Princips, darauf nicht weiter eingehen zu brauchen, und verweise nur noch auf Fig. 38, die ein weiteres Stadium darstellt, auf dem der Proc. oticus ebenso wie die zuerst entstandenen Falten zerstört sind und bereits eine neue Einfaltung zu constatiren ist. Dass man auf Querschnitten in diesen Stadien die merkwürdigsten und für sich kaum verständlichen Bilder erhält, ist wohl klar (Fig. 33).

Der Proc. muscularis wird während der Metamorphose sehr viel niedriger, ist jedoch noch ziemlich lange nachzuweisen. (In Fig. 38 durch die rothe unterbrochene Linie angedeutet.) Schon oben wurde betont, dass mit der durch Erweichung, Einfaltung und Zerstörung der Falten bewirkten Verkürzung der Pars metapterygoidea anfangs nur eine sehr allmähliche Aufrichtung verbunden ist. Je kürzer aber die Pars metapterygoidea wird, desto ausgesprochener dreht sie sich, so dass die ursprünglich dorso-ventral schauenden Flächen zu vorderen und hinteren werden (Fig. 40). Wenn dies soweit vorgeschritten ist, dass die ursprünglich dorsale Fläche ausgesprochen frontal steht und nach vorn sieht, hat zugleich die Verkürzung ihr Ende erreicht: das obere (früher hintere) Ende des Quadratums steht unterhalb des vordersten Abschnittes der Crista parotica, die Abgangsstelle des Proc. pterygoideus liegt ungefähr in der Ebene der Schädelbasis. d. h. bis auf die Länge des senkrechten Abstandes von der Crista parotica bis zur Ebene der Schädelbasis ist jetzt die ursprünglich so weit ausgedehnte Pars metapterygoidea verkürzt. Alsdann tritt eine abermalige Verschmelzung ihres oberen Endes mit der Crista parotica ein, sowie die Verknorpelung des „Proc. basalis", der jedoch erst weiter unten geschildert werden soll. Bei der Verschmelzung des Quadratums mit der Crista parotica schiebt sich ersteres — und zwar scheint das der stehengebliebene Rest des Proc. muscularis zu sein — sehr weit unter die Crista nach hinten, so dass diese einen Zuwachs in senkrechter Ausdehnung erlangt.

Schon während der Process der Verkürzung der Pars metapterygoidea noch im Gange ist, beginnt auch die Pars articularis Veränderungen zu zeigen: sie wächst immer bedeutender aus.

Solange der MECKEL'sche Knorpel noch transversal verläuft, bildet die vordere nach unten innen sehende Kante des Quadratums einen walzenförmigen Gelenkkörper, dem der MECKEL'sche Knorpel mit einer flachen Pfanne ansitzt.

In dem Maasse jedoch als der MECKEL'sche Knorpel sich mehr in die Sagittale einstellt, wird ein neues Gelenk geschaffen, und zwar bildet sich auf der Unterfläche der Pars articularis Quadrati eine P f a u n e aus. Die Einzelheiten dieses Vorganges sind recht complicirt, können aber doch wohl etwas kurz abgefertigt werden (vergl. Fig. 24, 38, 40). Das Wichtigste ist, dass die Bildung des definitiven Kiefergelenks erst stattfindet, wenn das Quadratum schon bedeutend aufgerichtet ist und nur mit seiner unteren vorderen Kante den MECKEL'schen Knorpel berührt. Um hier grössere Contactflächen zu schaffen, wächst aus der Unterfläche der Pars articularis zunächst ein zungenförmiger Fortsatz im Anschluss an die mediale Ecke der vorderen Quadratkante an die mediale Seite des Unterkiefers; erst sehr viel später wächst dann noch die laterale Kante der Pars articularis weiter aus und bildet den äusseren Rand der sehr flachen Cavitas glenoidalis (Fig. 38 und 40). Die Pars articularis ist es dann auch, die nach der Verbindung des Quadratums mit der Crista parotica sich noch weiter caudalwärts ausdehnt; lediglich durch i h r weiteres Wachsthum wird es bedingt, dass schliesslich das Kiefergelenk eine ganze Strecke h i n t e r der Ohrkapselverbindung des Quadratums liegt. Die Pars metapterygoidea, die jetzt eigentlich eine „hyperpterygoidea" darstellt, biegt später nur in ganz geringem Grade mit ihrem untersten Abschnitte nach hinten ab (Fig. 40 u. 41).

Während dieser Vorgänge hat auch das Hyoid seine Verbindung mit dem Quadratum aufgegeben, und hat sich h i n t e r der Tuba Eustachii in die Höhe geschoben, wo es 'am Schluss der Metamorphose eine Befestigung an der Ohrkapsel erlangt (Fig. 40 Hy.).

Schliesslich bleibt noch die Schilderung der letzten Verbindung, die das Quadratum erlangt, übrig, die mit dem Ohrkapsel-Boden durch den „Proc. basalis" herbeigeführt wird (Fig. 39, 40, 41 Pr. bas.). Es würde nicht leicht sein, aus der Ontogenese allein die Zugehörigkeit des Proc. basalis zum Quadratum zu folgern. Der Zusammenhang zwischen der Anlage des Fortsatzes und dem Quadratum ist, wenn auch nachweisbar, doch nur vorübergehend ein derartiger, dass sich aus ihm die genetische Zusammengehörigkeit beider mit Wahrscheinlichkeit schliessen lässt, und so würden in dieser Hinsicht wohl Zweifel bestehen können, wenn der Vergleich des fertigen Quadratums der Anuren mit dem der Urodelen nicht zu deutlich die Auffassung von der Natur des in Rede stehenden Knorpeltheiles bestimmte. Hinsichtlich ihrer hinteren Verbindungen verhalten sich nämlich die Quadrata beider Amphibien-Ordnungen im Princip ganz gleich: beide besitzen eine Verbindung mit der Ohrkapsel am äusseren Bogengange, beide besitzen eine Proc. ascendens (der nur bei den Anuren wieder zu Grunde geht) und so zeigen auch beide einen Fortsatz, der sich an den Boden der Ohrkapsel vor dem For. ovale anlegt, und hinter dem der N. hyomandibularis des Facialis nach aussen verläuft. Dieser Fortsatz gehört bei den Urodelen genetisch zweifellos zum Quadratum, und wenn die Ontogenese diese Zusammengehörigkeit bei den Anuren auch nicht so greifbar der Beobachtung aufdrängt, wie bei den Urodelen, so lassen sich doch auch die Erscheinungen bei den Anuren mit der gleichen Auffassung in Einklang bringen, wie bald gezeigt werden soll.

Larven, die sich im Beginn der Metamorphose befinden, bei denen also das Quadratum zurückzuweichen beginnt, lassen am äusseren unteren Umfange der Ohrkapsel vor dem For. ovale eine Anhäufung dicht gedrängt liegender Zellen von Spindelform erkennen. Die dicht an die Ohrkapsel anschliessenden Zellen gehen so allmählich in den Knorpel derselben über, dass sie als zu diesem gehörig betrachtet werden müssen. Die Gewebs-Verdichtung lässt sich eine Strecke weit nach vorn verfolgen. Dabei entfernt sie sich ventralwärts von der Ohrkapsel, zieht sich unterhalb des N. hyomandibularis weiter und stösst dicht vor demselben an den ventralen Umfang des Quadratums und zwar des hintersten unter die Ohrkapsel heruntergeschobenen Abschnittes, der später zuerst zu Grunde geht. An dieser Stelle hängt sie mit dem Quadratum am deutlichsten zusammen, ist jedoch nur weniger scharf hervorstehend, am medialen Umfange desselben noch bis fast in die Gegend der Quadrato - Hyoid - Verbindung zu erfolgen (Fig. 33 medial von dem Knorpelquerschnitte Q).

Der Zusammenhang mit dem Quadratum dicht vor dem N. hyomandibularis ist zweifellos. Die an der ventralen Peripherie jenes liegenden Knorpelpartien gehen unmittelbar über in eine Lage blasser Zellen mit grösseren länglich ovalen Kernen, an denen man Theilungsvorgänge beobachten kann. Diese schliessen dann direct an die übrige Masse der Anlage an. Jüngere Stadien (37 mm, mit sehr kleinen hinteren Extremitäten) zeigen die Anlage erst am Quadratum deutlich, und noch nicht bis an die Ohrkapsel heranreichend. Danach ist man wohl berechtigt, die Anlage als zum Quadratum gehörig zu betrachten und nur die dicht an der Ohrkapsel gelegenen Partien von dieser selbst abzuleiten. Mit dem Zugrundegehen der hinteren Partien des Quadratums gewinnt die Anlage des Proc. basalis eine grössere Selbständigkeit, bleibt jedoch mit den von vorn her nachrückenden Partien des Quadratums durch ihre oben erwähnte Fortsetzung an dessen medialen Umfange in Verbindung.

Die Verknorpelung erfolgt dann zu einer Zeit, bevor das Quadratum seine definitive Stellung erlangt hat. Der Knorpel tritt daher durchaus selbständig in der Anlage auf und zwar von vorne nach hinten vorschreitend, und erst wenn der Vorgang der Stellungsänderung

des Quadratums abgeschlossen ist, erfolgt auch die knorpelige Verschmelzung beider. Bis dahin bleibt zwischen beiden eine Gewebsschicht
unverknorpelt, die es gestattet, dass der Körper des Quadratums sich
lateral am Proc. basalis vorbei nach hinten schieben kann.

Dieses Verhalten weicht von der am häufigsten beobachteten Norm
allerdings etwas ab, ist jedoch nicht ohne Analogon und jedenfalls für
die Beurtheilung eines Skelettheiles, nachdem einmal die Herkunft der
Anlage nachgewiesen ist, ohne besondere Bedeutung. Seine Erklärung
findet es in der Veränderung der Stellung des Quadratums. Die Stelle
der Ohrkapsel, an die sich der Proc. basalis anlegt, verdickt sich etwas
und bleibt zunächst von jenem durch eine Schicht nicht verknorpelnden
Gewebes getrennt. Später, beim erwachsenen Frosche, findet sich hier
eine wahre Gelenkverbindung (ECKER). Auch an dem vierten von mir
geschilderten Stadium war noch die Verbindung durch eine nicht sehr
dicke Gewebslage vorhanden. Die Form und Beziehungen des Proc.
basalis zeigen die Fig. 39, 40, 41.

So lassen sich denn die in der Metamorphose am Kieferbogen zu
beobachtenden Vorgänge so zusammenfassen: Der Unterlippen- und
MECKEL'sche Knorpel verlieren ihre gekrümmte Form, sie werden in der
Horizontalen gestreckt und wachsen zugleich — besonders der MECKEL'sche
Knorpel — bedeutend in die Länge. Die Auflösung und Resorption des
Proc. ascendens, der Commissura quadrato-cranialis ant. und schliesslich
auch des primären Proc. oticus gestatten ein Zurückweichen des gesammten
Quadratums unter dem von vorne her wirkenden Drucke.

Das Quadratum wird jedoch nicht etwa in toto, unversehrt, durch
diesen Druck in eine andere Stellung gebracht, sondern es zieht sich in
sich selbst zusammen, oder richtiger: es wird in sich selbst zusammengeschoben. Dies zu ermöglichen, findet eine Erweichung des Quadratkörpers
von hintenher statt; die erweichten Partien geben dem von den MECKEL-
schen Knorpeln aus wirkenden Druck nach und werden rein mechanisch eingefaltet. Die eingefalteten Partien erliegen dann der völligen Zerstörung und Resorption. So wird das Quadratum von hinten her allmählich vernichtet, immer aber rückt das vordere noch intacte Stück
unter dem andrängenden Unterkiefer bis gegen die Ohrkapsel nach hinten
vor. Hier findet es einen festen Widerstand und schliesslich, wenn das
Quadrato-Mandibular-Gelenk bis zur Ohrkapsel nach hinten gerückt ist,
eine neue Befestigung an der Crista parotica, sowie durch den Proc.
basalis. Das Auswachsen des MECKEL'schen Knorpels hat jedoch damit
sein Ende noch nicht erreicht, und da nun das gesammte Quadratum
nicht mehr zurückweichen kann, so wächst nur noch die Pars articularis
sehr bedeutend nach hinten aus, bis schliesslich das Unterkiefergelenk in
einer Höhe mit dem hinteren Schädelumfang steht. Während dieser
Vorgänge ist der Proc. pterygoideus zu einer sehr langen Knorpelspange
ausgewachsen, seine Grenze gegen den Proc. maxillaris post. der Nasen-

kapsel ist verwischt. Das Hyoid giebt bei der Stellungsänderung des
Quadratum seine frühere Verbindung mit diesem auf und erlangt, hinter
der Tuba Eustachii aufsteigend, eine neue Befestigung am Boden der
Ohrkapsel.

Meckel'scher und Unterlippen-Knorpel.

Das Schicksal dieser Gebilde ist zwar schon in der Hauptsache geschildert, soll aber noch einmal zusammengefasst werden. Beide werden
für die Bedürfnisse des Larvenlebens in durchaus anderer Form und Anordnung angelegt, als sie später in den umgewandelten Schädel übernommen werden. Aus dem ursprünglich S förmig gekrümmten und transversal gestellten massigen MECKEL'schen Knorpel wird später (vgl.
S. 439) durch lebhafte Resorption an der Oberfläche und bedeutendes
Längenwachsthum ein langgestreckter dünner Knorpelstab, der im wesentlichen sagittal verläuft.

Die Unterlippenknorpel, deren Anlage mit der der MECKEL-
schen Knorpel gemeinsam ist (STÖHR), stellen während des Larvenlebens
hohe und breite Platten dar, die so zu einander gestellt sind, dass sie
mit ihren etwas concaven Innenflächen einander anschauen, und die an
ihren unteren Rändern durch ein unpaares hyalin-knorpeliges Copulare
verbunden sind. Auch mit den MECKEL'schen Knorpeln sind ihre oberen
Abschnitte vereinigt.

Die Metamorphose modellirt (cf. p. 168) aus jeder der hohen Platten
einen drehrunden Knorpelstab heraus, der fast horizontal und transversal verläuft, mit dem MECKEL'schen Knorpel knorplig verbunden wird,
von diesem aber deutlich abgesetzt bleibt, da beide Theile unter einem
fast rechten Winkel zusammenstossen.

Das vorher knorpelige Copulare wandelt sich in eine beide Unterlippenknorpel vereinende Schicht fibrösen Gewebes um.

Nach dem Auftreten der Deckknochen verhält sich der frühere
Unterlippenknorpel eigenthümlich. Eine oberflächliche Schicht des Knorpels
verknöchert nämlich und verbindet sich untrennbar mit dem über ihr als
richtiger Deckknochen entstehenden Dentale. Da sich durch diesen Umstand der frühere Unterlippenknorpel von dem MECKEL'schen Knorpel
auch noch beim erwachsenen Thiere scharf trennt, so hat man ihn hier
auch besonders bezeichnet: „Mento-Meckelian bone" PARKER, „Dentale"
DUGÈS (bei dem dann der übrige Abschnitt des Dentale als „Supraangulare"
bezeichnet wird), ein Vorgehen, das HERTWIG (24, p. 28) als unstatthaft
zurückweist. Es dürfte aber doch vielleicht zweckmässig sein, dem Um-
stande, das jenes Stück sich einerseits als „amphigener" Abschnitt[1]) des

---

[1]) Die Vorsilbe „amphi-" wird von v. WIJHE (60 p. 215) vorgeschlagen für
Knochen, die aus der Verschmelzung eines primären und secundären Theiles bestehen.

im Uebrigen „dermogenen" Dentale scharf unterscheidet, dass es andererseits aber unter Betheiligung eines Abschnittes des MECKEL'schen Knorpels sich bildet, der schon während des ganzen Larvenlebens als Unterlippenknorpel eine selbständige Bedeutung besitzt, auch im Namen Ausdruck zu geben, wenn auch nur dadurch, dass man es als „Pars mentalis" des Dentale bezeichnet.

2. Vergleichend-anatomische Ergebnisse.

Im vorstehenden wurden die Verhältnisse des knorpeligen Kieferbogens während der Larvenperiode geschildert, sowie die Vorgänge, die den definitiven Zustand, wie wir ihn beim erwachsenen Frosch finden, herbeiführen. Diese Beobachtungen werden nunmehr als Grundlage für eine vergleichende Betrachtung der genannten Skelettheile zu verwerthen sein. Es werden sich dabei einige, wie ich glaube, neue Gesichtspunkte aufstellen lassen, andererseits wird allerdings auch die Erwähnung einiger schon bekannter Thatsachen nicht ganz zu vermeiden sein. Ich beginne mit den verschiedenen Fortsätzen, die das Quadratum der Anuren zeigt.

1. Der Processus ascendens ist eine Bildung, die sich wohl auch bei allen Urodelen finden dürfte. Bei einigen derselben (Siren, Amphiuma u. a.) bleibt er zeitlebens knorpelig bestehen, bei anderen (den Salamandrinen) verknöchert er dagegen. Dass es sich in ihm um einen Fortsatz des Quadratums handelt, ist keine Frage, und damit wird die Ansicht hinfällig, dass er etwa mit der Knorpelspange zu vergleichen sei, die bei manchen Haien das Trigeminusloch in zwei Abtheilungen theilt (von WIEDERSHEIM [58, p. 376] vermuthet).

Für seine Homologie ist von grösster Wichtigkeit das Verhalten zu den Aesten des Trigeminus und zum Abducens. Es verlaufen nämlich der II. und III. Ast des Trigeminus constant hinter ihm nach aussen, während sich der R. orbitonasalis zwischen ihm und der Schädelseitenwand nach vorn begiebt. Mit dem Orbito-nasalis zusammen, aber isolirt unter ihm, verläuft bei den Urodelen (so fand ich es bei Siredon und Triton) der N. abducens; bei den Anuren ist derselbe sogar mit dem Orbito-nasalis in eine gemeinsame Scheide eingeschlossen. Das ganz charakteristische Verhalten zu den Trigeminus-Aesten liess zuerst STÖHR die wahre Homologie des Proc. ascendens der Anuren erkennen; STÖHR [50, p. 97 Anm.) belegte ihn dementsprechend auch zuerst mit diesem Namen, während PARKER, dem die Beziehung zu den Nerven entging, ihn als „Pediculus" bezeichnete und ihn so mit einer ganz anderen Bildung der Urodelen verglich (dem von mir als Proc. basalis bezeichneten Fortsatze). Der Lage des Quadratum — fast in einer Horizontalebene mit der Schädelbasis — entsprechend, liegt der Fortsatz bei den Anuren fast horizontal. Ihm irgend einem schon bei früheren Formen vorhandenen

Fortsatz zu homologisiren, ist mir zur Zeit noch nicht möglich, vorläufig müssen wir die Form, die er bei den niederen Urodelen besitzt, als die ursprüngliche ansehen. Dass er mit den Amphibien keineswegs erlischt, sondern sich noch auf höhere Formen fortvererbt, konnte ich schon früher (16) nachweisen: er tritt uns bei den kionokranen Sauriern als Antipterygoid („Columella", cf. 17, p 119) entgegen. Bei den Schildkröten habe ich ihn bisher vergeblich gesucht, und es ist diese Thatsache interessant, insofern als sie den Schädel der letzteren dem der Anuren näher bringt. Denn auch bei den Anuren bleibt der Proc. ascendens nur auf die Larvenperiode beschränkt, geht aber dann, wie oben gezeigt, völlig zu Grunde und wird zum Aufbau des definitiven Schädels nicht verwandt. Andererseits zeigen die kionokranen Saurier hierin wieder mehr Urodelen-Eigenschaften. Höchst interessant wäre es, das Verhalten des Fortsatzes bei Hatteria zu erfahren; dieser ist zwar von G. Baur der Charakter eines „kionokranen", d. h. mit einer „Columella" begabten Reptiles zuertheilt worden; indessen erscheint mir der stricte Beweis, dass das „Epipterygoid" von Hatteria, ebenso wie das der Schildkröten, ein knorpelig vorgebildeter und dem Quadratum angehöriger Skelettheil sei, noch keineswegs geführt. Bis dieser Nachweis geliefert ist, wird die Frage, ob das „Epipterygoid" der Chelonier und Rhynchocephalen homolog sei dem „Antipterygoid" der Kionokranen als unentschieden gelten müssen, trotz aller noch so sorgfältigen vergleichend-anatomischen Betrachtungen, deren objectiven Werth in irgend einer Weise zu verringern selbstverständlich nicht in meiner Absicht liegt.

Ueber das Verhalten des Proc. ascendens des Quadratums bei noch höheren Formen sind mir keine bestimmten Angaben bekannt.

2. Dass die Commissura quadrato-cranialis anterior keineswegs sich später in den bleibenden Pterygoidknorpel umwandelt, wie es nach der Parker'schen Darstellung der Fall sein sollte, glaube ich zuerst nachgewiesen zu haben (17). Es war somit der bisher fast von allen Autoren dafür gebrauchte Name: Pterygo-palatin-balken zu ändern. Die Frage, wie dann die Comm. qu.-cr. aufzufassen sei, vermochte ich damals noch nicht zu beantworten, glaube aber nun eine viel Wahrscheinlichkeit besitzende Anschauung aussprechen zu dürfen. Danach würden wir in ihr die Verbindung wiederholt finden, die sich bei Teleostiern sowie bei Knochenganoiden zwischen dem Quadratum und der Unterfläche des Antorbitalfortsatzes findet. Die Befestigungsstelle am Schädel ist, selbst wenn der „Processus antorbitalis" der Amphibien nicht complet homolog demjenigen der Fische sein sollte, doch ganz dieselbe, und wenn man z. B. Abbildungen, wie auf Taf. III Fig. 4 bei Bruch (5) (von Salmo salar) mit meiner Fig. 12 vergleicht, so ist die Aehnlichkeit unmittelbar in die Augen springend. Dass sich aus der wahren Gelenkverbindung, wie sie bei den Teleostiern und Knochenganoiden besteht, bei den Anuren-Larven eine knorpelige Verwachsung ausgebildet hat,

kann ein Hinderniss für die Homologisirung natürlich nicht abgeben. Immerhin sind mir doch von besonderem Interesse die Abbildungen, die PARKER (34) in seiner dritten Arbeit über den Batrachier-Schädel von Rana pipiens (Pl. 3. Fig. 1) und Cystignathus ocellat. (Pl. 17, Fig. I und V) giebt, und die den Anschein erwecken, als ob hier ebenfalls eine discontinuierliche oder wenigstens eine Bandverbindung vorhanden sei. Der Text giebt darüber keine klare Auskunft.

Ich möchte hier darauf aufmerksam machen, dass schon BRUCH (5. p. 9) sich in ähnlichem Sinne äussert (die sich daran anschliessenden Bemerkungen von BRUCH sind allerdings wohl nicht aufrecht zu erhalten), die betreffende Bemerkung scheint aber nicht weiter bekannt geworden zu sein, oder aber die falsche Vorstellung von der Umwandlung des Fortsatzes in den bleibenden Pterygoidknorpel verhinderte ihre Nutzanwendung.

Es ist gewiss eine interessante Thatsache, dass somit für gewisse Organisationen im Schädel der Anuren-Larven die Anknüpfungspunkte bei den Teleostiern und Knochenganoiden zu suchen sind, und dass die bis jetzt genauer bekannten Urodelen von ihnen keine Spur zeigen. Bei diesen wie auch bei den höheren Formen findet sich nur ein secundärer „Pterygoidknorpel" der unter Umständen eine Verbindung mit der Nasenkapsel eingeht, die jedoch schlechterdings nicht mit jener zu homologisiren ist (cf. p. 179).

3. Ueber den P r o c e s s u s m u s c u l a r i s des larvalen Quadratums will ich nur wenige Bemerkungen anführen. Es handelt sich in ihm um einen Muskelfortsatz, der in dem Maasse zu Grunde geht, wie die an ihm entspringenden Muskeln ihre Befestigungspunkte auf die secundär entstehenden Deckknochen verlagern. Den Namen „Processus orbitalis", den REICHERT und PARKER dem Fortsatze geben, glaubte ich aufgeben zu müssen, da ich bei Embryonen von Lacerta agilis und vivipara eine ganz ähnliche Bildung wieder fand, für die das Epitheton „orbitalis", da das ganze Qadratum von vornherein im Bereiche der Labyrinth-Region liegt, ganz widersinnig wäre. Bei Pelobates ist der vorderste Theil seines oberen Randes knorpelig mit der Stelle verbunden, wo sich die Commissura quadrato-cranialis ant. mit dem Trabekel verbindet. Es handelt sich dabei nur um eine partielle Verknorpelung des Gewebszuges, der sich bei Rana vom Oberrand des Proc. muscularis zu jener Stelle herüberspannt, und die p. 293 als Fortsetzung der die Kaumuskeln auf ihrem Verlaufe durch die Orbita deckenden Fascie beschrieben wurde.

4) Ein primärer P r o c e s s u s o t i c u s bildet sich zuerst bei Larven von ca. 21 mm Länge, besteht während des ganzen Larvenlebens, geht dann aber zu Grunde. Doch erlangt am Schluss der Metamorphose das Quadratum eine neue Befestigung an der Ohrkapsel. Beide Verbindungen unterscheiden sich dadurch von einander, dass die erste durch einen dünnen Knorpelstiel hergestellt wird, während es nachher der Körper des Quadratums selbst (die Pars metapterygoidea) ist, der sich

mit der Crista parotica verbindet. Auch die Urodelen besitzen eine
Ohrkapselverbindung des Quadratums, die der definitiven der Anuren
sehr ähnlich ist. Der „primäre Processus oticus" dürfte wohl nur als
eine specielle provisorische Larven-Einrichtung aufzufassen sein, der
eine besondere morphologische Bedeutung nicht zukommt. Ich wüsste
kein Criterium zu nennen, das er — abgesehen von der Form — vor
der secundären Ohrverbindung voraus hätte. Die Beziehungen zu den
Verhältnissen bei den Fischen möchte ich vorläufig unentschieden lassen.

5) Ein Fortsatz, der besonders dem Amphibienschädel eigenthüm-
lich ist, ist der P r o c e s s u s p t e r y g o i d e u s, der bei den Anuren eine
secundäre Verbindung mit der Nasenkapsel eingeht. Er ist bei fast sämmt-
lichen Urodelen vorhanden (WIEDERSHEIM 58, p. 517), erreicht unter
diesen jedoch nur bei Ranodon, soweit bis jetzt bekannt, ebenfalls jene
Verbindung mit der Nasenkapsel. Bei den übrigen endet er frei, ja, er
kann sich sogar von seinem Mutterboden, dem Quadratum, abschnüren
(Menopoma).

Zu interessanten Ergebnissen gelangt man bei einem Vergleiche der Ver-
hältnisse der Anuren mit denen bei den Teleostiern. Hier ist (vergl. BRUCH [5]
Taf. III Fig. 4 und PARKER [31] Pl. VI Fig. 2 und [35] Fig. 21) das Quadratum noch beim erwachsenen Thiere durch einen theilweise verknöcherten
Knorpel, der bei PARKER auf früheren Stadien auch die Bezeichnung
Pterygo-palatinum führt, mit dem Antorbitalknorpel verbunden, setzt sich
aber noch vor dieser Verbindung eine Strecke weit fort, um eine zweite
Gelenkverbindung mit dem Nasenknorpel einzugehen (Pa bei BRUCH).
Ein Vergleich dieses Zustandes mit dem einer Anurenlarve (Fig. 12)
ergiebt nun die sofort in die Augen springende Aehnlichkeit 1) des
ganzen, vom Quadratum bis zum Antorbitale ziehenden Knorpels beim
Lachs mit der Commissura quadrato-cranialis ant. der Anurenlarve und
2) der vorderen Fortsetzung, die mit der Unterfläche des Nasenknorpels
articulirt, mit dem Lig. quadrato-ethmoidale und seiner Verknorpelung,
dem Proc. quadrato-ethmoidalis. Letzterer Fortsatz erreicht hier jedoch
selbst das Trabekelhorn — die Grundlage der Ethmoidalregion — nicht
mehr; seine ursprüngliche Bedeutung wird aber durch das anschliessende
Ligament klar. Durch die sehr feste continuirlich knorpelige Verbindung
der Commissura quadrato-cranialis ant. offenbar seiner Bestimmung, eine
Befestigung des Quadratums während der Larvenperiode zu bilden, über-
hoben, wird er verwandt, um diese Aufgabe im erwachsenen Schädel
zu übernehmen. Zu diesem Zwecke bildet sich die secundäre Verbindung seines freien Endes mit dem Proc. maxillaris post. der Nasenkapsel,
durch welche die ursprüngliche, ligamentöse, mit dem Trabekelhorn ganz
werthlos wird. Sie geht daher zu Grunde, während der Proc. quadrato-
ethmoidalis mit einem übrig bleibenden Stück der Commissura quadrato-
cranialis den bleibenden Pterygoid-Fortsatz darstellt. So erscheint zwar
die bleibende Verbindung des Pterygoid-Fortsatzes mit dem hinteren Ober-

kieferfortsatze als eine secundäre Bildung, als ursprüngliche Bestimmung
des Fortsatzes aber doch auch die: eine Befestigung des Quadratums zu
bilden. In consequenter Verfolgung dieser Anschauung bin ich geneigt,
das Verhalten bei den Urodelen: die geringe Länge und freie Endigung,
die der Proc. pterygoideus hier zeigt, nicht für den ursprünglichen, sondern erst für den secundären, erworbenen Zustand anzusehen. Die Ausbildung dieses scheinbar primären einfachen Verhaltens ist im Zusammenhang mit der Thatsache, dass schon auf frühen Stadien des Urodelen-
Schädels die Knochen eine ganz bedeutende Rolle übernehmen, unschwer
verständlich. Durch diese Annahme fällt Licht auf das ontogenetisch
späte Auftreten des Fortsatzes bei den Urodelen, auf die Loslösung vom
Quadratum bei Menopoma, ja auf seine gänzliche Unterdrückung bei
Menobranchus und Proteus, auf das Auftreten eines gesonderten vorderen Knorpelstückes, das sich erst secundär mit ihm vereint, wie es
PARKER (35. deutsche Uebersetzung p. 108) schildert und ich bestätigen
konnte (17. p. 115), und das als Andeutung dafür gelten kann, dass der
Fortsatz früher weiter nach vorn reichte. Diese Erscheinungen können
alle aufgefasst werden als solche der Reduction, Bethätigungen der Re-
miniscenz an frühere Zustände, bevor noch der Fortsatz seiner ursprünglichen Hauptbestimmung, eine vordere Befestigung des Quatratums zu
bilden, entrückt war.

Beim Lachs würde man andererseits folgerichtig das ganze Stück
vom Quadratum bis zum Antorbital-Fortsatze als Commissura quadrato-
cranialis ant. zu bezeichnen haben und das vordere kurze Stück als Proc.
quadrato-ethmoidalis. Weitere Untersuchungen werden vielleicht noch
eine weitere Vereinfachung der Nomenclatur ermöglichen.

Von den Reptilien besitzen die Schildkröten und Krokodile einen sehr
gut entwickelten Proc. pterygoideus des Quadratums, die Saurier zeigen,
wie ich gefunden habe (16), nur einzelne Reste davon, die Schlangen,
wie es scheint, gar keine Spur mehr von ihm.

6) Als „Processus pseudopterygoideus" beschrieb ich oben
einen Fortsatz, der beim Frosch nur vorübergehend und nicht sehr stark
entwickelt vorhanden ist. Ein bedeutende Grösse erlangt derselbe nach
PARKER bei Pseudis paradoxa (34. [Pt. III] Pl. 2 Fig. I u. II), auch bei
einigen anderen Anuren wird er von PARKER und zwar als „Postpalati-
num" beschrieben. Letzteren Namen beizubehalten trug ich Bedenken,
weil er von PARKER auch an anderen Stellen für Gebilde gebraucht wird,
deren Homologie mit jenem Fortsatze der Anuren denn doch nicht denkbar ist. Der Fortsatz geht frühzeitig bei der Metamorphose zu Grunde.
Seine Homologie vermochte ich noch nicht festzustellen. Vielleicht ist
er gar nicht ein Fortsatz des Quadratums, sondern als eine Andeutung
eines knorpeligen Bodens der Orbita anzusehen. Dafür spricht, dass er
sich in die Membrana subocularis dicht neben dem Trabekel hineinschiebt.
Die Entscheidung wird davon abhängig zu machen sein, wie die Grenz-

bestimmung zwischen Commissura quadrato-cranialis ant. und vorderer Trabecularplatte ausfällt. Auch an meinen jüngsten Stadien war diese Grenze bereits nicht mehr erkennbar.

7) Dass der Processus basalis[1]) des Quadratums der Anuren, der sich erst sehr spät bildet, dem der Urodelen entspricht, ist wohl keine Frage. In der Regel führt der Fortsatz den Namen „Kieferstiel" oder „Pediculus". Ich hielt es für zweckmässiger, dafür einen anderen Namen einzuführen. Als ein wichtiges Criterium wurde oben bezeichnet die Thatsache, dass der N. hyomandibularis hinter ihm nach aussen verlaufe. Bei den Urodelen ist dies wegen des Durchtritts des Facialis durch die Ohrkapsel der geradlinigste Verlauf des Nerven, bei den Anuren dagegen, wo der Fac. mit dem Trig. zusammen vor der Ohrkapsel austritt, muss der genannte Ast sich erst nach seinem Abgange vom Ganglion caudalwärts wenden, die Verbindung des Proc. basalis mit der Ohrkapsel dorsal überschreiten und dann erst sich zu seinem Endgebiete weiter begeben. Das ist aber trotz der Verschiebung der Skelettheile doch im Grunde ganz derselbe Verlauf.

Auf einen Vergleich mit den Fischen muss ich bis auf Weiteres verzichten, dagegen sei noch erwähnt, dass höchstwahrscheinlich die Gelenk-Verbindung, die sich bei den Sauriern zwischen dem knöchernen Pterygoid und den sogenannten „Flügelfortsätzen des Basisphenoids" findet, jene Verbindung des Proc. basalis mit dem Cranium bei den Amphibien repräsentirt. Ich konnte den Zusammenhang der auf dem Pterygoid liegenden knorpeligen Gelenkfläche mit der Basis des „Antipterygoides" (der „Columella"), d. h. mit dem Proc. ascendens quadrati nachweisen. Die weit vorgeschobene Lage der Verbindung, die dann vielleicht auffallen könnte, lässt sich ungezwungen erklären durch das bedeutende Längenwachsthum, das die prootische Gegend bei den Sauriern durchgemacht hat, und das auch die Trennung der Orbitalregion in eine „secundäre" Orbitalregion und eine „Temporalregion", die bei den Amphibien noch nicht unterscheidbar ist, zur Folge hat.

Unterlippen-Knorpel.

Ob diesen Knorpeln, die nach STÖHR's Untersuchungen nur die selbständig bleibenden distalen Abschnitte der MECKEL'schen Knorpel sind, eine Bedeutung in vergleichend-anatomischer Hinsicht zukommt, vermag ich zunächst nicht zu entscheiden. Aufmerksam möchte ich daher nur noch machen auf das kleine, aber deutlich gegen die beiden Unterlippenknorpel abgesetzte, unpaare knorpelige Stück, dass jene beiden während

---

[1]) In einer früheren Mittheilung (16, p. 111 Anm. 3) machte ich die Angabe, dass ein „Palatobasal-Fortsatz" den Anuren fehle. Dieser Irrthum war dadurch bedingt, dass sich damals meine Untersuchungen nur auf die Anuren-Larven, noch nicht aber auf die metamorphosirten Thiere, bei denen der Fortsatz erst auftritt, erstreckten. Er sei hiermit berichtigt.

des Larvenlebens verbindet. Es hat grosse Aehnlichkeit mit einem „Copulare", wie es z. B. der Hyoidbogen zeigt.

B. Annulus tympanicus.

Literatur.

In seiner ersten Arbeit hat sich PARKER über die Herkunft des
Annulus tympanicus nicht ganz deutlich ausgedrückt; es scheint fast
(32, p. 169), als ob er ihn wie die Theile der Columella vom Hyoid-
Bogen ableite. Bestimmter ist die Darstellung in der „Morphology of
the Skull" (engl. Ausg. p. 153. dtsche. Uebers. 151). Hier wird der
Annulus aufgefasst als ein abgeschnürter Theil des primären Processus
oticus quadrati. Möglicherweise liegt dieser Ansicht die Beobachtung
der von mir beschriebenen Faltenbildungen und Zerstörungsprocesse am
hinteren Abschnitte des Quadratums unterhalb des Proc. oticus zu
Grunde. Da PARKER auf späteren Stadien hier die Anlage des Annulus
tympanicus fand, hat er vielleicht jene Erscheinungen dazu in Beziehung
gebracht. Im übrigen schildert PARKER, nachdem er einmal die Anlage des Annulus deutlich erkannt, ganz richtig (p. 174), dass derselbe
zunächst an seinem oberen Umfange unterbrochen sei und sich hier erst
später schliesst.

Einer neueren, von VILLY (53) gemachten Angabe über die Entwickelung des Annulus kann ich mich in der Hauptsache anschliessen,
werde jedoch einige Punkte etwas ausführlicher besprechen müssen.

Entwicklung des Annulus tympanicus.

Die Anlage des Annulus tympanicus ist aufs engste geknüpft an
das periphere blinde Ende der Tuba Eustachii. Die Anlage dieser
finde ich bereits bei Larven von 10 mm. (VILLY hat sie erst bei solchen
von 25 mm erkannt.) An der Stelle, wo der Vorderrand des Proc.
muscularis des Quadratums auf die Pars articularis übergeht, liegt aussen
am Knorpel eine Gruppe von Zellen, die durch ihren Pigmentreichthum
ausgezeichnet sind, einen kurzen, soliden, transversal gerichteten Zellstrang bildend. Vergleiche mit späteren Stadien zeigen, dass dieser
jetzt noch solide Zellstrang sich weiterhin zum peripheren blinden Ende
der Tuba Eustachii umgestaltet. Eine Verbindung zwischen ihm und
der Mundhöhle vermag ich jetzt noch nicht aufzufinden, möchte aber
darauf keinen grossen Werth legen, da mir einerseits von so jungen
Stadien nur Frontalschnitt-Serien zur Verfügung standen, ein vielleicht
nur aus 1 oder 2 Zellen bestehender Tuben-Querschnitt also leicht über-
sehen werden konnte, andererseits die angewandten Behandlungsmethoden
für die Untersuchung so feiner Verhältnisse nicht geeignet waren. Bei

Larven von 15 mm finde ich einen Zellstrang, im Querschnitte nur aus 1—2 Zellen bestehend, der im hinteren Abschnitte der Orbitalregion mit dem Epithel der Mundhöhle zusammenhängt und an der Unterseite des Quadratums, medial vom N. hyomandibularis nach vorn zieht. Durch den Pigmentreichthum seiner Zellen ist er von der Umgebung unterscheidbar. Weiter als bis in die Nähe der Quadrato-Hyoid-Verbindung vermag ich ihn jedoch auch jetzt nicht zu verfolgen, und erst wenn die Verhältnisse noch etwas grösser geworden sind, lässt sich der Zusammenhang dieses Zellstreifens mit der ersterwähnten Anhäufung pigmentirter Zellen am Proc. muscularis des Quadratums nachweisen.[1])

Besonders aufmerksam will ich noch auf die Thatsache machen, dass die Tube, die der Unterfläche des Quadratums anliegt, sich hinter der Quadrato-Hyoid-Verbindung lateralwärts und aufsteigend an die Aussenseite des Proc. muscularis wendet, d. h. hinter dem Hyoid verläuft. Erst gegen das Ende der Metamorphose giebt das Hyoid seine Verbindung mit dem Quadratum auf und schiebt sich hinter der Tube in die Höhe an die Schädelbasis. Die Tube liegt also erst nach der Metamorphose zwischen dem Quadratum und dem Hyoid. Auch diese Thatsache bedarf noch der Erklärung. An der Stelle, wo jene Gruppe pigmentirter Zellen liegt, die das spätere periphere Tuben-Ende darstellt, bemerkt man bei Larven von ca. 12 mm, bei denen die äusseren Kiemen links noch frei, rechts dagegen bereits überwachsen sind, eine vom Quadratum ausgehende Zellwucherung an der unteren vorderen Ecke des Proc. muscularis. Die Zellmasse löst sich bald vom Quadratum los und vermehrt sich sehr beträchtlich, so dass sie das ganze blinde Ende der Tube umgiebt. Eine bestimmte geformte Anlage macht sich jedoch in ihr erst bemerkbar, wenn das Quadratum im Zurückweichen begriffen ist. So erkenne ich die Anlage des Annulus tympanicus — denn um diese handelt es sich — deutlich auf meinem III. Stadium, und zwar unter und vor dem blinden Tuben-Ende. Zum Quadratum behält die Anlage während der Stellungsänderung desselben immer dieselbe Lage, doch wird sie von ihm etwas

---

[1]) Die genauere Untersuchung jüngeren gut conservirten Materials kann erst die Frage, ob jener solide Zellstreifen die „Hyomandibular-Spalte" darstellt, entscheiden. VILLY hat die Tube zuerst bei Larven von 25 mm gesehen, nachdem (bei 20 mm langen Larven) die „Hyomandibular-Spalte" zu Grunde gegangen sei. Er kommt daher zunächst zu dem Schlusse, dass die Tube „is probably not formed from the hyomandibular cleft, but is an altogether new organ" p. 540. Dennoch wird zwei Seiten später der Versuch gemacht, die Homologie zwischen Tube und Hyomandibular-Spalte trotzdem wahrscheinlich zu machen. (Das Verhalten des Quadratums und Hyoids soll bewirken, dass die Tube „disappears at one time and again reappears".) Durch die Thatsache, dass schon bei sehr viel jüngeren Larven, als VILLY glaubte, die Anlage der Tuba-Eustachii nachweisbar ist, erlangt die ganze Frage ein anderes Ansehen und würde sich wohl durch Untersuchung frühester Stadien leicht beantworten lassen.

abgedrängt durch das Os tympanicum. Im übrigen rückt sie aber mit
dem Quadratum aus der Orbitalregion in die Labyrinthregion. Die
Veränderungen der Tube während dieses Vorganges sind von VILLY
zur Genüge beschrieben worden.

Zuerst verknorpeln (bei Larven mit beträchtlich reducirtem Schwanze)
die vor und unter dem Tuben-Endstück gelegenen Partien der An-
nulus-Anlage, so dass ein nach unten vorn convex gekrümmtes, ungefähr
einen Viertel-Kreis bildendes Band entsteht[1]) (cf. Fig. 40).

Dieses bildet sich an seinen beiden Enden weiter, doch schreitet
das Wachsthum des unteren Endes nach hinten und weiterhin nach aufwärts zur Bildung des hinteren Ringumfanges rascher fort, als das am
vorderen Umfang. Auch ist der den unteren Umfang bildende Abschnitt
des Knorpelbandes beträchtlich breiter als der vordere.

Der obere Abschluss geht hauptsächlich durch caudales Vorwachsen
des vorderen schmalen Schenkels vor sich und zwar ebenfalls ziemlich
langsam, so dass noch längere Zeit nach der Metamorphose der Knorpelring oben unterbrochen ist. Mit dem schliesslichen vollständigen Ab-
schlusse[2]) ist dann noch ein Vorgang verbunden, den ich bisher nirgends,
auch bei VILLY nicht, erwähnt finde: die Verwachsung des hinteren
oberen Annulus-Abschnittes mit dem hinteren Theile der Crista parotica.

Diese Crista ist in ihrem grössten vorderen Theile lateral bedeckt
von dem hinteren Arm des Os tympanicum, der somit den vorderen
oberen Theil des Annulus tympanicus von der Crista trennt. Hinten
dagegen legt sich der Knochen auf die dorsale Fläche der Crista,
so dass deren laterale Kante frei wird. An diese legt sich der hintere
obere Annulus-Abschnitt an und verschmilzt mit ihr knorpelig. Hier
an dieser Schlussstelle ist die Trennung der beiden Schenkel des Annulus noch eine Zeit lang möglich, später (Thiere von ca. 40 mm Länge)
gehen beide Schenkel continuirlich in einander über —; der in sich
geschlossene Knorpelring ist an seinem oberen hinteren Theile mit der
Crista parotica verwachsen.

Diesen Zustand finde ich noch bei den ältesten von mir untersuchten Stadien: jungen Fröschen von 4,5 cm Gesammtlänge. Es ist
wohl anzunehmen, dass derselbe der definitive, während des ganzen
Lebens bestehen bleibende ist. Als Uebergang zu ihm dürfte ein Verhalten zu betrachten sein, das ich bei einem Thiere von 2,3 cm fand.
Hier ist der hintere obere Umfang des Annulus an der Crista parotica

---

[1]) Die übrige Masse der ursprünglichen Anlage ist um das Tubenende herum
auch noch vorhanden, doch war es mir bisher nicht möglich, hieraus noch eine
besondere Skeletanlage sich differenziren zu sehen (p. 394).

[2]) Die Angabe HASSE's (22, p. 378), dass er auch beim erwachsenen Frosche
oben unterbrochen sei, ist bereits von RETZIUS (40, p. 204) corrigirt.

befestigt, die von vornher kommende Spange geht aber nicht continuirlich in ihn über, sondern liegt ihm mit ihrem hinteren Ende nur medial an.

Die Ausweitung der ursprünglich sehr engen Tuba Eustachii, die Bildung des Cavum und der Membrana tympani zu schildern, würde hier zu weit führen.

Der vom Quadratum losgelöste knorpelige Annulus tympanicus scheint eine den Anuren allein zukommende Bildung zu sein.

VI. Kopfnerven.

Literatur.

Ueber die Kopfnerven des erwachsenen Frosches existirt eine ganze Anzahl von Special-Beschreibungen.

Unter diesen wird immer einen hervorragenden Platz die Abhandlung VOLKMANN's (54) einnehmen, die zwar die älteste ist, doch aber eins vor allen folgenden voraus hat: den Umstand, dass ihre Resultate gewonnen sind zum Theil wenigstens durch das physiologische Experiment. Dass diese Methode bisher noch nicht in ausgedehnterem Maasse auf das Studium der Kopfnerven bei allen Wirbelthierklassen angewendet wurde, ist ein Mangel, der sich auch in Fällen, wo es sich um rein morphologische Beurtheilung handelt, oft genug bemerkbar macht.

An den Kopfnerven der Amphibien hat dann J. G. FISCHER (12) zuerst jene glänzende Geschicklichkeit in der Darstellung feinster Verhältnisse gezeigt, mit der er später für dasselbe Kapitel bei den Sauriern eine bisher unerreichte Grundlage schuf.

Von den Nachfolgern seien nur noch zwei erwähnt: de WATTEVILLE (56) und WIEDERSHEIM (11). Liegt der Werth der WATTEVILLE'schen Bearbeitung besonders in der peinlich genauen Aufzählung aller beobachteten Aeste, so muss man WIEDERSHEIM besonders für die anschauliche bildliche Darstellung der Kopfnerven Dank wissen.

Ist somit das rein Descriptive, das Verhalten des Kopfnervensystems beim erwachsenen Frosch betreffend, wohl zur Genüge festgestellt, so finden sich dagegen über das Verhalten der Kopfnerven vor und während der Metamorphose — soweit ich die Literatur kenne — nur sehr vereinzelte Angaben bei FISCHER, PARKER und GOETTE. Letzterer hat noch am genauesten den Hauptverlauf der Nerven während der Larvenperiode und Metamorphose geschildert; PARKER beschränkt sich auf gelegentliche Bemerkungen, und FISCHER hat nur die Wurzel- und Ganglien-Verhältnisse, nicht aber auch den peripheren Verlauf der Nerven bei Kaulquappen untersucht.

So erschien eine mehr zusammenhängende Darstellung der Beziehungen zwischen dem Nervenverlauf und den Umänderungen des Schädels nicht zwecklos.

Die Arbeiten, die sich vergleichend-anatomisch mit den Nerven-bahnen und ihren Umwandlungen beschäftigen, sind nicht sehr zahl-reich, gerade in Betreff der Amphibien und Reptilien finden sich bei FISCHER hierüber eine Menge trefflicher Bemerkungen und Angaben. Für spätere Untersuchungen bleibt hier aber noch ein zwar mühsam zu bebauendes, aber weites und ergiebiges Arbeitsgebiet. In einer kürzlich erschienenen Arbeit über die Kopfnerven von Salamandra von v. PLESSEN und RABINOVICZ (36) ist der Versuch einer vergleichenden Betrachtung nicht gemacht.

Da ich die Kopfnerven der Fische bisher aus eigenen Unter-suchungen nicht kenne, so werde ich die Vergleiche auf die Urodelen und Reptilien beschränken müssen.

1. Larvales Verhalten der Kopfnerven und Umwandlung desselben zum definitiven Zustand.

I. N. olfactorius.

Auf ganz jungen Stadien frei über die Seitenwand des vorderen Ab-schnittes der „vorderen Trabecularplatte" verlaufend (Fig. 6), wird der Nerv schon ziemlich zeitig von einem knorpeligen Ringe umgeben, da-durch, dass medial von ihm ein Ethmoidalpfeiler, lateral die Schädel-seitenwand sich erhebt, und beide über dem Nerven zur knorpeligen Vereinigung kommen (Fig. 12). Nach der Verknorpelung der Fenestra ethmoidalis erscheint der Nerv als durch die Seitenpartie der „Ethmoidal-platte" hindurchtretend (Fig. 30).

II. N. opticus.

Anfangs verläuft der Nerv dicht über der Trabekelkante im hinteren Abschnitte der Orbitalregion durch ein im übrigen nur häutig begrenztes Foramen der Schädelwand, dabei ziemlich genau transversal, oder gar etwas von vorne nach hinten. Erst verhältnissmässig spät (zwischen Stadium II und III) findet die Bildung der knorpeligen Seitenwand statt, und durch sie wird der Nerv in ein grosses Foramen eingeschlossen, das noch dadurch erweitert wird, dass die obere Kante des Trabekels an der Stelle, wo ihr der Nerv auflag, zerstört wird. So verläuft der Nerv später durch die Mitte einer grossen häutig geschlossenen Oeffnung. Zugleich ändert sich sein Verlauf dahin, dass er später immer mehr eine von hinten nach vorn gehende Richtung einnimmt. Dies ist bedingt durch den auch an anderen Stellen in die Erscheinung tretenden Vor-gang der Verschiebung des Gehirnes nach hinten hin (cf. p. 360).

III. N. oculomotorius.

Auch dieser Nerv verläuft ursprünglich dicht über der Trabekelkante, hinter dem Opticus, nach aussen, zusammen mit der A. ophthalmica. Er wird sehr frühzeitig knorpelig umschlossen (Fig. 12). Durch Schwund des trennenden Trabekelabschnittes fliesst sein Foramen mit dem der Art. carotis interna zusammen, durch einen auf p 403 auseinandergesetzten Vorgang gestaltet sich das Verhalten schliesslich so, dass er entweder wieder allein knorpelig umschlossen wird, oder aber mit der Art. carotis cerebralis vereinigt bleibt. Letzteres scheint häufiger zu sein.

IV. N. trochlearis.

Tritt zuerst durch ein häutig, späterhin knorpelig begrenztes Foramen der Schädelseitenwand. Jenes bildet sich bei der Verknorpelung dieser. Die Angabe GOETTE's (21, p. 628), dass der Nerv aus dem Trigeminus-Ganglion entspringe, ist für Rana sicher nicht richtig; hier hat der Nerv, wie überall, seine Austrittstelle aus dem Gehirn dorsal, zwischen Lobus opticus und Cerebellum.

VI. N. abducens.

Ist vom Trigeminus (R. orbito-nasalis) nicht zu trennen. Die Angabe ECKER's (11, p. 35), dass er ein eigenes Foramen hinter dem des Opticus besitze, ist demnach irrig. Wahrscheinlich ist hier das Oculomotorius-Foramen gemeint. Die Wurzel des Abducens tritt schon bei meinem jüngsten Stadium in das Ganglion trigemini et facialis, [1]) der periphere Ast wird vom R. orbito-nasalis abgegeben, verläuft also mit diesem unter dem Proc. ascendens quadrati.

V. u. VII. Trigeminus und Facialis.

Von dem jüngsten untersuchten Stadium an bis zum Ende des Larvenlebens finde ich in das grosse, am vorderen Ohrkapselumfang gelegene Ganglion, aus dem die dem Trigeminus und Facialis zuzuzählenden Aeste entspringen, drei Wurzeln (ausser dem Abducens und Sympathicus) eintreten. Von diesen verlassen zwei mit dem N. acusticus zusammen die Med. obl., eine dritte entspringt selbständig davor aus

---

[1]) Wenn somit FISCHER (12, p.52 Anm. und Tab. II Fig 4) bei Kaulquappen von Rana den Abducens noch frei vom Trigeminus verlaufen lässt, so dürfte das, da der Nerv durch das Ganglion hindurchtritt, ohne partielle Zerstörung dieses wohl nicht darzustellen gewesen sein.

dem verlängerten Marke. Letzteres ist die eigentliche Trigeminus-Wurzel; von den beiden hinteren wurde die ventral von der Trigeminus-Wurzel verlaufende als Facialis, die dorsal liegende als Rad. accessoria n. trig. bezeichnet. Eine Rechtfertigung dafür zu geben, dass ich die ventrale Wurzel, die weiterhin die untersten Partien des gemeinsamen Ganglions bildet, als „Facialis" bezeichne, ist wohl kaum nöthig. Schon Volkmann (54) hat die Zugehörigkeit des „Trommel-höhlenastes", wie er den Hyomandibularis nennt, zum Facialis betont, Fischer (12) hat dies auf den Palatinus ausgedehnt, und wohl alle folgenden Untersucher haben sich ihnen angeschlossen. Beide genannten Aeste gehen aber aus jenem unterem Ganglion-Abschnitt hervor. — Dass der N. palatinus und hyomandibularis aus vergleichend-anatomischen Gründen zum Facialis gezählt werden müssen, kann gar nicht zweifelhaft sein; dazu möchte ich dann referirend erwähnen, dass Goette, der noch jüngere Stadien untersucht hat, das Ganglion des Facialis bei solchen frei zwischen dem Ohrbläschen und dem Gasser'schen Knoten liegen fand, und so die erst später erfolgende Verbindung beider feststellen konnte (21, p. 665).

Die dorsale, mit dem Facialis zusammen entspringende Wurzel glaubte ich am zweckmässigsten als Radix accessoria n. trig. bezeichnen zu sollen; einige vergleichende Bemerkungen über dieselbe folgen später. [1])

Von den drei Wurzeln bestehen die des Facialis und die der R. accessoria im frühen Stadium wesentlich aus zelligen Elementen, schon von der Mitte der Larvenzeit an jedoch erscheinen auch sie (wie die Trigeminus-Wurzel) fibrillär.

Betonen muss ich ferner noch, dass ich die R. accessoria bei umgewandelten Fröschen nicht mehr nachzuweisen vermag. Ob sie sich mit der Hauptwurzel des Trig. verbindet und ob mit den Aesten des Hauptganglions die des Nebenganglions verschmelzen, bin ich nicht im Stande anzugeben. Eine speciell darauf gerichtete Untersuchung lag meinen Zwecken zu fern. Doch sei daran erinnert, dass die Aeste, die aus ihr hervorgehen, sich an die Hautsinnesorgane der Larve vertheilen („vorderer Seitennerv" Goette's) und dass diese Sinnesorgane am Kopfe während der Metamorphose zu Grunde gehen. Mir ist daher das Zugrundegehen auch des Nerven sehr viel wahrscheinlicher. Eine Trennung der Trigeminus-Wurzel, wie sie Wiedersheim (11 p. 26 und Fig. 6 auf p. 27) darstellt, ist mir jedenfalls am erwachsenen Frosch nicht mehr möglich.

— —

[1]) In einer vor 2 Jahren erschienenen Arbeit, auf die ich leider erst zu spät durch eine erneute Mittheilung des Verfassers (Anatom. Anz. 1892) aufmerksam wurde, hat sich Strong (52) über die „Radix accessoria", die er als dorsale Facialis-wurzel bezeichnet, in ähnlicher Weise wie ich ausgesprochen. Die Goette'sche Angabe findet bei Strong keine Erwähnung.

Die dreifache Zusammensetzung des Trigemino-Facialis-Ganglions ist während der ganzen Larvenperiode ziemlich gut nachzuweisen, später geht mit der R. accessoria auch das „Nebenganglion" der Beobachtung verloren.

In früher Periode liegt das Trigemino-Facialis-Ganglion der häutigen Innenwand des Recessus labyrinthi eng an, schiebt sich aber auch sehr beträchtlich über die Ohrkapselgrenze hinaus nach vorne.

Der am weitesten caudalwärts austretende Facialis-Ast, der R. hyomandibularis, verläuft dabei dicht vor der vorderen basicapsulären Verbindung nach aussen. An diesem letzteren Verhalten ändert sich im Laufe der Entwicklung nichts, wohl aber wird die ganze Masse des Ganglions von der vorderen Ohrkapselkuppel, die sich sehr stark nach vornhin ausdehnt, überwölbt, so dass schliesslich selbst der R. maxillaris, der vorher eine ganze Strecke weit vor der Ohrkapsel aus dem Ganglion entsprang, dieser eng angeschmiegt verläuft.

Was die Aeste betrifft, so sollen nur die wichtigsten Thatsachen noch einmal zusammengestellt werden.

V, 1. Der R. orbito-nasalis läuft, den Abducens mit sich führend, anfangs unter dem Proc. ascendens quadrati, später, wenn dieser verschwunden ist, frei durch die Orbita nach vorn, der Schädelseitenwand anliegend. Bei der Bildung der „Pars plana", der Hinterwand der Nasenhöhle, wird für ihn ein Foramen geschaffen, und zwar direct über dem Theile der Pars plana, der oben (p. 144) als Proc. antorbitalis beschrieben wurde. Sein R. externus nar. kann ebenfalls ein besonderes Foramen erhalten, tritt jedoch auch oft mit dem Stamm zusammen in die Nasenhöhle ein, um sich dann erst zu trennen. Die Art der Vertheilung verändert sich während des Larvenlebens und nach demselben nicht, — und so kann ich wohl auf frühere Schilderungen verweisen.

Ganz anders verhält sich hierin der

V, 2 u. 3. N. maxillaris mit seinen Aesten, die eine solche Verlagerung durch die Metamorphose erleiden, dass der ursprüngliche Verlauf auf den ersten Blick später kaum wiederzuerkennen ist. Der Nerv läuft im Larvenleben ungetheilt über den Proc. ascendens quadr. hinweg und theilt sich am Boden der Orbita in seinen R. maxillaris sup. und inf., die aber noch bis vor das Auge, in den vom Proc. muscularis quadr. aussen begrenzten Raum gemeinsam verlaufen. Erst hier vorn begeben sich die beiden Aeste zu ihren Endgebieten: der R. maxillaris sup. mit einem Aste an die Haut der lateralen Schnauzenpartien, mit einem andern zum R. palatinus, mit dem er anastomosirt; der R. maxillaris inf. vor dem MECKEL'schen Knorpel herabsteigend, diesen von vornher umgreifend, um dann zu den Muskeln, zur Haut und Schleimhaut der vorderen Partien des Mundhöhlenbodens zu gelangen. Die Metamorphose schafft in dem Verlaufe der Nerven die tiefstgreifenden Veränderungen. Vor derselben läuft der ungetheilte N. maxillaris auf dem M. „pterygoideus“, der am Proc. ascendens entspringt. Diesen überschreitet aber der Nerv dorsal, d. h. er verläuft im Larvenleben vor dem Muskel. Beim Zugrundegehen des Proc. ascendens erlangt der Muskel neue Befestigungen, aber ein Stück weiter proximalwärts, nämlich an der Schädelseitenwand vor der Ohrkapsel, ja auch bis auf das Parietale heraufreichend; er wandelt sich zum „Parieto-petro-mandibularis“ (Pterygoideus ECKER) um. Diese Verlagerung des Ursprunges erklärt den späteren Verlauf des N. maxillaris dicht am Hinterrande des genannten Muskels.

Von den Theilästen behält aber der N. maxillaris sup. wenigstens seinen allgemeinen horizontal nach vorn gerichteten Verlauf bei. Nur gelangt er allmählich unter den äusseren Umfang des Bulbus, während er in jungen Stadien unter der Mitte desselben liegt. Sein Zerfall in den R. communicans c. u. palat. und den R. cutaneus findet sich später dicht vor dem Augapfel. Der R. communicans besitzt eine bestimmte Beziehung zum Proc. pterygoideus: er tritt dorsal über ihn hinweg. Diese Lagebeziehung ist natürlich auch für die vorläufige Bildung des Proc. pteryg., das Lig. quadrato-ethmoidale, gültig.

Wie der Unterkiefer und sein Suspensorialapparat durch die Metamorphose derartig umgewandelt werden, dass eine ganz neue Form, Stellung und Lage resultirte, so verändert auch naturgemäss der jenem angehörige Nerv, der N. maxillaris inf., seinen Verlauf durch die Metamorphose recht erheblich. Befand sich doch zuerst sein Endgebiet, die Umgebung des MECKEL'schen Knorpels, vor dem Auge, während es nachher rein topographisch noch der Occipitalregion und dem hinteren Theile der Labyrinthregion angehört.

Zu den Muskeln behält der Nerv seine ursprüngliche Lage bei. Interessanter als diese Lagebeziehungen, die ich übergehe, da ich eine specielle Schilderung der Muskeln und ihrer Umwandlungen doch noch nicht geben kann, sind wohl die zum MECKEL'schen Knorpel. Solange dieser noch transversal steht, läuft der N. max. inf. vor ihm herab und umgreift ihn von vorne her: je mehr das Quadratum sich zurückzieht, um so mehr stellt sich der MECKEL'sche Knorpel in die Sagittale, sein früher vorderer Umfang wird zum äusseren. Dementsprechend umgreift ihn der N. auch immer mehr von aussen her, bis sich schliesslich das definitive Verhalten herstellt. So ergeben sich die Veränderungen im Nervenverlaufe als unmittelbar erklärbar aus den Veränderungen des Skeletes.

Ueber den R. palatinus ist kaum noch etwas zur Erklärung zu sagen: die bei den einzelnen Stadien gegebene Beschreibung dürfte genügen.

Dagegen ist der R. hyo-mandibularis wieder ein Nerv, der ausserordentlich starke Verschiebungen erleidet: während des Larvenzustandes findet seine Vertheilung statt unter dem vordersten Theile der Orbita, nach der Metamorphose dagegen hinter der Ohr-Columella!

Der Nerv erhält noch einen R. communicans vom Glossophary. geus, dessen Verschiebungen jenen des Hyo-mandibularis selbst entsprechend sind. Sie sind daher hier mit zu erledigen.

Auf frühen Stadien verläuft der Hyo-mandibularis unter der Ohrkapsel nach aussen an die Unterfläche des Quadratums, nimmt hier sofort den R. commun. IX auf und läuft, mit diesem zu einem gemeinsamen Nerven verbunden, an der Unterfläche des Quadratums nach vorn, um erst lateral von der Quadrato-Hyoid-Verbindung in seine Endäste zu zerfallen. In der Hauptsache ist also sein Verlauf horizontal nach vorn gerichtet und bleibt es bis zum Beginn der Metamorphose. Um diese Zeit macht sich noch eine Bildung bemerkbar, die für den Verlauf des R. hyo-mandibularis massgebend ist: das Lig. suspensorio-columellare. Zunächst ist es der R. communicans glossopharyngei, der zu diesem die nächsten Beziehungen hat: der Nerv läuft dorsal von dem Bande unterhalb des durch den horizontalen Bogengang erzeugten Vorsprunges. Das Band sowohl wie der Nerv biegen aber vorn nach aussen ab zur Unterfläche des Quadratums, und kurz bevor beide diese erreicht haben, verbindet sich mit dem R. communicans der Hyo-mandibularis. Diese Verbindungsstelle liegt direct über dem Lig. suspens.-col., der aus der Vereinigung hervorgehende Ast läuft nach aussen, tritt also über das Lig. hinweg, und biegt dann nach vorn an das Quadratum um. Bei der Metamorphose wird zunächst das Anfangstück des R. hyo-mandibularis aus seinem ursprünglichen Verlauf abgelenkt, so dass es immer mehr aus der rein transversalen in eine caudalwärts gewendete Richtung übergeht. Dadurch wird die Verbindungsstelle mit dem R. communicans immer mehr caudalwärts verschoben, und während vorher wesentlich der R. communicans über das Lig. suspens.-col. hinüberlief, trifft dies jetzt immer mehr den R. hyo-mandibularis. Dies geht soweit, dass schliesslich das Anfangsstück des Hyo-mandibularis ausgesprochen von vorn nach hinten verläuft. Dann hat sich mittlerweile in das Lig. suspensorio-columellare die knorpelige Columella vorgeschoben und hat zugleich, im Anschluss an die veränderte Stellung des Quadratums eine rein transversale Richtung an Stelle der vorherigen, fast sagittalen, eingenommen, und über die transversal gestellte Columella hinweg verläuft der R. hyomandibularis, während der R. communicans zu jener in gar keine Beziehung mehr tritt, sondern schon caudal von ihr sich mit dem Facialis verbindet.

Diese Verlagerung des Anfangsstückes des Hyo-mandibularis bis zur Verbindung mit dem Glossopharyngeus geht Hand in Hand mit der Aenderung im Verlaufe des distalen Stückes bis zur Theilung, und in dem der Aeste. Die Theilungsstelle verschiebt sich in gleichem Sinne

und Maasse wie die Quadrato-Hyoid-Verbindung, an deren Aussenseite
sie erfolgt. Je mehr diese nach hinten rückt, um so mehr wird auch
der Verlauf des Hyo-mand. ein kürzerer, dabei zugleich nach vorn absteigender. Nach vollendeter Stellungsänderung des Quadratums ist die
Richtung dieses distalen Nerven-Abschnittes sogar eine senkrecht nach
abwärts verlaufende geworden. Dabei bleibt der Nerv aufs engste an
das Hyoid gebunden, lateral von dem er in seine Endäste zerfiel. Dieselbe Lagebeziehung erhält sich auch, nachdem das Hyoid seine Verbindung mit dem Quadratum aufgegeben und sich an die Ohrkapsel, medial vom Quadratum, angelegt hat. Es verläuft alsdann der R. hyomandibularis lateral vom Hyoid, und medial vom Quadratum nach abwärts.

Eine letzte Lagebeziehung, die im Princip schon während des Larvenlebens ausgeprägt ist, aber doch erst nach der Metamorphose merklich
zur Geltung kommt, ist die zur Tuba Eustachii. In der Larvenzeit ist
diese erst ein schwacher Zellstrang, dann ein dünner Canal, der sich
medial von dem N. hyomandibularis an die Ventralfläche des Quadratums anlegt, während sein mit der Mundhöhle in Verbindung stehender
Anfangstheil nasalwärts von dem proximalen, transversal verlaufenden
Abschnitte des Hyo-mandibularis aufsteigt. Medial vom Nerven, an der
Unterfläche des Quadratums, gelangt sie nach vorn, biegt oberhalb der
Quadrato-Hyoid-Verbindung, also auch oberhalb vom N. hyomandibularis, an die laterale Fläche des Proc. muscularis und endet an dessen
Vorderrande. So wird im Grunde schon jetzt die Tube durch den Nerven
von hinten her umgriffen. Bei der beiderseitigen Stellungsänderung und
der nachträglichen Ausweitung des engen Canales zu dem weiten Cavum
tympani muss der Nerv nothwendigerweise an das Dach des Cavum
zu liegen kommen.

IX. u. X. Glossopharyngeus-Vagus-Gruppe.

Von ihren während der Larvenzeit zu unterscheidenden vier Wurzeln
ist die am weitesten nach vorn reichende und durch ihre blasse Färbung
auffallende nach der Metamorphose nicht mehr aufzufinden. Ebenso ist ein
selbständiges Ganglion, das ihr während der Larvenzeit zukommt, später
nicht mehr unterscheidbar. Da der periphere Nerv, in den sich das
Ganglion fortsetzt, offenbar der R. lateralis ist, die Hautsinnesorgane
aber während der Metamorphose zu Grunde gehen, so ist auch das
Verschwinden des ganzen Nerven mit seinen Theilen erklärlich.

Von den Aesten, die aus dem Hauptganglion der Glossopharyngeus-
Vagus-Gruppe hervorgehen, verlaufen der IX. und X. in früher Larven-

zeit getrennt von einander[1]) unterhalb des äusseren Ohrkapselumfanges. Die Abgabe der Vagus-Aeste findet schon ziemlich weit hinten statt, während der Glossopharyngeus erst aussen vom Foramen ovale zu einem zweiten Ganglion anschwillt, das die Endäste aus sich entstehen lässt. Von diesen hat während des Larvenlebens der R. communicans c. n. faciali eine engere Beziehung zum Lig. suspensoriocolumellare. Das Nähere, sowie die Umwandlungen, sind bereits oben beim Hyo-mandibularis besprochen.

Der zweite Hauptast des II. Glossopharyngeus-Ganglions ist der R. lingualis; er verläuft während des Larvenlebens, wenigstens eine Strecke weit, in näherer Nachbarschaft des Quadratums, unterhalb desselben, um zu seinem Kiemenbogen, der sehr weit vorn liegt, zu gelangen.

In der späteren Larvenzeit wird die Beziehung des Glossopharyngeus zum Vagus eine innigere, beide Nerven liegen dicht mit einander verbunden am unteren äusseren Ohrkapsel-Umfang, und auch die Abgabe der Vagus-Aeste findet erst aussen vom hinteren Abschnitte des Operculum statt. Die Aeste verlaufen dann vor dem Vorderrand des „M. opercularis" nach aussen. Der Grund für diese Verschiebung liegt wahrscheinlich in der Entwickelung der von der Basis der Ohrkapsel zur Scapula ziehenden Musculatur.

Genaueres über die Glossopharyngeus-Vagus-Gruppe behalte ich mir für später vor.

2. Vergleichende Bemerkungen.

I. N. olfactorius.

Auch bei den Urodelen treten beide Olfactorii durch je ein Foramen aus dem Cavum cranii direct in die Nasenhöhle. Das Verhalten ist aber doch nicht überall dasselbe. Sehr ähnlich dem bei Rana ist das bei Siredon, von dem mir ein Modell vorliegt. Auch hier ist das For. olfactorium begrenzt einmal durch den vordersten freien Rand der orbitalen Schädelseitenwand, und ferner durch eine „Ethmoidalplatte", eine Knorpelmasse, die nach vorn das Cavum cranii abschliesst, und sich in Form eines breiten Septums zwischen beide Nasenkapseln vorschiebt. Anders ist das Verhalten z. B. bei den Tritonen, wo ein knorpeliger vorderer Abschluss der Schädelhöhle fehlt. Hier bildet die Innenwand der Nasenkapsel die unmittelbare vordere Fortsetzung der

---

[1]) Dass aber auch schon der Austritt des Glossopharyngeus aus dem Schädel ein getrennter sei, wie PARKER (32, p. 157) angiebt, ist schlechterdings nicht richtig. PARKER hat offenbar den Ductus perilymphaticus inferior für einen Nerven gehalten. Pl. V, Fig. 4. Das Glossopharyngeus-Loch PARKER's (8a) liegt am Boden der Ohrkapsel.

orbitalen Schädelseitenwand, und im hinteren Abschnitte dieser Innenseitenwand findet sich ein grosses Fenster, das mit seiner hinteren Hälfte in das Cavum cranii, mit seiner vorderen in das Cavum internasale blickt. Nur durch die hintere Hälfte dringt der Olfactorius. Wie diese verschiedenen Zustände aus einander abzuleiten sind, ist noch nicht ganz klar.

Ueber den Opticus, wie über den Oculomotorius ist zunächst nichts Besonderes zu erwähnen.

Vom

IV. N. trochlearis.

der beim Frosch durch ein eigenes kleines Foramen der knorpeligen Schädelseitenwand in die Orbita dringt, haben neuerdings wieder v. PLESSEN und RABINOVICZ (36) beschrieben, dass er bei Salamandra vom Trigeminus abgegeben werde. Mir scheint die Frage doch noch einer weiteren Prüfung werth; wie BURCKHARDT (6, p. 394) habe auch ich bei Triton den gesonderten Ursprung aus dem Gehirn zwischen Lobus opticus und Cerebellum beobachtet. (Wie auch seinerzeit schon STIEDA (48) beim Axolotl). Der weitere Verlauf ist mir allerdings noch nicht ganz klar geworden.

VI. N. abducens.

Dieser besitzt bei den Amphibien zweifellos sehr innige Beziehungen zum ersten Aste des Trigeminus. Diese Beziehung ist aber bei den Anuren enger als bei den Urodelen. Allerdings vermag ich auch bei Siredon den Nerv nicht innerhalb des Ganglion trig. weiter zu verfolgen, dem er bei Triton nur ganz lose ventral anliegt, bei beiden aber begiebt sich der periphere Ast weiterhin nur in enger Nachbarschaft des R. orbito-nasalis, ventral von diesem liegend, zu seinem Endgebiet; bei den Anuren dagegen dringt der Nerv in das Ganglion ein und ist jenseits desselben mit dem I. Aste des Trigeminus untrennbar verbunden. In beiden Fällen ist für den Verlauf des Nerven wichtig, dass auch er unter dem Proc. ascendens quadrati, zwischen diesem und der Schädelseitenwand verläuft. Ein eigenes Foramen, wie es FISCHER für Salamandra beschreibt, besitzt er bei Siredon und Triton nicht. Nach FISCHER verhalten sich in dieser Hinsicht übrigens auch die Anuren etwas verschieden unter einander.

V. u. VII.   Trigeminus und Facialis.

Was zunächst die Verhältnisse der Wurzeln betrifft, so sind dieselben auf den ersten Blick schon von denen der Urodelen recht verschieden. Die gewöhnliche Schilderung für letztere lautet: der Facialis entspringt mit dem Acusticus zusammen, bildet mit diesem ein grosses Acustico-Facialis-Ganglion und betritt sodann mit ihm zusammen die Ohrkapsel. Diese durchsetzt er, an ihrem Boden liegend, tritt durch ein Foramen ihres äusseren unteren Umfanges unter Bildung eines „Ganglion geniculi" wieder aus, und entsendet von diesem seine drei Hauptäste: R. palatinus, hyomandibularis und communicans c. n. glossopharyngeo. Der R. palatinus gelangt oft schon (z. B. Salamandra) durch ein eigenes Foramen aus der Ohrkapsel heraus. Bevor der Facialis in die Ohrkapsel tritt, entsendet er eine verstärkende Wurzel zum Trigeminus-Ganglion. Die eigentliche Trigeminus-Wurzel entspringt vor der des vereinigten Acustico-Facialis und bildet, abgesehen von jenem Verstärkungszweige das Ganglion trig. allein. Hierzu haben erst kürzlich v. Plessen und Rabinovicz (36) berichtet, dass die „dorsale Trigeminus-Wurzel" — so bezeichnen sie den intracraniellen Verstärkungszweig des Facialis zum Trigeminus-Ganglion — ihr eigenes „Nebenganglion" bilde, das dorsal vom Hauptganglion des Trigeminus liege und, ohne eine Verbindung mit demselben einzugehen, den „R. supramaxillaris superior" und „frontalis" entsende, während das Hauptganglion den „Nasalis" und „Mandibularis" aus sich hervorgehen lasse. Von der Existenz des „Nebenganglions" kann man sich bei Larven von Triton und Siredon — Salamandra habe ich nicht untersucht — leicht überzeugen; von einem Ursprung des Supramaxillaris ausschliesslich aus dem Nebenganglion möchte ich jedoch nicht reden, da mir der Antheil, den das Hauptganglion an der Bildung jenes Nerven nimmt (R. communicans c. n. supramaxillari bei v. Plessen und Rabinovicz), gar nicht so gering zu sein scheint.

Die scheinbaren Unterschiede zwischen dem Verhalten bei den Anuren und Urodelen verschwinden, wenn man die Larven-Stadien jener betrachtet und ausserdem zunächst von der Verbindung des Facialis mit dem Trigeminus vor der Ohrkapsel bei den Anuren absieht. Diese wird weiter unten besprochen. — Ausser dem eigentlichen Facialis, der ventral von der Trigeminus-Wurzel verläuft, besitzen, wie beschrieben, die Anuren-Larven noch einen Nerv, der oben als Radix accessoria n. trig. bezeichnet wurde, der mit dem Facialis zusammen entspringt und, wie bei den Urodelen, dorsal von der Trigeminus-Wurzel, zu dessen Ganglion verläuft, ja hier ebenfalls ein deutlich unterscheidbares „Nebenganglion" bildet. Auch die daraus entspringenden Aeste sind, wenigstens verglichen mit denen bei Siredon und Triton, wesentlich dieselben, und vor Allem haben sie das gemeinsame, dass sie die Hautsinnesorgane in der Umgebung des Auges versorgen. Dass diese Thatsache von v. Plessen und Rabinovicz nicht erwähnt wird, ist mir auffallend; ich habe mich von ihr bei Tritonlarven jedenfalls überzeugt. Wir haben also hier die interessante Thatsache, dass die Froschlarven genau dasselbe Verhalten zeigen, wie die Urodelen. Es ergiebt sich aber auch eine

sehr wahrscheinliche Erklärung für das Verhalten des umgewandelten
Thieres. Dass die accessorische Wurzel mit ihren Aesten bei umgewandelten Fröschen nicht mehr nachweisbar ist, kann nicht Wunder nehmen,
wenn man bedenkt, dass die Hautsinnesorgane bei diesen auch zu Grunde
gegangen sind; andererseits muss sie bestehen bleiben, wo die genannten
Organe ihre Existenz auch nach der Metamorphose behalten, wie es bekanntlich nach MALBRANC (Zeitschr. f. wissensch. Zoologie Bd. 26) bei
Triton taeniatus, als einem wasserbewohnenden Molch, der Fall ist.
Und hier ist die intracranielle Anastomose des Facialis mit dem Trigeminus schon lange bekannt. Dass sie nach FISCHER auch bei Salamandra vorhanden ist, wo die Hautsinnesorgane, soviel bekannt ist,
schwinden, muss dann so erklärt werden, dass sie auch noch andere sen-
sible Fasern führt, als bloss die für jene Organe; speciell erwähnt aber
FISCHER, ohne sich offenbar der Bedeutung bewusst zu sein, dass diese
intracranielle Anastomose bei Triton stärker ist als bei Salamandra.
Eigene Untersuchungen an erwachsenen Thieren konnte ich hierüber noch
nicht anstellen. Jedenfalls darf es nicht befremden, wenn die Anastomose
bei höheren Thieren nicht mehr vorhanden ist. Thatsächlich ist sie
auch bei den Reptilien schon verschwunden.

Das zweite wichtige Verhalten, das noch zu erwähnen wäre, betrifft
den Verlauf des Stammes des Facialis und die Verbindung seines Ganglion geniculi mit dem Ganglion trigemini vor der Ohrkapsel. Ihm steht
gegenüber das bei manchen Urodelen, wie den Tritonen, wo der Facialis
frei durch die Ohrkapsel hindurch tritt und erst an der Austrittsstelle
das Ganglion geniculi bildet.[1]) Ueber diese Differenz habe ich auf p. 385
das Wichtigste auseinander gesetzt und gezeigt, dass die Verbindung
der beiden Nerven phylogenetisch entstanden zu denken ist nach Schwinden
der Wand eines früher vorhanden gewesenen Facialis-Canales, wie ihn
z. B. noch Siredon und Amphiuma zeigen. Die Verbindung ist in der
Embryonalzeit eine losere, wird aber später bei Rana eine so innige,
dass äusserlich wenigstens die Theile nicht mehr trennbar sind; bei
anderen Anuren (Pelobates, Bombinator) ist sie nach FISCHER (12) auch
beim erwachsenen Thiere durch eine Incisur angedeutet.

Was die einzelnen Aeste betrifft, so können auch nur einige wichtige, auf
das Verhalten zum Knorpelschädel bezügliche Daten Erwähnung finden.

V, 1. R. orbito-nasalis.

Für diesen dürfte vergleichend-anatomisch wichtig sein die Lagebeziehung zum Proc. ascendens des Quadratum und zum Proc. antorbitalis. Erstere, die bei den Anuren nur während des Larvenlebens zur

---

[1]) Dieses Ganglion findet bei v. PLESSEN und RABINOVICZ (36) auffallender
Weise keine Erwähnung, dürfte aber doch wohl auch bei Salamandra vorhanden sein.

Geltung kommt, ist bei den Urodelen zeitlebens deutlich, und ist auch
erhalten in der Beziehung des V, 1 zum „Antipterygoid" („Columella")
der kionokranen Saurier.

Was die Beziehung zum „Proc. antorbitalis" betrifft, so wird sich
erst durch weitere Untersuchungen eine schärfere Grenzbestimmung für
das, was man mit letzterem Namen bezeichnen soll, ergeben müssen. In
der Verwendung des Orbito-nasalis als obere Grenze für den Proc. antorbitalis bin ich Wiedersheim gefolgt, der in seiner Monographie über
den Urodelen-Schädel alle bei den Urodelen vorkommenden Formen des
Fortsatzes schildert.

V, 2. R. maxillaris.

a) Maxillaris superior.

Vergleichend-anatomisch wären in Betreff dieses Astes einige Punkte
zu behandeln, die einerseits die Anastomosen mit dem Facialis (Plexus
sphenoidalis) betreffen, andererseits sein Verhalten unmittelbar zum
Schädel, und zwar vor Allem zum knöchernen Oberkiefer. Während er
bei höheren Thierklassen, schon bei Reptilien, in einen Canal dieses
Knochens tritt, verläuft er beim Frosch, überhaupt bei den Amphibien,
völlig frei. Die Erklärung dafür wird sich voraussichtlich leicht geben
lassen und in der Entwickelung des Oberkiefers bei höheren Thieren be-
gründet liegen — indessen ist das eben eine Aufgabe, die erst bei der
Bearbeitung höherer Schädel in Betracht gezogen werden kann.

b) Maxillaris inferior.

Für den Inframaxillaris der erwachsenen Anuren ist es charakteristisch, dass er den Meckel'schen Knorpel kreuzt, d. h. diesen von
aussen umgreift, und sich dann an die Innenseite des Os angulare begiebt, wo er weiter nach vorn verläuft, um ausser Haut-Aesten
noch die Muskeläste für den Mylohyoideus und Submentalis abzugeben.
Ein Vergleich mit dem Verhalten bei den Urodelen und bei höheren
Thierklassen scheint zuerst auf Schwierigkeiten zu stossen. Indessen
lösen sich diese leicht.

Den Ausgangspunkt macht am besten wieder Siredon, dessen Verhältnisse ja auch beim Skelet mehrfach in strittigen Fragen die Erklärung gaben.

1. Bei Siredon tritt der Nerv, nachdem er zwischen den Kaumuskeln herabgestiegen ist, in den Unterkiefercanal ein. Dieser
Unterkiefercanal ist aber dadurch zu Stande gekommen, dass sich das
Dentale auf der Aussenseite des Meckel'schen Knorpels weit nach hinten
erstreckt, während bekanntlich bei den Anuren im hinteren Abschnitt
des Unterkiefers an der Aussenseite des Meckel'schen Knorpels sich
kein Deckknochen findet. Bei Rana verläuft dementsprechend der

Inframaxillaris subcutan, resp. zwischen den Ansätzen der Muskeln um den MECKEL'schen Knorpel herum, bei Siredon dagegen kommt der Nerv zwischen MECKEL'schen Knorpel und Dentale zu liegen, d. h. „in den Unterkiefercanal". Ein Verhalten wie bei Siredon bildet damit den Ausgangspunkt für das Verhalten bei den Urodelen überhaupt und weiterhin bei den Reptilien.

2. Eine weitere auffallende Thatsache ist es, dass der Inframaxillaris sich um den Unterkiefer von aussen herumschlingt, um an dessen Innenseite zu gelangen. Aber auch hier zeigt sich die Constanz des Nervensystems in deutlicher Weise. Es verläuft nämlich allerdings sowohl bei den Urodelen, wie auch bei den Reptilien, die Hauptmasse des Nerven im Unterkiefercanal als N. alveolaris inf. nach vorn, und zwar am oberen Rande des MECKEL'schen Knorpels liegend, aber doch findet man bei beiden Thierklassen einen Ast dieses Alveolaris inf., der — zunächst noch innerhalb des Canales — an der Aussenseite des MECKEL'schen Knorpels herab und um seinen unteren Rand herum nach einwärts läuft und durch ein Foramen (bei Siredon zwischen Dentale und Operculare) an der Innenseite des Unterkiefers heraustritt, um dann an der Innenseite des Operculare weiter nach vorn zu verlaufen und den M. mylo-hyoideus zu versorgen. Dieser Ast, den ich wegen seines charakteristischen Verhaltens zum MECKEL'schen Knorpel als „R. circumflexus" bezeichnen möchte, ist also derjenige, der beim Frosch allein das Ende des Inframaxillaris bildet.

Einen dem „R. alveolaris inf." entsprechenden Ast konnte ich bei Rana nicht auffinden, wohl aber ist er, wie erwähnt, bei den Urodelen vorhanden. Vielleicht, ja wahrscheinlich, hängt dies mit dem Fehlen der Zähne im Unterkiefer des Frosches zusammen, und ist wie dieses eine secundäre Erscheinung.

Ganz besonderes Interesse hat dann vom vergleichend anatomischen Gesichtspunkte aus die Thatsache, die HIS erwähnt, dass auch beim menschlichen Embryo der MECKEL'sche Knorpel den Mandibularis und Lingualis trenne.

So ist also auch das zuerst auffallende Verhalten des Inframaxillaris der Anuren durchaus befriedigend zu erklären.

VII, 1. R. hyo-mandibularis.

Für den R. hyo-mandibularis des Facialis ist typisch, dass er sich von seiner Ursprungsstelle am Ganglion an zunächst nach hinten wendet, um aussen am Primordialcranium resp. am äusseren Umfang der Ohrkapsel) über den proximalen Theil des schallleitenden Apparates nach hinten zu verlaufen. Dieser Verlauf ist auch bei Säugern, ja selbst beim Menschen noch deutlich genug zu erkennen, seit durch die hochinteressanten Untersuchungen VROLIK's (55) festgestellt ist, dass der Canal. Fallopiae aus drei durchaus verschiedenen Abschnitten sich zusammensetzt, von denen nur der erste, bis zum Hiatus, wirklich vom Primordialcranium gebildet wird. Es verläuft also auch beim Menschen der hintere Hauptstamm des Facialis, d. h. der Hyo-mandibularis, — denn der Palatinus ist der Petrosus superficialis major — an der Aussenfläche des Primordialcraniums über das Foramen ovale und somit über den proximalen Theil des schallleitenden Apparates nach hinten, um erst dann im Bogen sich nach unten zu wenden. Geht man von dem offenbar primären Verhalten bei den Urodelen aus, wo der Facialis noch getrennt vom Trigeminus durch einen eigenen Canal verläuft, so ist es nicht schwer, über die Umwandlungen, die wesentlich durch die Entwickelung der Schnecke bedingt sind, klar zu werden. Ich gedenke bei Bearbeitung des Reptilienschädels darauf zurückzukommen. Der Verlauf über das For. ovale und die Gehörknöchelchen ist bei Reptilien und Säugern im Princip durchaus derselbe, wie schon bei den Anuren.

Schon bei der Betrachtung des Proc. basalis quadrati wurde dann ferner darauf hingewiesen, dass der Nerv auch zu diesem bei den Anuren dieselbe Lagebeziehung im Princip beibehalten hat, die er bei den Urodelen besitzt. Die Verschiebung kommt hauptsächlich auf Kosten der veränderten Austrittsstelle bei den Anuren.

Die wichtigste Veränderung, die in der Lagebeziehung des Facialis zu Theilen des Knorpelschädels bei den Reptilien schon zu constatiren ist, ist die, dass die Chorda tympani sich wieder zurück nach vorn wendet, um noch einmal, nun aber von hinten nach vorn, das Gehörknöchelchen, und zwar nur den distalen Abschnitt desselben zu überschreiten. Wie mir scheint, ist dies ein Punkt, der sehr zu denken giebt und schon darauf hinweist, dass Complicationen im schallleitenden Apparat eingetreten sind, die an sich bereits eine Total-Homologie zwischen der Ohrcolumella der Frösche und der der Saurier mehr als zweifelhaft erscheinen lassen.

VII, 2. R. palatinus.[1]

Dieser tritt bei den Anuren in keine unmittelbare Beziehung zum Primordialschädel, sondern läuft direct unter der Gaumenschleimhaut. Dies gilt auch für die Urodelen, nur tritt hier das Anfangsstück des Nerven und der Ursprung aus dem Ganglion geniculi in engere Beziehung zur Ohrkapsel, was oben besprochen wurde.

Bei den Sauriern dringt der Nerv, wie gewöhnlich im Anschluss an die Schilderung von FISCHER (13) angegeben wird, durch einen kurzen

---

[1] WATTEVILLE und WIEDERSHEIM beschreiben den Palatinus als zum Trigeminus gehörig. Daneben soll aber noch ein besonderer „Palatinus des Facialis" bestehen, der sich mit jenem vereinen soll. Ich habe zwar auch öfter zwei Wurzeln des Palatinus constatiren können, sehe darin aber keinen Grund, dieselben auch als ihrer Herkunft nach verschiedenwerthig anzusehen.

Canal im Basilarstück des Keilbeins (Canalis Vidianus auct.). Ich möchte dazu schon hier bemerken, dass der Nerv bei Saurier-Embryonen noch an der Ventralfläche des Primordial-Craniums verläuft, und dass erst durch Bildung eines Deckknochens, der offenbar als „Parasphenoid" aufzufassen ist, jener Canal zu Stande kommt, in den der Nerv eingeschlossen wird. Dieser Canal durchsetzt also nicht etwa das knorpelig präformirte Basisphenoid, sondern liegt zwischen ihm und dem „Parasphenoid". Beide Bestandtheile sind später nicht mehr zu trennen. Das sogenannte „Basisphenoid" der Saurier ist danach = Autosphenoid + Dermosphenoid, also ein „amphigener" Knochen, um im Sinne v. WIJHE's zu reden (60, p. 215 Anm.).

IX. u. X. Glossopharyngeus-Vagus-Gruppe.

Ich begnüge mich hier damit, darauf hinzuweisen, dass auch die Urodelen einen R. communicans glossopharyngei c. n. faciali von wesentlich derselben Form wie die Anuren, nur, wie mir scheint, recht erheblich schwächer, besitzen. Bei den Reptilien complicirt sich das Verhalten bereits etwas: ich kann jedoch hier darauf noch nicht eingehen. Dass es sich bei jenem Nerven in der Hauptsache um die „JACOBSON'sche Anastomose" der Säuger handelt, ist wohl zweifellos. Aus seiner bei den Amphibien relativ bedeutenderen Mächtigkeit folgt seine grössere Wichtigkeit bei diesen; leider ist aber seine functionelle Bedeutung bei den niederen Thieren noch durchaus unklar.

Literaturverzeichniss.

1. ALBRECHT, P., Note sur le basioccipital des Batraciens anoures. Bulletin du Musée royal d'histoire naturelle de Belgique. T. II. 1883.
2. ALBRECHT, P., Sur la valeur morphologique de l'articulation mandibulaire, du cartilage de Meckel et des osselets de l'ouïe. Bruxelles 1883.
3. ALBRECHT, P., Sur la valeur morphologique de la trompe d'Eustache et les dérivés de l'arc palatin, de l'arc mandibulaire et de l'arc hyoidien des Vertébrés. Bruxelles 1884.
4. BORN, G., Ueber die Nasenhöhlen und den Thränennasengang der Amphibien. Morpholog. Jahrbuch Bd. II. 1877.
5. BRUCH, C., Vergleichende Osteologie des Rheinlachses. Mainz 1875.
6. BURCKARDT, R., Untersuchungen am Hirn und Geruchsorgan von Triton und Ichthyophis. Ztschr. f. wissensch. Zoologie. Bd. 52. 1891.
7. CHIARUGI, Sur les myotomes et sur les nerfs de la tête postérieure et de la région proximale du tronc dans les embryons des Amphibiens anoures. Archives italiennes des biology. Tome XV. 1891.
8. COPE, E. D., On the relations of the hyoid and otic elements of the skeleton in the Batrachia. Journal of Morphology. II. 2. 1889.
9. CUVIER, G., Ossemens fossiles. T. V. P. II. Paris 1824.
10. DUGÈS, A., Recherches sur l'ostéologie et la myologie des Batraciens. Mémoires présent. à l'Académie royale des Sciences. Tome VI. Paris 1835.
11. ECKER, A. und WIEDERSHEIM, R., Anatomie des Frosches. Braunschweig 1864—1882.
12. FISCHER, J. G., Amphibiorum nudorum neurologiae specimen primum. Berol. 1843.

13. Fischer, J. G., Die Gehirnnerven der Saurier. Hamburg 1852.
14. Friedreich, N. und Gegenbaur, C., Der Schädel des Axolotl.
    Berichte von der kgl. zootomischen Anstalt zu Würzburg.
    Zweiter Bericht für d. Schuljahr 1847 48. Leipzig 1849.
15. Gadow, H., On the modifications of the first and second visceral
    arches with especial reference to the homology of the auditory
    ossicles. Philosophical Transactions. Vol. 179. 1888.
16. Gaupp, E., Die „Columella“ der kionokranen Saurier. Ana-
    tomischer Anzeiger 1891.
17. Gaupp, E., Zur Kenntniss des Primordial-Craniums der Amphibien
    und Reptilien. Verhandlungen der anatomischen Gesellschaft
    auf der V. Versammlung in München. 1891.
18. Gegenbaur, C., Untersuchungen zur vergleichenden Anatomie der
    Wirbelsäule bei Amphibien und Reptilien. Leipzig 1862.
19. Gegenbaur, C., Untersuchungen zur vergleichenden Anatomie
    der Wirbelthiere. III. Das Kopfskelet der Selachier. Leipzig
    1872.
20. Gegenbaur, C., Die Metamerie des Kopfes und die Wirbeltheorie
    des Kopfskeletes. Morphol. Jahrbuch. Bd. 13. 1888.
21. Goette, A., Entwicklungsgeschichte der Unke. Leipzig 1875.
22. Hasse, C., Das knöcherne Labyrinth der Frösche. Anatomische
    Studien. I. Leipzig 1873.
23. Hasse, C., Die Lymphbahnen des inneren Ohres der Wirbelthiere.
    Anatom. Studien. I. Leipzig 1873.
24. Hertwig, O., Ueber das Zahnsystem der Amphibien und seine
    Bedeutung für die Genese des Skelets der Mundhöhle. Archiv
    für mikroskop. Anatomie. 1874. Suppl.
25. Hoffmann, C. K., „Amphibien“ in Bronn's „Klassen und Ord-
    nungen des Thierreiches“.
26. Hoffmann, C. K., Over de Ontwikkelingsgeschiedenis van het
    Gehoororgaan en de morphologische Beteekenis van het Gehoor-
    beentje bij de Reptiliën. Natuurk. Verh. der Koningkl. Aca-
    demie. Deel XXVIII. Amsterdam 1889.
27. Huxley, T. H., The nature of the Craniofacial Apparatus of
    Petromyzon. Journal of Anatomy and Physiology. Vol. X.
    1876.
28. Killian, G., Die Gehörmuskeln des Krokodils. Jenaische Ztschr.
    f. Naturw. Bd. 24, N. F. Bd. 17. 1890.
29. Kingsley, J. S., The head of an Embryo Amphiuma. The Ame-
    rican Naturalist. 1892.
30. Kölliker, A., Allgemeine Betrachtungen über die Entstehung des
    knöchernen Schädels der Wirbelthiere. Berichte von der kgl.
    zootomischen Anstalt zu Würzburg. Leipzig 1849.

31. PARKER. W. K., On the Structure and Development of the Skull in the Salmon. Philos. Transactions. Vol. 173. 1874.

32. PARKER. W. K., On the Structure and Development of the Skull of the Common Frog. Philosoph. Transactions. Vol. 161. 1870.

33. PARKER. W. K., On the Structure and Development of the Skull in the Batrachia. Part II. Philosoph. Transact. Vol. 166. 1876.

34. PARKER, W. K., On the Struct. and Developm. of the Skull in the Batrachia. Part III. Philos. Transact. Vol. 172. 1881.

35. PARKER and BETTANY, G. T., The Morphology of the Skull. London 1877. Dtsch. von Vetter. Stuttgart 1879.

36. v. PLESSEN und RABINOVICZ, Die Kopfnerven von Salamandra maculata in vorgerücktem Embryonal-Stadium. München 1891.

37. RATHKE. H., Untersuchungen über den Kiemenapparat und das Zungenbein der Wirbelthiere. Riga und Dorpat 1832.

38. RATHKE. Bemerkungen über die Entwicklung des Schädels der Wirbelthiere. Vierter Bericht über das naturwissenschaftliche Seminar zu Königsberg. Kgsbg. 1839.

39. REICHERT. C. B., Vergleichende Entwicklungsgeschichte des Kopfes der nackten Amphibien. Königsberg 1838.

40. RETZIUS. G., Das Gehörorgan der Wirbelthiere. Stockholm 1881.

41. ROSENBERG. E., Untersuchungen über die Occipitalregion des Cranium und den proximalen Theil der Wirbelsäule einiger Selachier. Dorpat 1884.

42. ROSENBERG. E., Ueber das Kopfskelet einiger Selachier. Sitzgsber. der Dorpater Naturforsch. Gesellschaft. Jahrg. 1886.

43. SAGEMEHL, M., Beiträge zur vergleichenden Anatomie der Fische. I. Das Cranium von Amia calva. Morphol. Jahrb. IX. 1884.

44. SAGEMEHL. M., Beiträge zur vergleichenden Anatomie der Fische. III. Das Cranium der Chariciniden. Morphol. Jahrb. X. 1885.

45. SAGEMEHL. M., Beiträge zur vergleichenden Anatomie der Fische. IV. Das Cranium der Cyprinoiden. Morphol. Jahrbuch XVII. 1891.

46. SEWERTZOW, A. N., Ueber einige Eigenthümlichkeiten in der Entwicklung des Schädels von Pelobates fuscus. Berlin 1891.

47. SOLGER. B., Beiträge zur Kenntniss der Nasenwandung und besonders der Nasenmuscheln der Reptilien. Morphol. Jahrb. Bd. I. 1876.

48. STIEDA. L., Ueber den Bau des centralen Nervensystems des Axolotl. Ztschr. f. wissensch. Zoologie. Bd. XXV. 1875.

49. STÖHR. Ph., Zur Entwicklungsgeschichte des Urodelenschädels. Ztschr. f. wissenschaftl. Zoologie. XXXIII. 1879.

50. STÖHR. Ph., Zur Entwicklungsgeschichte des Anurenschädels. Ztschr. f. wissenschaftl. Zoologie. XXXVI. 1881.

51. STÖHR, Ph., Zur Entwicklungsgeschichte des Teleostier-Schädels. Festschrift zur Feier des 300jährigen Bestehens der Universität Würzburg. Leipzig 1882.

52. STRONG, OLIVER S., The Structure and Homologies of the Cranial Nerves of the Amphibia as determined by their peripheral Distribution and internal Origin. Zoolog. Anzeiger. 1890. Nr. 348 — und Anatom. Anzeiger. 1892.

53. VILLY, FRANCIS., The development of the ear and accessory organs in the Common frog. Quarterly Journal of Microscop. Science 1890.

54. VOLKMANN, A. W., Von dem Baue und den Verrichtungen der Kopfnerven des Frosches. Müller's Archiv für Anatomie, Physiologie etc. Jahrgang 1838.

55. VROLIK, J. A., Studien über die Verknöcherung und die Knochen des Schädels der Teleostier. Niederl. Archiv f. Zoologie. Vol. I. 1873.

56. WATTEVILLE, A. de, A description of the cerebral and spinal nerves of Rana esculenta. Journal of Anatomy and Physiology. Vol. IX. 1875.

57. WIEDERSHEIM, R., Die Kopfdrüsen der geschwänzten Amphibien und die Glandula intermaxillaris der Anuren. Zeitschrift für wissenschaftl. Zoologie. Bd. XXVII. 1876.

58. WIEDERSHEIM, R., Das Kopfskelet der Urodelen. Morpholog. Jahrb. Bd. III. 1877.

59. WIEDERSHEIM, R., Lehrbuch der vergleichenden Anatomie der Wirbelthiere. II. Auflage. Jena 1887.

60. WIJHE, J. v., Ueber das Visceralskelet und die Nerven des Kopfes der Ganoiden. Niederländisches Archiv für Zoologie. Bd. V. 1882.

Verzeichniss der Abbildungen.

Fig. 1. Modell des Primordial-Craniums einer Rana fusca von 14 mm Gesammtlänge nach Verschwinden der äusseren Kiemen. Das Modell ist bei 50facher Vergrösserung hergestellt. Dorsalansicht. Verhältniss von Abbildung: Modell = 1:1.

Fig. 2—4. Schnitte derselben Serie, nach der das Modell Fig. 1 hergestellt ist.

Fig. 2. Schnitt durch die Occipitalregion unmittelbar caudalwärts von der Einmündung der IV. Kiemenvene in die Dorsal-Aorta. Vergr. 32 fach.

Fig. 3. Schnitt durch die Labyrinthregion, entsprechend der Einmündungsstelle der II. Kiemenvene in die Dorsal-Aorta. Vergr. 50 fach.

Fig. 4. Schnitt durch den vorderen Theil der Labyrinthregion, etwas nasalwärts von der Einmündung der I. Kiemenvene in die Dorsal-Aorta. Vergr. 32 fach.

Fig. 5. Etwas älteres Stadium (ganze Länge 16 mm, Körperlänge 6 mm). Schnitt durch die mittlere Labyrinthregion. Vergr. 32 fach.

Fig. 6—10. Schnitte derselben Serie wie Fig. 2—4.

Fig. 6. Schnitt durch die vordere Hälfte der vorderen Trabecularplatte. Vergr. 32 fach.

Fig. 7. Schnitt durch die vordere Trabecularplatte, dicht am Abgang der Cornua trabecularum. Vergr. 32 fach.

Fig. 8. Schnitt durch die Quadrato-Mandibular-Verbindung. Vergr. 32 fach.

Fig. 9. Schnitt durch die Verbindung zwischen Meckel'schem und Unterlippen-Knorpel. Vergr. 32 fach.

Fig. 10. Schnitt durch die Verbindung zwischen dem Cornu trabeculae und Oberlippenknorpel. Vergr. 32 fach.

Fig. 11. Modell der rechten Ohrkapsel einer Rana fusca von 21 mm Länge. Ansicht von der Schädelhöhle aus. Das Modell ist bei 50 facher Vergrösserung hergestellt. Verhältniss der Abbildung: Modell = c. 1 : 1,3.

Fig. 12. Modell des Primordial-Craniums einer Rana fusca von 29 mm Gesammtlänge. Das Modell ist bei 50 facher Vergrösserung hergestellt. Verhältniss von Abbildung: Modell = 1 : 3. Dorsal-Ansicht.

Fig. 13. Dasselbe Modell. Ventral-Ansicht.

Fig. 14. Dasselbe Modell. Hintere Ansicht der linken Seite. Abb.: Mod. = 1 : 2.

Fig. 15—18. Schnitte derselben Serie.

Fig. 15. Schnitt durch die Occipitalgegend. (Verbindung des I. Wirbels mit dem Occipitalbogen.) Der Schnitt hat das Tuberc. interglenoidale des I. Wirbels, das Occipito-Vertebral-Gewebe und den Occipitalbogen, dazu die das For. vagi vom For. perilymphaticum accessorium trennende Knorpelbrücke zum Theil getroffen. Vergr. 32 fach.

Fig. 16. Schnitt durch die Occipitalgegend, etwas vor dem in Fig. 15 dargestellten. Vergr. 32 fach.

Fig. 17. Schnitt durch die Labyrinthgegend, zwischen der Einmündung der II. und III. Kiemenvene in die Aortenwurzel. Vergr. 30 fach.

Fig. 18.   Schnitt durch die Labyrinthgegend, dicht hinter der Ein-
           mündung der 1. Kiemenvene in die Aortenwurzel. Vergr.
           30 fach.
Fig. 19.   Etwas älteres Stadium. (Ganze Länge 37 mm. Hintere
           Extr. klein.) Schnitt durch die vordere Kuppel der Ohrkapsel.
           Vergr. 25 fach.
Fig. 20.   Horizontalschnitt durch die Occipitalregion und den angren-
           zenden Theil der Wirbelsäule einer Larve von Rana fusca.
           (Ganze Länge 39 mm; hintere Extremitäten ziemlich kräftig.)
           Vergr. 30 fach.
Fig. 21.   Modell eines Stückes der rechten Ohrkapsel mit dem Foramen
           ovale, dem Operculum und der Anlage der Columella. Von
           einer Rana fusca von 39 mm, mit starken hinteren Extremit.
           Das Modell ist bei 50 facher Vergrösserung hergestellt, Ver-
           hältniss von Abbildung: Modell = 1 : 3.
Fig. 22.   Nasenskelet der rechten Seite über dem intacten Trabekelhorn.
           Modell von einer Rana fusca von 37 mm (Körper 15, Schwanz
           22), mit kräftigen hinteren Extremitäten. Vergrösserung des
           Modelles 50 fach; Verhältniss von Abbildung: Modell = 1 : 1.
Fig. 23.   Schnitt durch die Nasengegend einer Rana fusca von 42 mm
           Gesammtlänge (Körper 16, Schwanz 26), mit kräftigen hinteren
           Extr. Vergr. 60 fach.
Fig. 24.   Modell des Primordial-Craniums einer Rana fusca in der Meta-
           morphose. Die vordere Hälfte der Nasen- und die hintere der
           Ohrkapsel sind abgeschnitten. (a entspricht der Stelle, von
           der aus sich der Proc. ascendens fortsetzte; auch die craniale
           Befestigungsstelle desselben ist noch sichtbar.)   Lateralansicht.
           Das Modell ist bei 50 facher Vergrösserung hergestellt, Ver-
           hältniss von Abbildung zu Modell = 1 : 2.
Fig. 25.   Modell des Primordial-Craniums einer Rana fusca gegen das
           Ende der Metamorphose, mit 4 Extremitäten und stark redu-
           cirtem Schwanze. Das Modell ist bei 50 facher Vergrösserung
           hergestellt, Verhältniss von Abbildung: Modell = c. 1 : 3.
           Dorsal-Ansicht. (Das isolirte mittelste Stück der Taenia tecti
           transversalis ist durch einen Draht mit den Seitenwänden ver-
           bunden.)
Fig. 26.   Dasselbe Modell. Ventral-Ansicht.
Fig. 27.   Von demselben Modell: Anfangstheil des Quadratums an der
           Verbindungsstelle mit der Ohrkapsel, Lateral-Ansicht. Ver-
           hältniss von Abbildung: Modell = 1 : 1. (a entspricht der
           Stelle, von der aus sich der Proc. ascendens fortsetzte, b und
           c sind die beiden „Faltenblätter".)
Fig. 28.   Von demselben Modell. Inneres der linken Ohrkapsel, vordere
           Hälfte. Abbildung: Modell = 1 : 1.

Fig. 29. Von demselben Modell. Inneres der linken Ohrkapsel, hintere Hälfte. Abbildung: Modell == 1 : 1.

Fig. 30. Von demselben Modell. Inneres der Nasenhöhle. Hintere Hälfte. Abbildung: Modell == c. 1 : 1,5.

Fig. 31. Von demselben Modell. Inneres der Nasenhöhle. Vordere Hälfte. Abbildung: Modell == c. 1 : 1,5.

Fig. 32. Von demselben Modell. Vorderansicht des Nasenskelets. Abbildung: Modell == c. 1 : 1,5.

Fig. 33. Von derselben Serie, nach der das Modell Fig. 25 hergestellt ist. Schnitt durch die hintere Gegend des Quadratums, ungefähr entsprechend der in Fig. 27 eingezeichneten Linie. (Faltenbildungen; a und b wie in Fig. 27.) Vergr. 25 fach.

Fig. 34. Von derselben Serie. Schnitt durch den hinteren Theil der Basalplatte. (° die Stellen, wo der Knorpel sich aufzulösen beginnt.) Vergr. 90 fach.

Fig. 35. Schnitt durch dieselbe Gegend von einer eben umgewandelten Rana, nach Verlust des Schwanzes. Vergr. 90 fach.

Fig. 36. Schnitt durch das Tuberculum interglenoidale des I. Wirbels und die lateralen Vertebro-Occipitalverbindungen. Von einer Rana kurz vor völligem Verlust des Schwanzes. Vergr. 90 fach.

Fig. 37. Schnitt durch den vordersten Theil des Tuberculum interglenoidale. Dieselbe Serie wie Fig. 35. Vergr. 90 fach.

Fig. 38. Modell von der hinteren Gegend des Quadratums bei einer Rana fusca gegen das Ende der Metamorphose. Das Modell ist bei 50 facher Vergrösserung hergestellt, die Abbildung c. auf $^2/_3$ verkleinert. Die rothe an das Quadratum anschliessende Linie bezeichnet die Grenze des Proc. muscularis. Auch der Annulus tympanicus ist durch eine rothe Linie angedeutet.

Fig. 39. Modell der Ohrkapsel und hinteren Partie des Quadratums einer Rana fusca unmittelbar nach Beendigung der Metamorphose (nach totalem Schwunde des Schwanzes). Das Modell ist bei 50 facher Vergrösserung hergestellt; Verhältniss von Abbildung: Modell == 2 : 3. Vorder-Ansicht.

Fig. 40. Dasselbe Modell. Lateral-ventrale Ansicht. Die rothe Linie giebt die Lage des Annulus tympanicus an.

Fig. 41. Modell des Primordial-Cranium einer jungen umgewandelten Rana fusca von 2 cm Länge. Vergrösserung des Modelles 25 fach; Verhältniss von Abbildung: Modell == 1 : 2. (Operculum und Columella sind entfernt, der Annulus tympanicus durch die rothe Linie angedeutet.)

Fig. 42. Modell der Ohrkapsel mit der Columella. Rana fusca von 23 mm Länge. Das Modell ist bei 50 facher Vergrösserung hergestellt, die Abbildung auf c. $^2/_3$ verkleinert. Ansicht von hinten und etwas von aussen. Die Grenze des Operculum ist durch die rothe Linie angedeutet, das Quadratum von der Crista parotica abgeschnitten.

Fig. 43. Schnitt durch die Ohrkapsel, entsprechend der vorderen Hälfte der Pars interna columellae (des „Pseudoperculum"). Rana fusca von 19 mm Länge. Vergr. 20 fach.

Fig. 44. Etwas weiter caudalwärts gelegener Schnitt derselben Serie. Es ist der vordere Umfang des Operculum und der hintere der Pars interna columellae getroffen. Vergr. 20 fach.

Fig. 45. Schnitt durch die Nasengegend einer Rana fusca von 4,5 cm Länge. Topographie der submasalen Fortsetzung des Cavum praenasale. Vergr. 10 fach.

Erklärung der Bezeichnungen.

An den Abbildungen der Modelle sind roth die Nerven, blau die Ganglien. In den schematisch gehaltenen Figuren ist der Knorpel hellblau.

Für alle Figuren gültige Abkürzungen.
(Alphabetisch geordnet.)

A. car. int. = Arteria carotis interna.
A. ty. = Annulus tympanicus.
Ao. d. = Aorta dorsalis.
Ap. ext. nar. = Apertura externa narium.
Arc. occ. = Arcus occipitalis.
Arc. vert. 1. = Arcus vertebrae primae.
C. al. = Cartilago alaris.
C. lab. inf. = Cartilago labialis inferior.
C. lab. sup. = Catilago labialis superior.
C. M. = Cartilago Meckelii.
C. obl. = Cartilago obliqua (an der Nasenkapsel).
C. prn. inf. = Cartilago praenasalis inferior („Wiedersheim'scher" Kn.).
C. prn. sup. = Cartilago praenasalis superior („Born'scher" Kn.).
Ca. aud. = Capsula auditiva.
Ca. nas. = Capsula nasalis.
Can. ant. = Canalis anterior (semicircularis).

Can. ext. = Canalis externus.
Can. post. = Canalis posterior.
Cav. inf. = Cavum inferius (der Nasenhöhle).
Cav. med. = Cavum medium (der Nasenhöhle).
Cav. sup. = Cavum superius (der Nasenhöhle).
Cav. peril. = Cavum perilymphaticum.
Cav. u.-s. = Cavum utriculo-sacculare.
Ch. = Chorda.
Co. tr. = Cornu trabeculae.
Col. = Columella. (Col. i., Col. m., Col. e., Col. s. = Pars interna,
     media, externa; Processus superior columellae.)
Col. ethm. = Columna ethmoidalis.
Com. b.-c. a. = Commissura basi-capsularis anterior.
Com. b.-c. p. = Commissura basi-capsularis posterior.
Com. q.-cr. ant. = Commissura quadrato-cranialis anterior.
Cond. occ. = Condylus occipitalis.
Cop. = Copulare.
Cr. i. m. = Crista intermedia (der Nasenhöhle).
Cr. occ. lat. = Crista occipitalis lateralis.
Cr. p. ot. = Crista parotica.
Cr. pr. op. = Crista praeopercularis.
Cr. s. n. = Crista subnasalis.
Cup. a. = Cupula anterior (der Ohrkapsel).
Cup. p. = Cupula posterior (der Ohrkapsel).
Duct. fen. ov. = Ductus (perilymphaticus) fenestrae ovalis.
F. ac. = Foramen acusticum (F. ac. I = For. pro n. vestibulari. F.
     ac. II = For. pro n. cochleari).
F. car. prim. = Foramen caroticum primarium.
F. cran.-pal. = Foramen cranio-palatinum.
F. endol. = Foramen endolymphaticum.
F. jug. = Foramen jugulare.
F. ocl. = Foramen oculomotorii.
F. olf. = Foramen olfactorium.
F. opt. = Foramen opticum.
F. ov. prim. = Foramen ovale primarium.
F. ov. sec. = Foramen ovale secundarium.
F. ov. def. = Foramen ovale definitivum.
F. peril. acc. = Foramen perilymphaticum accessorium.
F. peril. inf. = Foramen perilymphaticum inferius.
F. peril. sup. = Foramen perilymphaticum superius.
F. Trig. = Foramen trigemini.
Fac. Hy. = Facies hyoidis (am Quadratum).
Fen. b.-cr. = Fenestra basi-cranialis.
Fen. ethm. = Fenestra ethmoidalis.

14

Fen. n.-b. = Fenestra naso-basalis.

Fen. suboc. = Fenestra subocularis.

Fov. fen. ov. = Fovea fenestrae ovalis.

Gg. = Ganglion (durch Zusatz von römischen, den Nerven entsprechenden, Ziffern bezeichnet).

Gl. i. m. = Glandula intermaxillaris.

Gl. nas. inf. = Glandula nasalis inferior.

Hy. = Hyoid.

Inc. occ. = Incisura occipitalis.

L. i. tr. inf. = Ligamentum intertrabeculare inferius.

L. i. tr. sup. = Ligamentum intertrabeculare superius.

L. q.-ethm. = Ligamentum quadrato-ethmoidale.

Lag. = Lagena.

Lam. hor. ant. = Lamina horizontalis anterior (in der Ohrkapsel).

Lam. hor. post. = Lamina horizontalis posterior (in der Ohrkapsel).

Lam. vert. = Lamina verticalis (in der Ohrkapsel).

Lam. inf. = Lamina inferior (Cristae intermediae der Nasenkapsel).

Lam. sup. = Lamina superior (Cristae intermediae der Nasenkapsel).

M. pteryg. = Musculus pterygoideus.

Ma. negl. = Macula neglecta.

Ma. p. = Macula ampullae posterioris.

Ma. rec. u. = Macula recessus utriculi.

Ma. s. = Macula sacculi.

Mbr. op. = Membrana opercularis.

Mbr. ty. = Membrana tympani.

O. i. m. = Os intermaxillare.

O. m. = Os maxillare.

O. pter. = Os pterygoideum.

O. ty. = Os tympanicum.

Op. = Operculum.

P. art. = Pars articularis.

P. mtpg. = Pars metapterygoidea.

P. pl. = Pars plana.

Pg. = Pigmentzellen-Lage.

Pl. bas. = Planum basale.

Pl. ethm. = Planum ethmoidale.

Pl. term. = Planum terminale (Cartilaginis obliquae der Nasenkapsel).

Pl. trab. ant. = Planum trabeculare anticum.

Pr. ao. = Processus antorbitalis.

Pr. asc. = Processus ascendens (Quadrati).

Pr. bas. = Processus basalis (Quadrati).

Pr. m. = Processus muscularis (Quadrati).

Pr. max. ant. = Processus maxillaris anterior.

Pr. max. post. = Processus maxillaris posterior.

Pr. ot. = Processus oticus (Quadrati).

Pr. pt. = Processus pterygoideus (Quadrati).

Pr. q.-ethm. = Processus quadrato-ethmoidalis (Quadrati).

Q. = Quadratum.

R. = Ramus.

Rd. = Radix (mit der röm. Ziffer des betr. Nerven).

Rd. a. = Radix accessoria.

S. = Septum (der Nasenhöhle).

Sa. endol. = Saccus endolymphaticus.

Sacc. = Sacculus.

Sin. sup. = Sinus superior.

Sol. i. orb. = Solum interorbitale.

Sol. nas. = Solum nasale.

Berichtigung.

Von den auf SS. 93, 103, 115, 122, 134, 136, 138, 144, 150, 178, 184, 186, 187, 196 gegebenen Text-Verweisen ist die Zahl 270 ab-zuziehen.

VIII, 1. = „ vestibularis.

VIII, 2. = „ cochlearis.

IX, 1. (co.) = Ramus communicans glossopharyngei c. n. faciali.

IX, 2. = Ramus lingualis.

Fen. n.-b. = Fenestra naso-basalis.

Fen. suboc. = Fenestra subocularis.

Fov. fen. ov. = Fovea fenestrae ovalis.

Gg. = Ganglion (durch Zusatz von römischen, den Nerven entsprechenden, Ziffern bezeichnet).

Gl. i. m. = Glandula intermaxillaris.

Gl. nas. inf. = Glandula nasalis inferior.

Hy. = Hyoid.

Inc. occ. = Incisura occipitalis.

L. i. tr. inf. = Ligamentum intertrabeculare inferius.

L. i. tr. sup. = Ligamentum intertrabeculare superius.

L. q.-ethm. = Ligamentum quadrato-ethmoidale.

Lag. = Lagena.

Pl. bas. = Planum basale.

Pl. ethm. = Planum ethmoidale.

Pl. term. = Planum terminale (Carilaginis obliquae der Nasenkapsel).

Pl. trab. ant. = Planum trabeculare anticum.

Pr. ao. = Processus antorbitalis.

Pr. asc. = Processus ascendens (Quadrati).

Pr. bas. = Processus basalis (Quadrati).

Pr. m. = Processus muscularis (Quadrati).

Pr. max. ant. = Processus maxillaris anterior.

Pr. max. post. = Processus maxillaris posterior.

Pr. ot. = Processus oticus (Quadrati).
Pr. pt. = Processus pterygoideus (Quadrati).
Pr. q.-ethm. = Processus quadrato-ethmoidalis (Quadrati).
Q. = Quadratum.
R. = Ramus.
Rd. = Radix (mit der röm. Ziffer des betr. Nerven).
Rd. a. = Radix accessoria.
S. = Septum (der Nasenhöhle).
Sa. endol. = Saccus endolymphaticus.
Sacc. = Sacculus.
Sin. sup. = Sinus superior.
Sol. i. orb. = Solum interorbitale.
Sol. nas. = Solum nasale.
Taen. tect. marg. = Taenia tecti marginalis.
Taen. tect. med. = Taenia tecti medialis.
Taen. tect. transvers. = Taenia tecti transversalis (ist an dem Modell
    Fig. 25 in 3 Partien aufgelöst. Die graue verbindende Linie
    stellt den verbindenden Draht dar).
Tb. Eust. = Tuba Eustachii.
Tect. synot. = Tectum synoticum.
Th. = Thymus.
Tr. = Trabecula.
Tub. i. gl. = Tuberculum interglenoidale (des I. Wirbels).
Tub. prgl. = Tuberculum praeglenoidale (am Meckel'schen Knorpel).
Utr. = Utriculus.
V. br. = Vena branchialis (mit römischen Ziffern bezeichnet).
V. jug. = Vena jugularis interna.

Von den Nerven ist:

V. R. c. o. = Ramus cutaneus orbitalis trigemini.
V, 1. = Ramus orbito-nasalis.
V, 2. = „ maxillaris.
VII, 1. = „ hyo-mandibularis.
VII, 2. = „ palatinus.
VIII, 1. = „ vestibularis.
VIII, 2. = „ cochlearis.
IX, 1. (co.) = Ramus communicans glossopharyngei c. n. faciali.
IX, 2. = Ramus lingualis.

G. Pätz'sche Buchdr. (Lippert & Co.), Naumburg a/S.

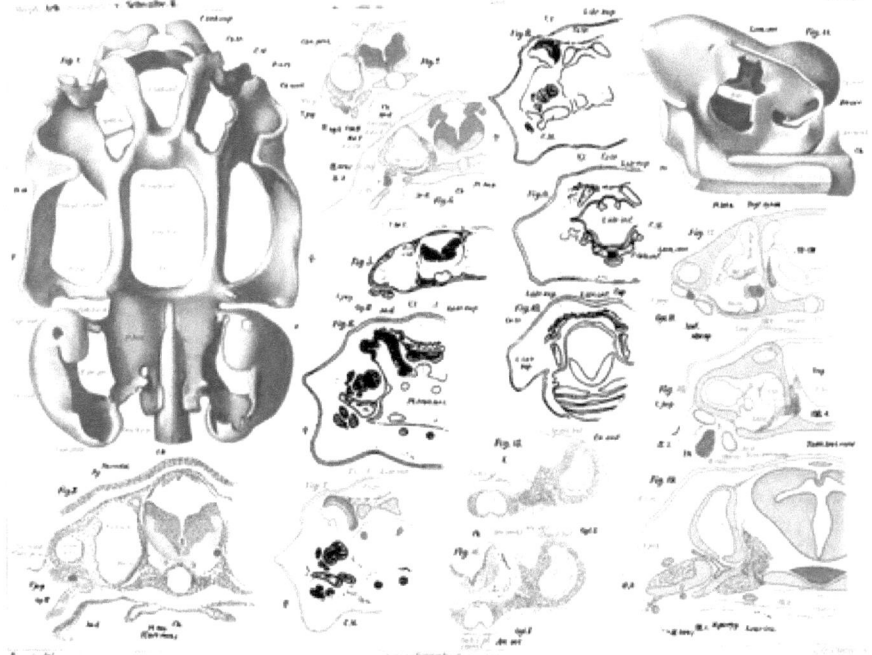

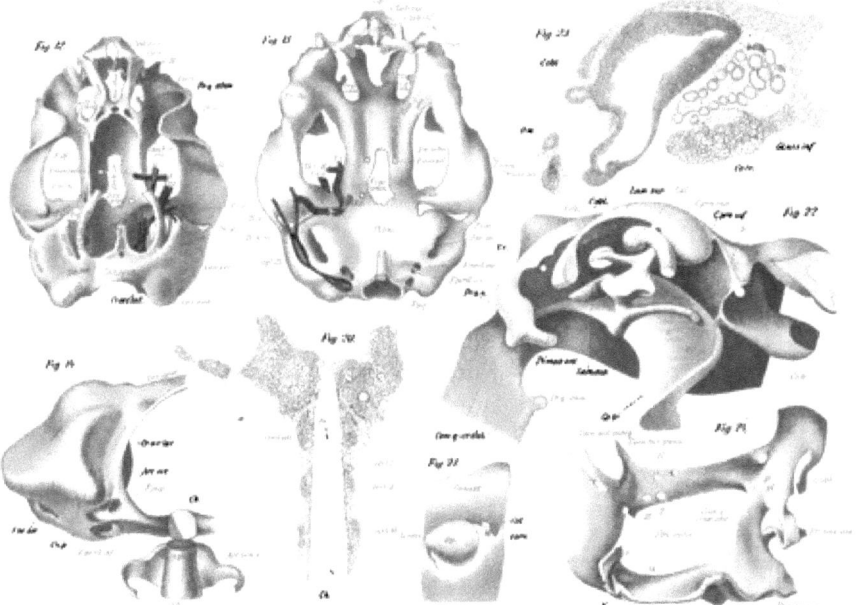

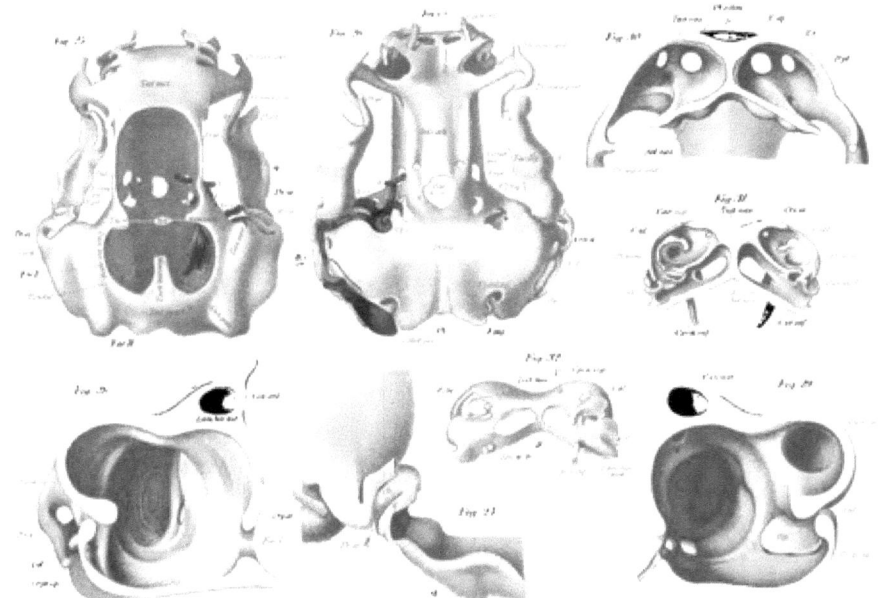

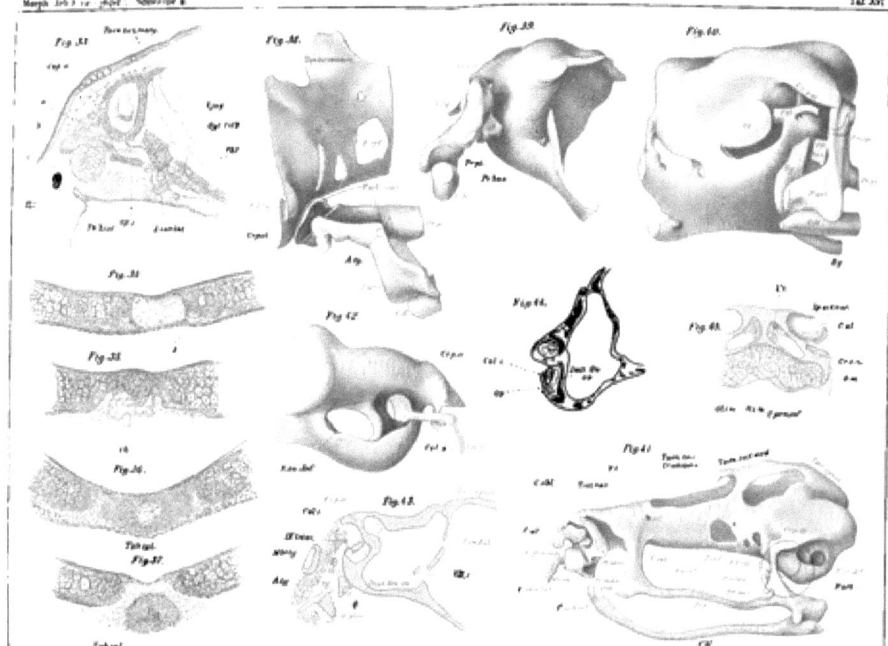